会计岗位项目化系列教材之

薛伟业　陈玉民◎主　编

中小企业管理

- 目标定位明确。适合中小企业会计人才培养，同时考虑了中高职衔接的需要。
- 校企合作编写。教材由学校骨干教师与企业一线专家共同研编而成，是校企合作的成果。
- 内容基于岗位。教材内容基于中小企业会计主管岗位所需管理能力进行选择。
- 形式呈现多样。教材内容简明，设计新颖，案例丰富，训练多样，考核全面。

中国经济出版社
CHINA ECONOMIC PUBLISHING HOUSE
北 京

中小企业管理/薛伟业，陈玉民 主编
北京：中国经济出版社，2013.9
ISBN 978 -7 -5136 -2596 -8
Ⅰ.①中… Ⅱ.①薛… ②陈… Ⅲ.①中小企业—企业管理—教材 Ⅳ.①F276.3
中国版本图书馆 CIP 数据核字（2013）第 127420 号

责任编辑 张潇匀
责任审读 霍宏涛
责任印制 张江虹
封面设计 白朝文

出版发行 中国经济出版社
印 刷 者 北京市人民文学印刷厂
经 销 者 各地新华书店
开　　本 787mm×1092mm 1/16
印　　张 14
字　　数 280 千字
版　　次 2013 年 9 月第 1 版
印　　次 2013 年 9 月第 1 次
书　　号 ISBN 978 -7 -5136 -2596 -8/F · 9521
定　　价 35.00 元

中国经济出版社 **网址** www.economyph.com **社址** 北京市西城区百万庄北街 3 号 **邮编** 100037
本版图书如存在印装质量问题，请与本社发行中心联系调换（联系电话：010 -68319116）

前　言

在政行企校专家论证的基础上,由行业、企业专家和校内教师共同确定会计专业人才培养目标:培养中小企业会计主管。进而,分析中小企业会计主管所需的职业能力,界定学习知识范围和技能要求,构建了会计专业课程体系,确定了会计岗位的8门核心课程:出纳业务核算、往来业务核算、财产物资核算、产品成本核算、投资与融资核算、纳税核算与申报、收入与费用核算和财务报告编制与分析,同时明确了会计核算的空间范围是具体的中小企业,不是其他组织,又确定了作为中小企业会计主管必须掌握"中小企业管理"的知识和技能,组织企业专家和校内教师共同开发"中小企业管理"教材。

本教材属于会计岗位项目化系列教材之一,着重培养中小企业会计主管的企业管理能力,教材以新颖的结构体现中小企业管理的内容,主要包括:企业组织、生产运作管理、营销管理、人力资源管理、创新管理、企业文化、产业集聚和国际化。每部分都从引入案例开始,学习内容中穿插了业务链接、同步阅读、同步思考和自测与训练等,便于读者理解所学的内容和运用所需技能。

本教材主要特色有:

1. 内容结构的统一布局。各章"学习目标"列示出教学的目标体系,包括理论目标、实务目标和案例目标。作为每章正文部分的教学内容,为章后"自测与训练"提供了较为系统的知识铺垫和业务示范。其中,"引入案例"提供了"学习情境",教学环节系统展开"专业陈述性知识"、"专业程序性知识"和"专业策略性知识",并配有"业务链接"、"同步阅读"、"同步思考等"栏目,具有示范和引导性质。

2. 校企合作编写。本系列教材是在充分调研的基础上,由校内骨干教师和行业企业一线专家共同研编而成,是校企合作的成果。

本教材既适合于高职高专财务会计类专业教学使用,也适合财经大类其他专业教学使用,还可作为中小企业管理人员学习用书。

本教材由薛伟业(无锡商业职业技术学院工商管理学院副教授)、陈玉民(无锡市劳达人力资源服务有限公司总经理)任主编,孙作林任副主编。具体分工如下:孙作林编写第1、2章,薛伟业编写第3章,张海涛编写第4章,钱素萍编写第5章,尹兴宽编写第6、7章。全书由薛伟业和陈玉民总体设计和总纂定稿。

本教材在编写过程中参阅了有关中外书籍,得到了有关领导和专家的支持,在此一并表示衷心感谢!

在编写过程中,尽管我们付出了不懈的努力,但由于水平有限,书中问题与不足之处在所难免,恳请广大读者批评指正。

编　者

2013年8月

目　录

第 1 章 中小企业组织

■ **学习内容**

■ **学习目标**

通过本章学习，应该达到以下目标：

- □ 学习和把握中小企业的相关概念、特点、作用、类型和组织结构等陈述性知识，能用其指导相关认知活动。
- □ 学习和把握中小企业设立流程和组织结构设计等程序性知识，能用所学实务知识设立中小企业和设计中小企业组织结构。
- □ 运用理论与实务知识研究相关案例，培养和提高在特定业务情境中分析问题与决策设计的能力。

1.1 中小企业概述

【引入案例1-1】

在四川省成都市的劳务市场上经常活跃着这样一支队伍,它是由李新和马荣牵头的,当某个建筑工地的老板到劳务市场来选择建筑工人时,李新和马荣就能立即组织起20-30人的施工队参加工地工作。因他们的人数比较固定,他们为自己取得了"利得合伙"的名字。平时无人请临时劳工时,他们就成为当地"棒棒"大军中的一员。

问题思考:李新和马荣组织的"利得合伙"是不是企业?为什么?

一、企业概念、特征和分类

1. 企业的概念

企业是指依法设立实行独立核算的从事营利性生产经营和服务活动的经济组织。

2. 企业的基本特征

(1)企业是经济组织

首先,强调企业是一种组织。组织是按一定宗旨和系统建立起来的集体,是人与物的集合,具有明确的目标和系统化的结构,如:江苏省人民政府、江南大学和大东方股份有限公司等,我国社会中普遍存在的个体工商户不属于企业。其次,强调企业是一种经济组织。其具有经济职能和经济目标,不同于其他社会组织,如政治组织、事业组织、群众组织等,但其只是社会经济组织中的一部分。经济组织与非经济组织的区分以组织建立的宗旨和活动内容为判断标准。

(2)企业是从事营利性生产经营和服务活动的经济组织

以营利为目的要求企业活动的直接目的是通过自己的经营获得利益,并将其分配给投资者。企业实现这一目的的手段是生产经营社会所需要的产品或向社会提供其所需要的服务。

(3)企业实行独立核算

企业以其本身经营收入来抵消各项开支,并获得盈利。在经济生活中,有众多的经济组织由于不实行独立核算,不能归入企业的范畴,如企业的车间班组、工厂的分厂等。

(4)企业是依法设立的经济组织

企业在社会中从事经济活动必须获得相应的经营资格，即需取得经国家工商行政管理部门核发的营业执照，如果从事的是需获得国家特殊许可行业的生产经营或服务活动（如生产经营音像制品或从事金融服务业）的，还需事先经过国家有关主管部门的审批批准并获得相应的许可证，才能取得相应的营业执照。企业依法设立的过程不仅要求企业符合法律规定的条件，而且还要求企业设立的程序必须严格按照法律规定进行。

【业务链接1-1】

个体工商户是不是企业

个体工商户是指资产所有权属于个人，不雇佣或少量雇佣他人，以营利为目的，从事生产经营的个体经济。个体工商户可以根据经营情况请一两个帮手或带三五个学徒，但雇工人数不会很多，一般不超过8个。个体工商户不能称之为组织，因此不是企业。

3. 企业与法人、公司、工厂的关系

(1)法人

法人是具有民事权利能力和民事行为能力，依法独立享有民事权利和承担民事义务的组织。法人与企业的关系是交叉关系，如图1-1(a)所示，有些法人不是企业，如机关法人、事业法人、社会团体法人；有些企业也不是法人，如个人独资企业、合伙企业，具备法人资格的企业只是企业的一部分。

(2)公司

公司是依照公司法设立的营利性社团法人。企业与公司的关系是包含与被包含的关系，如图1-1(b)所示，即凡公司均属企业，但企业则不一定是公司，如独资企业、合伙企业。

(3)工厂

工厂与企业的关系主要集中于两个方面：一是两者活动领域不同。工厂是从事生产制造加工活动的经济组织，而企业的活动领域则包括生产、经营、服务等诸行业。二是两者的核算形式不尽相同。工厂中的分工厂是不实行独立核算的，不属于企业。工厂与企业的关系是交叉关系，即大部分工厂是企业（生产制造企业），有一些工厂（分工厂）不属于企业，如图1-1(c)所示。

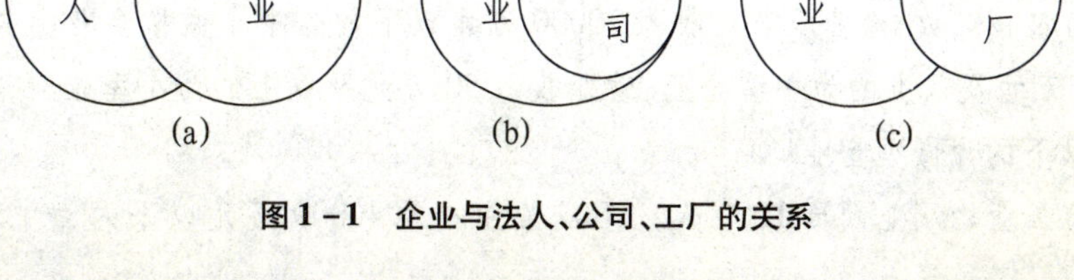

图1-1　企业与法人、公司、工厂的关系

4. 企业的分类

(1)按企业的自然属性进行选择

在对外部经营环境和内部经营条件进行分析的基础上,企业开办者在开办前需对所要设立的企业类型作出选择。

按企业的自然属性选择,是指按照所从事经济活动的不同、占用资源的集约程度不同及企业的规模不同等标准所进行的选择。

①按活动的领域,可将企业分为工业企业、交通运输企业、邮电企业、地质勘探企业、建筑安装企业、商业企业、外贸企业、农林企业、水利企业、金融企业、旅游企业、饮食服务企业等。

②按占用资源的集约程度不同,可将企业分为劳动密集型企业、资金密集型企业、技术密集型企业和知识密集型企业。

【同步阅读1-1】

劳动密集型企业。这是指进行生产主要依靠大量使用劳动力,而对技术和设备的依赖程度低的企业。其衡量的标准是在生产成本中工资与设备折旧和研究开发支出相比所占比重较大。纺织、服装、食品、家用电器等企业都属于劳动密集型企业。

资金密集型企业。这是指产品成本中物化劳动消耗所占比例较大或资金有机构成较高的企业。这类企业主要特点是投资大、占用资金多、现代化技术装备程度高、容纳劳动力相对少、劳动生产率高,如钢铁、机械制造、汽车、石油、化工等企业。

技术密集型企业。这是指技术装备程度比较高,所需劳动力或手工操作的人数比较少的企业。这类企业主要特点是技术装备先进、工艺过程复杂、原材料消耗量大、劳动生产率高,如飞机制造、精密机械、光学仪器等企业。

知识密集型企业。这是指建立在现代科学技术基础上,生产高、尖、精产品,集中大量科技人员、科研设备先进的企业。这类企业主要特点是技术设备复杂、科技人员比重大、操作人员的素质比较高、使用劳动力和消耗原材料较少,如航天、电脑芯片、生物工程、激光技术等企业。

③按企业的规模不同,可将企业分为大型、中型、小型和微型企业。

【同步阅读1-2】

我国中小企业的划型标准

工信部联企业[2011]300号文对中小企业划型标准做了规定,规定如下:

(一)农、林、牧、渔业。营业收入20000万元以下的为中小微型企业。其中,营业收入500万元及以上的为中型企业,营业收入50万元及以上的为小型企业,营业收入50万元以下的为微型企业。

(二)工业。从业人员1000人以下或营业收入40000万元以下的为中小微型企业。其中,从业人员300人及以上,且营业收入2000万元及以上的为中型企业;从业人员20人及以上,且营业收入300万元及以上的为小型企业;从业人员20人以下或营业收入300万元以下的为微型企业。

(三)建筑业。营业收入80000万元以下或资产总额80000万元以下的为中小微型企业。其中,营业收入6000万元及以上,且资产总额5000万元及以上的为中型企业;营业收入300万元及以上,且资产总额300万元及以上的为小型企业;营业收入300万元以下或资产总额300万元以下的为微型企业。

(四)批发业。从业人员200人以下或营业收入40000万元以下的为中小微型企业。其中,从业人员20人及以上,且营业收入5000万元及以上的为中型企业;从业人员5人及以上,且营业收入1000万元及以上的为小型企业;从业人员5人以下或营业收入1000万元以下的为微型企业。

(五)零售业。从业人员300人以下或营业收入20000万元以下的为中小微型企业。其中,从业人员50人及以上,且营业收入500万元及以上的为中型企业;从业人员10人及以上,且营业收入100万元及以上的为小型企业;从业人员10人以下或营业收入100万元以下的为微型企业。

(六)交通运输业。从业人员1000人以下或营业收入30000万元以下的为中小微型企业。其中,从业人员300人及以上,且营业收入3000万元及以上的为中型企业;从业人员20人及以上,且营业收入200万元及以上的为小型企业;从业人员20人以下或营业收入200万元以下的为微型企业。

(七)仓储业。从业人员200人以下或营业收入30000万元以下的为中小微型企业。其中,从业人员100人及以上,且营业收入1000万元及以上的为中型企业;从业人员20人及以上,且营业收入100万元及以上的为小型企业;从业人员20人以下或营业收入100万元以下的为微型企业。

(八)邮政业。从业人员1000人以下或营业收入30000万元以下的为中小微型企业。其中,从业人员300人及以上,且营业收入2000万元及以上的为中型企业;从业人员20人及以上,且营业收入100万元及以上的为小型企业;从业人员20人以下或营业收入100万元以下的为微型企业。

(九)住宿业。从业人员300人以下或营业收入10000万元以下的为中小微型企业。其中,从业人员100人及以上,且营业收入2000万元及以上的为中型企业;从业人员10人及以上,且营业收入100万元及以上的为小型企业;从业人员10人以下或营业收入100万元以下的为微型企业。

(十)餐饮业。从业人员300人以下或营业收入10000万元以下的为中小微型企业。其中,从业人员100人及以上,且营业收入2000万及以上的为中型企业;从业人员10人及以上,且营业收入100万元及以上的为小型企业;从业人员10人以下或营业收入100万元以下的为微型企业。

（十一）信息传输业。从业人员2000人以下或营业收入100000万元以下的为中小微型企业。其中，从业人员100人及以上，且营业收入1000万元及以上的为中型企业；从业人员10人及以上，且营业收入100万元及以上的为小型企业；从业人员10人以下或营业收入100万元以下的为微型企业。

（十二）软件和信息技术服务业。从业人员300人以下或营业收入10000万元以下的为中小微型企业。其中，从业人员100人及以上，且营业收入1000万元及以上的为中型企业；从业人员10人及以上，且营业收入50万元及以上的为小型企业；从业人员10人以下或营业收入50万元以下的为微型企业。

（十三）房地产开发经营。营业收入200000万元以下或资产总额10000万元以下的为中小微型企业。其中，营业收入1000万元及以上，且资产总额5000万元及以上的为中型企业；营业收入100万元及以上，且资产总额2000万元及以上的为小型企业；营业收入100万元以下或资产总额2000万元以下的为微型企业。

（十四）物业管理。从业人员1000人以下或营业收入5000万元以下的为中小微型企业。其中，从业人员300人及以上，且营业收入1000万元及以上的为中型企业；从业人员100人及以上，且营业收入500万元及以上的为小型企业；从业人员100人以下或营业收入500万元以下的为微型企业。

（十五）租赁和商务服务业。从业人员300人以下或资产总额120000万元以下的为中小微型企业。其中，从业人员100人及以上，且资产总额8000万元及以上的为中型企业；从业人员10人及以上，且资产总额100万元及以上的为小型企业；从业人员10人以下或资产总额100万元以下的为微型企业。

（十六）其他未列明行业。从业人员300人以下的为中小微型企业。其中，从业人员100人及以上的为中型企业；从业人员10人及以上的为小型企业；从业人员10人以下的为微型企业。

企业类型的划分以统计部门的统计数据为依据。本规定适用于在中华人民共和国境内依法设立的各类所有制和各种组织形式的企业。个体工商户和本规定以外的行业，参照本规定进行划型。

（2）按企业的法律形态进行选择

按企业在法律上的不同地位，可将企业分为独资企业、合伙企业与公司企业三种。

二、中小企业的概念、特点和作用

1. 中小企业的概念

中小企业如同所有企业一样，它的本质是以营利为目的，是市场中的经济实体，是一种相对于大型企业而言，根据企业规模和经济实力划分的企业类别。

2. 中小企业的特点

中小企业相对于大型企业具有一些竞争上的优势，使得中小企业可以在激烈的市场竞争中生存和发展，甚至成为市场竞争中的强者。

(1)优势之处

①经营决策机制简单灵活

中小企业由于没有过多的组织决策层次和行政体制的羁绊，企业的经营决策机制简单灵活，对环境的变化反应比较迅速，适应力强。

②可以灵活地改变经营方向，应变力强

大型企业改变经营方向往往涉及企业的原有设备和技术投资等问题，这些问题的存在使得大型企业改变经营方向比较困难，而中小企业由于规模小，这些问题的处理就比较简单，从而就易于改变经营方向。

③创新动力强

在激烈的市场竞争中，中小企业为了生存和发展，往往具有较强的创新意识，保持着旺盛的创新激情和持续创新的动力。同时，中小企业的自主创新往往是针对一些见效快、市场需求明显、产品开发周期短、开发成本低的市场产品，创新的成功率较高，经济效益较好。

④可以在战略上避开强势竞争对手的打压

由于中小企业的规模较小，生产能力有限，难以形成对大型企业的市场竞争威胁，这就导致中小企业在市场竞争中往往被大型企业所忽略，不会招致大型企业的全力打压，从而有可能在强手如林的市场竞争中得以生存和发展。

(2)不足之处

因为经营规模小，经济实力与技术实力较差，所以与大型企业相比，中小企业往往存在一些经营管理上的先天不足，导致企业在市场竞争中处于相对不利的态势。

①企业决策风险偏大

决策权力高度集中，缺乏决策过程中的集体研究和严谨的科学论证，容易导致企业决策受到个人偏好、心理状态和知识与信息局限性的影响，加大了企业决策的失误风险。

②经营风险和财务风险大

由于中小企业规模小，自有资本有限，加之融资困难，使得企业资金链往往处于一种十分紧张的状态，一旦出现意外，企业在财务方面的回旋余地很小，易产生财务风险；缺乏资金就严重影响技术开发、规模扩张和项目投资等问题，难以抗拒市场各种条件的变化，从而导致经营风险。

③难以聚拢社会的优秀人才

企业规模有限，企业的发展前途不明朗、不确定，加之企业经营风险较大，并且缺乏足够的品牌效应等原因，因此中小企业一般都缺乏对社会人才的足够的吸引力和凝聚力，这就必然直接影响企业人才储备和企业的人力资源质量，影响企业的人才队伍的稳定性，进而影响企业的技术和管理的竞争能力和企业的发展能力。

3. 中小企业的作用

随着我国国民经济的发展，中小企业已经成为我国国民经济的重要组成部分之一，在我国国民经济的发展和社会发展过程中正在起着重要的、不可替代的作用。

(1) 中小企业是我国国民经济中的重要经济角色

在市场经济中，我国的中小企业不仅数量众多，而且在一些关系到国计民生的重要消费品的研发、生产和销售的市场活动中，都已经成为重要的一员，同时，在对外贸易中的地位也日益突出。

(2) 中小企业在缓解我国劳动力就业压力方面的作用

一方面中小企业多数属于劳动密集型企业，另一方面我国中小企业数量众多，形成了一种集群效应，其总体的劳动力就业的容纳能力比大型企业要高得多。

(3) 中小企业在我国产品创新和技术创新中的作用

在市场经济环境中，企业不仅仅是经济主体，而且是技术创新的主体。与大型企业相比，中小企业的创新动力与激情更加明显和强烈，其创新的领域从传统加工工业到信息、新材料、新能源等高新技术领域，以及信息咨询、工业设计、现代物流等新兴服务业。

1.2 中小企业组织结构

一、企业组织结构的概念

组织结构是指企业为了实现组织目标，分设若干个管理层次和管理机构，明确它们各自的职责和权限，以及相互间的分工协作关系和信息沟通方式，从而形成上下左右协调配合的框架结构。

【业务链接 1－2】

企业设置组织结构须满足哪些要求

一个新成立的企业，在确定其经营战略后，就要建立其组织结构，来保证战略的实施；一个已经存在的企业调整了生产经营目标后，就要按照新的组织目标，调整或改革其现存的组织结构。企业组织结构设计过程中，无论采用什么样的组织结构，其内容应包括：组织结构的设置、组织层次和管理幅度的确定、上下左右组织职权的划分等。

企业组织结构必须是围绕企业的经营战略目标而设置的，各组织层次，职能部门的划分、各种关系的协调，都是为了顺利完成企业的组织目标；组织结构应将企业所具有的组织职能包含进去；组织结构中必须配备各种专业人才。

二、中小企业组织结构的类型

中小企业组织结构有多种类型，包括直线型、职能型、直线职能型、矩阵型、网络型。

1. 直线型

这种类型不设立职能结构，由一个管理者（往往就是出资者）直接管理若干个作业人员，没有或只有很少职能人员充当他的助手，分担一些管理工作，整个结构形同直线。这种类型适合于创业阶段的极小的企业，产品品种很少，市场也很小。

优点：自上而下由一人领导和指挥，决策迅速，指令传达及时，容易使任务迅速贯彻落实；每个成员的职责明确；组织结构简单，管理成本低；信息沟通迅速。

缺点：对经营者的要求较高；经营者事必躬亲，会影响其进行高端决策；影响员工的积极性和创造性。

2. 职能型

职能型是直线型的发展，企业内按专业分工设立职能部门，包括营销、生产、人事、财务等部门，并聘用若干个有特长的职能人员进入到各个职能部门，各职能部门及其人员在各自的业务范围内有权向下级发布指令，是一种多头管理的上下级关系。职能型结构适合于产品和技术都较为稳定的中小企业，但是，采取这种类型的企业已越来越少。

优点：减轻经营者负担，确保其将精力集中到企业的经营决策等大事上来；进行专业化管理。

缺点：每个职能部门聘请专家，提高了管理费用；违背了统一指挥原则，易造成管理混乱；权利分散职责不清。

3. 直线职能型

这种类型是在直线型和职能型的基础上发展起来的组织结构。其特点是在企业内部按某一种统一的原则设置直线领导，又按专业分工的原则设置各职能部门或人员，作为企业领导的参谋，职能部门制定的计划、方案以及命令，由直接领导下达，职能部门对下属单位无权直接指挥，只是起业务指导作用。直线职能型较适合规模、产品、技术较为稳定的中小企业，为中小企业所广泛采用。

优点：既结合了直线型和职能型的优点，又克服了直线型和职能型的缺点。在保持直线型统一指挥的优点的基础上，吸纳了职能型专业管理的优点。

缺点：由于各个职能部门没有直接的指挥权，使部门之间的协调任务很重，同时也容易造成管理上的脱节。

4. 矩阵型

矩阵型结构是企业中按职能划分的横向管理部门和按产品或项目划分的垂直管

理部门结合起来的一种结构，纵横划分的两套领导系统，组成一个矩阵型结构。矩阵型结构一般是为完成某项特别任务而设立的，或者是为了开发某种新产品，或者是为了完成某项工程，按产品或某项工作任务分设若干个项目组，所需人员来自各职能机构，但不脱离原职能机构，任务一旦完成，便回到原职能部门。这种类型组织结构比较适合大件、小批、高技术产品或大项目、大工程和新产品开发等大型企业采用，中小企业特别是一些高科技小企业也适用。

优点：信息沟通快，机动灵活，容易协调，效率高，能适应市场和战略的经常性变化；有利于发挥专业人员的潜力，攻克技术难关，不断开发研制高科技产品，加强企业的竞争力。

缺点：小组成员易产生各种矛盾，经常需要协调；易产生临时观念，影响工作的责任心。

5. 网络型

网络型的组织结构是最新型的组织结构，也叫虚拟组织。其特点是公司将传统企业应具有的一些基本职能，如市场营销、生产、研究开发等，剥离出去，由其他企业独立完成。公司主要起一种组织和中介的作用，形同经纪人，依靠各种短期、长期分包合同和电子信息系统与有关供应商建立一种紧密联系的网络组织。与前几种组织结构不同，网络组织本身不是一个企业，而是由众多独立的企业组成，企业之间的联系纽带就是各种供货合同。

随着经济全球一体化，信息技术的发展，网络型组织结构作为一种适应信息社会的新型组织结构，已被越来越多的企业所采用，它是未来企业组织结构的主流，无论大型企业还是小型企业，都可以采用这种组织结构，尤其是在高科技产业，更是适合采用网络型组织结构。网络型组织结构的出现，对中小企业来说意义重大，通过联合各种优势资源，弥补了中小企业在资金、技术、人才上的不足，使中小企业站在了与大企业平等竞争的位置上，正是利用网络型组织结构，许多中小企业迅速发展壮大起来。

优点：使企业具有高度的灵活性和适应性；有利于资源的合理配置；建立起对市场的迅速反应。

缺点：对企业之间的信息沟通要求较高，各个企业是分散的，甚至是在不同国家，组织者需要具备先进的现代化信息系统，以便于控制整个网络的顺利运行。

1.3 中小企业组织形式

所谓企业的组织形式就是企业的产权构成形式，不同的企业组织形式，在法律上承担的责任不同。组织形式的类型有多种，一般情况下，每个国家都会对不同的企业组织形式类型在法律上加以规定。企业创办之初，需要到国家规定的机构进行登记，此时，就要确定一种适合自己的企业组织形式。

一、独资企业

我国独资企业主要有两种：一是由单一的国外投资者（包括港、澳、台籍投资者）在我国境内开办的不具有法人资格的外商独资企业；二是国内单个自然人开办的个人独资企业。不包括国内外企业在我国境内开办的全资分支机构，如办事处、营业部等。下面主要介绍个人独资企业。

个人独资企业是指依照《中华人民共和国个人独资企业法》在中国境内设立，由一个自然人投资，财产为投资人个人所有，投资人以其个人财产对企业债务承担无限责任的经营实体。

1. 个人独资企业的特点

个人独资企业的出资人是一个自然人；个人独资企业的财产归投资人个人所有；投资人以其个人财产对企业债务承担无限责任；个人独资企业不具有法人资格。

2. 个人独资企业的优缺点

优点主要有：企业的建立与解散程序简单；经营管理灵活自由，企业主可以完全根据个人的意志确定经营策略，进行管理决策。

缺点主要有：投资者对企业的债务负无限责任；企业的规模有限；企业的存在缺乏可靠性。

个人独资企业投资人在申请企业设立登记时明确以其家庭共有财产作为个人出资的，应当依法以家庭共有财产对企业债务承担无限责任。

【同步思考1-1】

张欣家境比较富裕，与女朋友结婚后手头还余下了10多万元现金。于是他想自己的亲戚朋友都是开服装企业的，自己何不开一家服装批发与零售的独资企业。其说干就干，以自己名义用自己手头的余钱注册了一家名为“碧萝”的个人独资企业，由于其与妻子都是A市卫生局的公务员，没有时间打理这家企业，于是他们聘请了朋友赵华为其经营这家企业。第一年企业经营亏损，张欣又投入5万元。但由于管理不善，第二年又亏损18万元左右，主要是欠李和12万元、王兰6万元，而企业的财产不足9万元。经查，张欣与其妻子还有存款20万元。

思考问题：张欣开办独资企业有没有问题？为什么？如果企业还不了18万元，李和和王兰可采取什么措施？为什么？

二、合伙企业

合伙企业是指由二人（包括自然人或法人）以上根据共同协议而组成的营利性非法人组织。合伙企业具有如下法律特征：

一是合伙具有团体性。即合伙企业的人格、财产、利益和民事责任都具有相对独立性,这种独立性没有法人企业高,团体性也没有法人企业强。

二是合伙协议是合伙企业形成的基础条件。自然人或法人要组成联合体,合伙经营,必须在自愿的基础上签订合伙协议,通过合伙协议明确各合伙人之间的权利义务关系。

三是合伙企业的合伙人共同出资、共同经营、共享收益、共担风险,并对合伙组织承担连带无限责任。除有限合伙企业中的有限合伙人不参与合伙企业的经营与对企业债务以其出资额为限承担有限责任外,其他合伙企业中的合伙人一般都在共同出资的基础上,共同经营合伙事务,共同分享企业收益和共同分担企业风险。

1. 普通合伙企业

其由普通合伙人组成,合伙人对合伙企业债务承担无限连带责任。其又可以分为:一般的普通合伙企业和特殊的普通合伙企业。

【同步阅读1-3】

特殊的普通合伙企业特殊之处

特殊的普通合伙企业主要适用于以专业知识和专门技能为客户提供有偿服务的专业服务机构,如会计师事务所、律师事务所等;一个合伙人或者数个合伙人在执业活动中因故意或者重大过失造成合伙企业债务的,应当承担无限责任或者无限连带责任,其他合伙人以其在合伙企业中的财产份额为限承担责任;合伙人执业活动中因故意或者重大过失造成的合伙企业债务,以合伙企业财产对外承担责任后,该合伙人应当按照合伙协议的约定对给合伙企业造成的损失承担赔偿责任。

2. 有限合伙企业

其由普通合伙人和有限合伙人组成,普通合伙人对合伙企业债务承担无限连带责任,有限合伙人以其认缴的出资额为限对合伙企业债务承担责任。

有限合伙企业一般由普通合伙人负责经营管理,有限合伙人不执行合伙事务,不得对外代表有限合伙企业。

【同步阅读1-4】

个人合伙与法人合伙

合伙方式除了有限合伙与普通合伙以外,还有个人合伙与法人合伙之分。个人合伙是两个以上的自然人组建的合伙。法人合伙则是企业之间或企业、事业单位之间依约共同出资、共同经营、共负盈亏而设立的企业组织,其又被称为合伙型联营。

三、公司企业

公司企业是按照我国公司法在中国境内设立的,采用有限责任公司或股份有限责任公司形式的企业法人。

1. 公司企业的特征

(1)公司以营利为目的,其经营要有连续性,从事的必须是同一性质的经营活动。只是从事一次性、偶然的营利行为的,不能成为公司;没有固定经营内容、没有确切经营项目的,也不能成为公司。

(2)公司有与其经营规模相适应的财产作为自己的独立财产,其来源于股东的投资,在公司存续期间,股东不得抽回其投资。

(3)公司具有法人资格,能以其全部财产对外独立承担民事责任,对其代理人和法定代表人的经营行为承担责任,股东不需直接对公司的债务承担责任,但公司的资产不足于抵偿所欠到期债务时,公司可以破产。

(4)公司设立的基础是股东的投资行为,股东的投资行为形成的是公司的股东权,其与股东的身份紧密相连。

2. 公司企业与合伙企业、独资企业的区别

(1)公司企业与合伙企业

两者既相似,又不同。其相似之处主要在于:两者都以营利为目的;都要求有出资人的出资行为与出资份额;企业盈利的分配一般都与出资份额多少成比例等。

其不同之处主要在于:一是合伙企业是根据合伙协议成立的,这需要出资人之间的合意。公司企业的成立基础则是章程行为,这是一种加入行为,即同意公司章程者即可成为公司股东。二是合伙企业不具有法人资格,其对外开展业务主要依赖于对方对合伙人的信任,一般合伙人对外承担连带无限责任。公司企业具有独立的法人资格,主要以其所有资产对外承担责任,其对外开展业务主要体现为资合性,即以其资金信用为主,股东对外以其出资额或股份为限承担有限责任。三是合伙企业的财产不归企业所有,而由全体合伙人共有,没有相应的对外表意机构,合伙人的共同意志就是合伙的意志。公司企业对出资人出资的财产拥有所有权,出资人只持有股东权,由于其是法人,因此其有独立的对外表意机构(董事会或执行董事、经理)。四是合伙企业合伙人人数不多、规模不大、存续时间不长,合伙协议到期后可续订,合伙人的出资份额一般不得任意转让。公司企业的股东人数没有上限规定,尤其是股份有限公司股东人数有时非常庞大,规模也非常大,且其存续时间较长,公司股东可自由转让自己的股份是公司企业的基本特点。

(2)公司企业与独资企业

两者同样既相似,又不同。其相似之处主要在于:两者都以营利为目的;有出资人的出资行为与出资份额,都属于企业的一种类型。

其不同之处在于:一是独资企业是由单一投资主体投资设立的,企业不具有法人资格，投资主体对外承担无限责任。公司企业可由一个投资主体（一人有限责任公司或国有独资公司）或两个以上投资主体投资设立，具有法人资格，股东对外承担有限责任。二是独资企业的规模小、经营灵活，对外开展业务的基础是投资主体的个人信用，设立和关闭程序简单，无复杂的组织机构设置要求，但可聘用管理人员。公司企业的规模比独资企业要大，经营内容和项目丰富，对外开展业务以资金信用为主，设立与关闭程序较为复杂，要求设置规范的企业管理机构（股东会、董事会或执行董事、监事会或监事）。

3. 公司企业的类型选择

公司企业在成长发展过程中出现许多不同的公司类型，如：按股东所承担责任的不同及公司企业成长发展历程，可将公司分为无限公司、两合公司（包括股份两合公司）、股份有限公司与有限责任公司。一些西方国家依然还保留着以上四种公司形态。

在我国，投资者准备设立公司企业时所能选择的公司类型主要有两类：

（1）有限责任公司。有限责任公司是指依公司法设立的，由不超过法定人数的股东出资组成，股东以其认缴的出资额为限对公司承担责任，公司则以其全部资产对公司的债务承担责任的企业法人。

其又可以分为：一是普通有限责任公司。这是由 2 人以上 50 以下的股东出资组建的有限责任公司。二是一人有限责任公司。这是由一个自然人股东或者一个法人股东出资组建的有限责任公司。三是国有独资公司。这是国家单独出资，由国务院或者地方人民政府授权本级人民政府国有资产监督管理机构履行出资人职责的有限责任公司。

（2）股份有限公司。股份有限公司是指公司全部资本分成等额股份，股东以其所持股份为限对公司承担责任，公司以其全部资产对公司债务承担责任的企业法人。

其又可以分为：一是股份未上市的股份有限公司。这种股份有限公司的股份未向不特定的社会公众发行，也未在国家证券交易机构挂牌交易。二是上市公司。这是指公司已向社会公开发行其股份，且其股票在证券交易所上市交易的股份有限公司。

【同步思考 1 - 2】

独资企业与合伙企业对外投资的能力问题

王新开了一家“久隆”独资企业，由于企业经营状况良好，发展前景非常不错，于是王新准备以这家独资企业为股东，再投资一家名为“九天”服饰的一人有限公司。无独有偶，张强与周维强合作开办的“本道”合伙企业也经营得非常好，他们俩也想以“本道”企业为投资者，再联合“笑笑”合伙企业、“步遥”独资企业、他们的朋友蓝一明与司马仪一起发起设立一家股份有限公司。

问题思考：你认为王新、张强与周维强的想法能实现吗？

【业务链接1-3】

企业如何选择组织形式

中小企业在选择组织形式时，应根据其进入的行业、自身的经济实力及经营管理能力、筹集资金能力、企业规模大小来选择适合自己的组织形式。例如，如果创业者对所经营领域经验不足，能力不强，就应采用合伙制而不宜采用独资经营，如果规模大一些，则可采用有限责任公司。

1.4 中小企业设立与登记

一、中小企业的名称、住所与经营范围

1. 企业的名称

企业名称是企业人格特定化的标志，企业以自身的名称区别于其他经济主体。企业名称具有唯一性和排他性。企业名称一般有四个部分构成：一是企业登记注册机关的行政级别和行政管理范围；二是商号，这是企业名称的核心内容，也是唯一可以由当事人自主选择的内容，应由两个以上汉字或少数民族文字组成；三是企业的行业或经营特点，即企业名称应显示出企业的主营业务和行业性质；四是企业的法律性质。公司企业应在名称中标明“有限责任公司”或“股份有限公司”字样；个人独资企业应在名称中标明“个人独资”性质；合伙企业中的普通合伙企业应在名称中标明“普通合伙”字样，特殊的普通合伙企业应在名称中标明“特殊普通合伙”字样，有限合伙企业应在名称中标明“有限合伙”字样。

【同步思考1-3】

现有五个企业名称如下：(1)张新与李伟合伙成立的“苏州永明物贸有限公司”；(2)A、B两公司投资成立的新公司“无锡市商贸流通有限公司”；(3)C、D两公司成立的“无锡江捷有限公司”；(4)无锡市国有投资机构投资设立的“无锡华新器材公司”；(5)上海汽车公司与德国大众汽车公司合资成立的“上海大众汽车股份有限公司”。

问题思考：以上公司名称是否符合法律规定？如不符合，请说明理由。

2. 企业的住所

企业以其主要办事机构所在地为住所，主要办事机构所在地由企业在工商机关登记时确定。企业的住所只能有一个，应在企业的登记主管机关管辖范围内。申请企业的住所必须提交能够证明其拥有该处所使用权的文件，如该处所房屋的产权证或房屋的租赁协议(须有2年以上的租赁期限)。

确定企业住所有两方面的含义：一是确定诉讼管辖地。按照法律规定，如果出现

合同纠纷、侵权行为等,要求企业承担责任进行诉讼时一般由被告住所地人民法院管辖。二是确定企业送达文件的法定地址。

3. 企业的经营范围

企业的经营范围是企业从事经济活动的业务范围,企业于工商行政管理机关注册登记时经营范围体现在《营业执照》和《法人营业执照》中。如果企业欲从事法律、行政法规规定须报经有关部门审批的业务,应当在申请设立登记时提交有关部门的批准文件。

(1)个人独资企业的经营范围由投资者个人选定,但其不得从事法律、行政法规禁止经营的业务。

(2)合伙企业的经营范围由合伙人签订的合伙协议约定。

(3)公司企业的经营范围由公司章程规定。公司可以修改公司章程,改变经营范围,但是应当办理变更登记。

【同步阅读1-5】

企业名称不得含有下列内容和文字:(1)有损于国家、社会公共利益的;(2)可能对公众造成欺骗或者误解的;(3)外国国家(地区)名称、国际组织名称;(4)政党名称、党政军机关名称、群众组织名称、社会团体及部队编号;(5)汉语拼音字母(外文名称中使用的除外)、数字;(6)其他法律、行政法规规定禁止的。

下列企业,可以申请在企业名称中使用"中国"、"中华"或者冠以"国际"字词:(1)全国性公司;(2)国务院或其授权的机关批准的大型进出口企业;(3)国务院或者授权的机关批准的大型企业集团;(4)国家工商行政管理局规定的其他企业。

二、企业的设立条件

1. 个人独资企业的设立条件

(1)投资人为一个自然人,该自然人必须具有完全民事行为能力,法律、行政法规禁止从事营利性活动的人,不得作为投资人申请设立个人独资企业;

(2)有合法的企业名称;

(3)有投资人申报的出资;

(4)有固定的生产经营场所和必要的生产经营条件;

(5)有必要的从业人员。

2. 合伙企业的设立条件

(1)普通合伙企业的设立条件

有二个以上合伙人,合伙人为自然人的,应当具有完全民事行为能力;有书面合伙协议;有合伙人认缴或者实际缴付的出资;有合伙企业的名称和生产经营场所;法律、行政法规规定的其他条件。

(2)有限合伙企业的设立条件

有限合伙企业除了应具备上述条件以外，还有两条特别规定：有限合伙企业由二个以上五十个以下合伙人设立，但是法律另有规定的除外。有限合伙企业至少应当有一个普通合伙人。

3. 公司企业的设立条件

(1)有限责任公司的设立条件：股东符合法定人数，有限责任公司由五十个以下股东出资设立；股东出资达到法定资本最低限额；股东共同制定公司章程；有公司名称，建立符合有限责任公司要求的组织机构；有公司住所。

一人有限责任公司设立的特别条件：设立一人有限责任公司的投资者可以是一个具有完全民事行为能力的自然人，也可以是一个法人股东；一个自然人只能投资设立一个一人有限责任公司。该一人有限责任公司不能投资设立新的一人有限责任公司；一人有限责任公司应当在公司登记中注明自然人独资或者法人独资，并在公司营业执照中载明；一人有限责任公司章程由股东制定。

国有独资公司设立的特别规定：国有独资公司的出资人责任由国务院或者地方人民政府授权本级人民政府国有资产监督管理机构履行；公司章程由国有资产监督管理机构制定，或者由董事会制订报国有资产监督管理机构批准。

(2)股份有限公司的设立条件：发起人符合法定人数，设立股份有限公司，应当有二人以上二百人以下为发起人，其中须有半数以上的发起人在中国境内有住所；发起人认购和募集的股本达到法定资本最低限额；股份发行、筹办事项符合法律规定；发起人制订公司章程，采用募集方式设立的经创立大会通过；有公司名称，建立符合股份有限公司要求的组织机构；有公司住所。

【同步思考1-4】

2012年5月19日，无锡市某基金与无锡市明宇机械厂共同设立了无锡市东宇实业有限责任公司，东宇实业有限公司注册资金1000万元，其中基金占40%，明宇厂占60%。由于明宇厂出资较多，因此东宇实业公司董事会中明宇厂方面的董事占大多数。公司建立三年有余，基金一直没有分到利润，东宇实业公司董事长声称企业没有盈利，故不分利润。基金方面的董事不相信，要求查账。查账后发现原明宇厂的出资如厂房、设备、土地使用权、商标等没有办理过户手续，因而基金方面认为明宇厂的出资行为系欺诈行为。因此，基金方面要求退还出资，并要求明宇厂赔偿损失。

问题思考：此案如何裁决？为什么？

三、企业的开业登记程序

1. 个人独资企业的开业登记程序

个人独资企业的开业登记程序具体如图1-2所示。

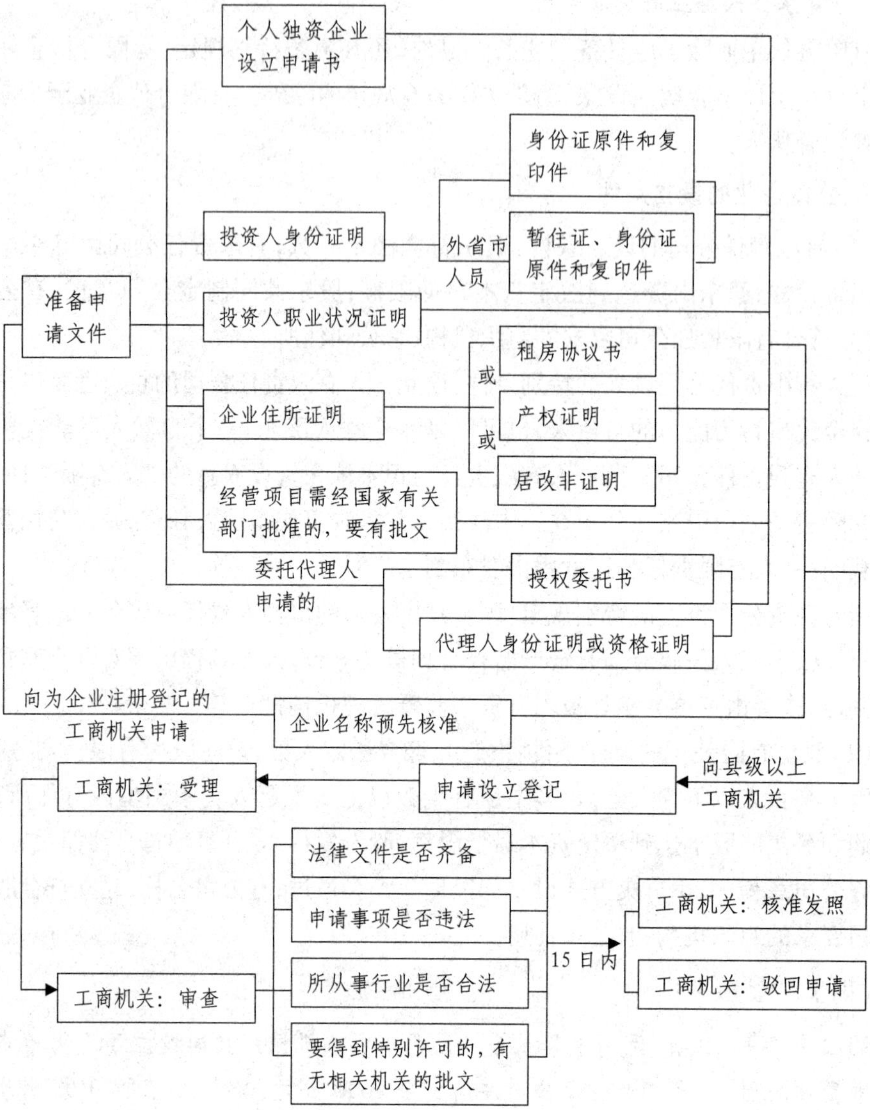

图1－2　个人独资企业开业登记程序

个人独资企业营业执照的签发日期为个人独资企业成立日期。个人独资企业的营业执照应载明，投资人是以个人财产出资，还是以家庭财产出资。

2. 合伙企业的开业登记程序

合伙企业的开业登记程序具体如图1－3所示。

合伙企业的营业执照签发之日，为合伙企业的成立日期。合伙企业的营业执照分为正本和副本，正本和副本具有同等法律效力。合伙企业根据业务需要，可以向企业登记机关申请核发若干营业执照副本。合伙企业应当将营业执照正本置放在经营场所的醒目位置。

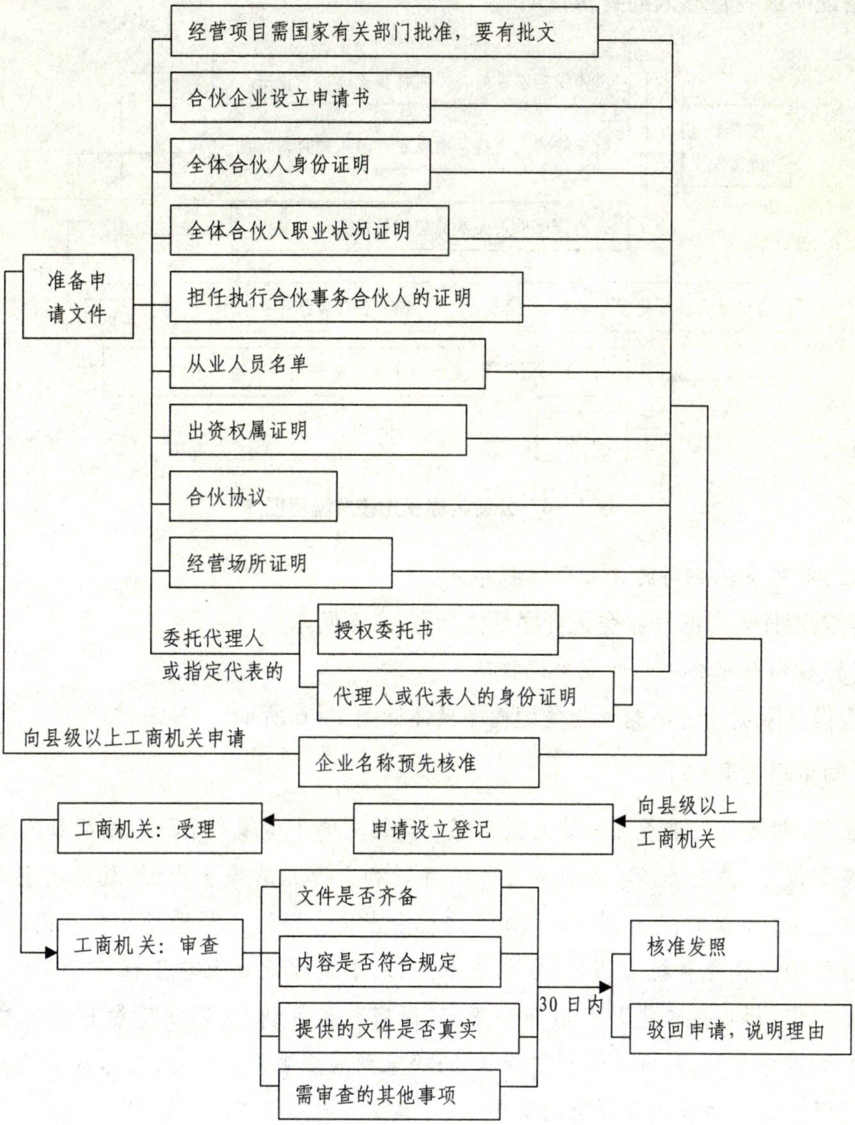

图1－3　合伙企业开业登记程序

3. 公司企业的开业登记程序

(1)公司名称预先核准程序

有限责任公司和股份有限公司在开业登记前应首先进行公司名称预先核准。有限责任公司名称预先核准的程序具体如图1－4所示。

预先核准的公司名称保留期为6个月。预先核准的公司名称在保留期内,不得用于从事经营活动,不得转让。

股份有限责任公司的名称预先核准与上述程序相同,只不过在提交的申请文件中,第一、二项须改成“全体发起人签署的公司名称预先核准申请书”和“发起人的法人资格证明或者自然人的身份证明”。

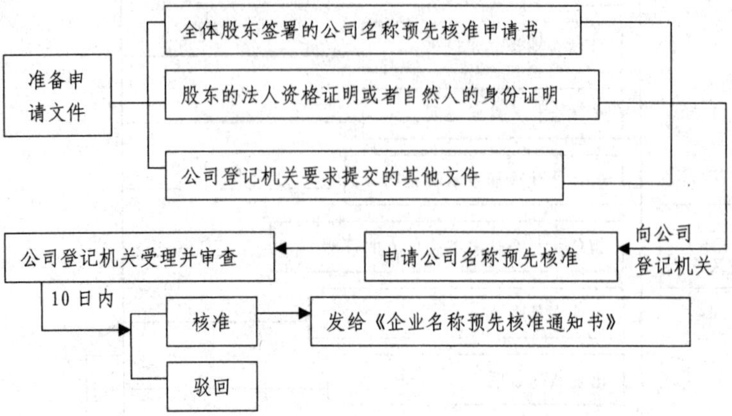

图1-4　公司名称预先核准流程图序

(2)有限责任公司的开业登记程序

有限责任公司的开业登记程序具体如图1-5所示。

(3)股份有限公司的开业登记程序

股份有限责任公司的开业登记程序具体如图1-6所示。

【同步思考1-5】

王伟、胡昕二人准备开一家有限责任公司性质的小型超市,王伟、胡昕每人准备分别出资5万元,其中王伟准备以4万元的存货和1万元的现金出资,胡昕准备以3.5万元的设备(如货架、空调等)和1.5万元现金出资。但到了要进行设立登记时,胡昕非常害怕商店将来会经营不行,自己血本无归,于是他就要求与王伟订了一份协议。协议里约定,胡昕将这些财产出资给商店,商店如果盈利了,则胡昕能分得其利润的20%。如果亏损了,胡昕不承担亏损责任;将来商店如果关闭的话,王伟保证将其5万元出资还给他。协议内容还应胡昕要求,写入了公司章程中。

问题思考:该超市在开设过程中有没有问题?请具体说明。工商机关能让该商店登记吗?

【同步阅读1-6】

小企业战胜大企业的10个技巧

(1)不要引发攻击

保持低调姿态,避免泄露商机;不要正面与竞争者对抗,而要与他并行不悖。

(2)界定竞争领域

重新制定市场标准来改变既有的模式;细分市场,将专注于目标客户作为取胜的关键;利用先行者的优势去开创一个由自己定义规则的市场。

(3)全力追求快速发展

有所侧重、有步骤发展，以免过度扩张；在扩张的挑战出现之前，优先保证内部的团结一致；利用合作关系去借用直接控制范围以外的资源。

(4)抓住对手

通过合资企业和服务交易的方式拉拢对手或使竞争发生偏斜；向对手推销你的服务以阻止他们培养自己的竞争能力；与潜在的对手合作以加强你在未来竞争中的地位，同时使当前或未来将对手置于竞争之外。

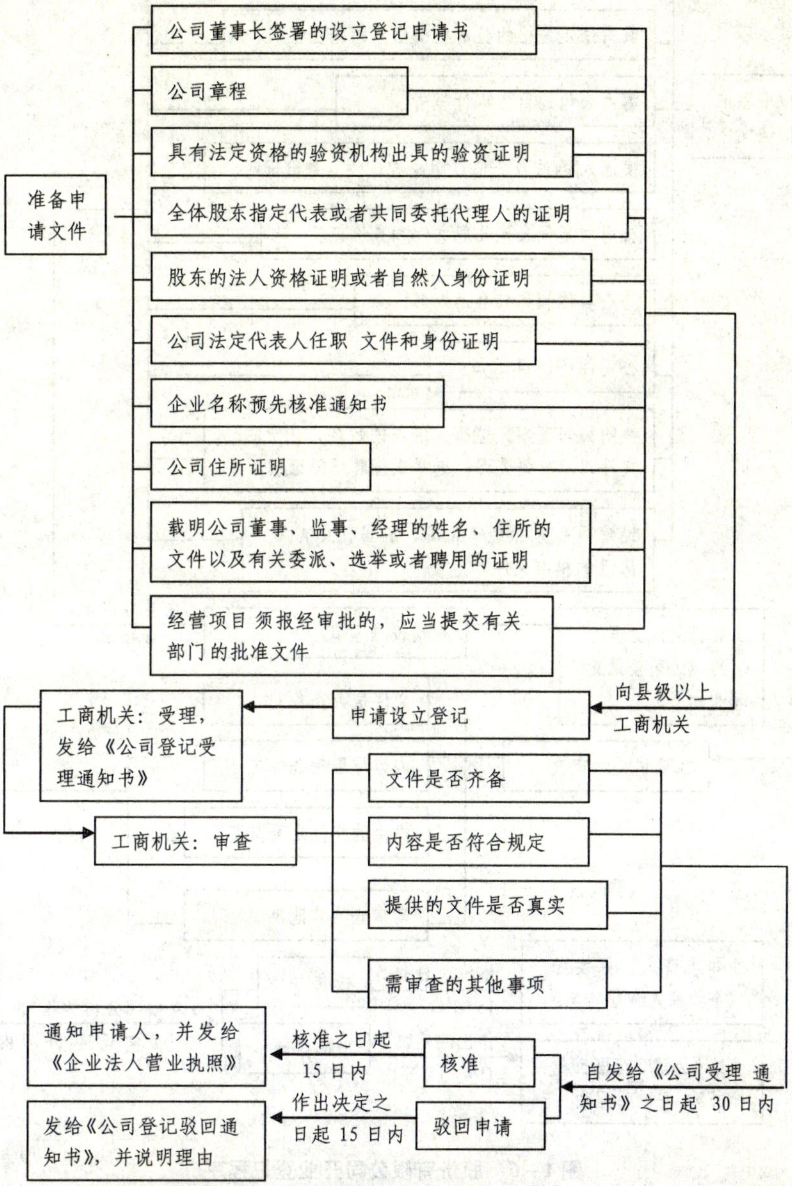

图1-5　有限责任公司设立程序

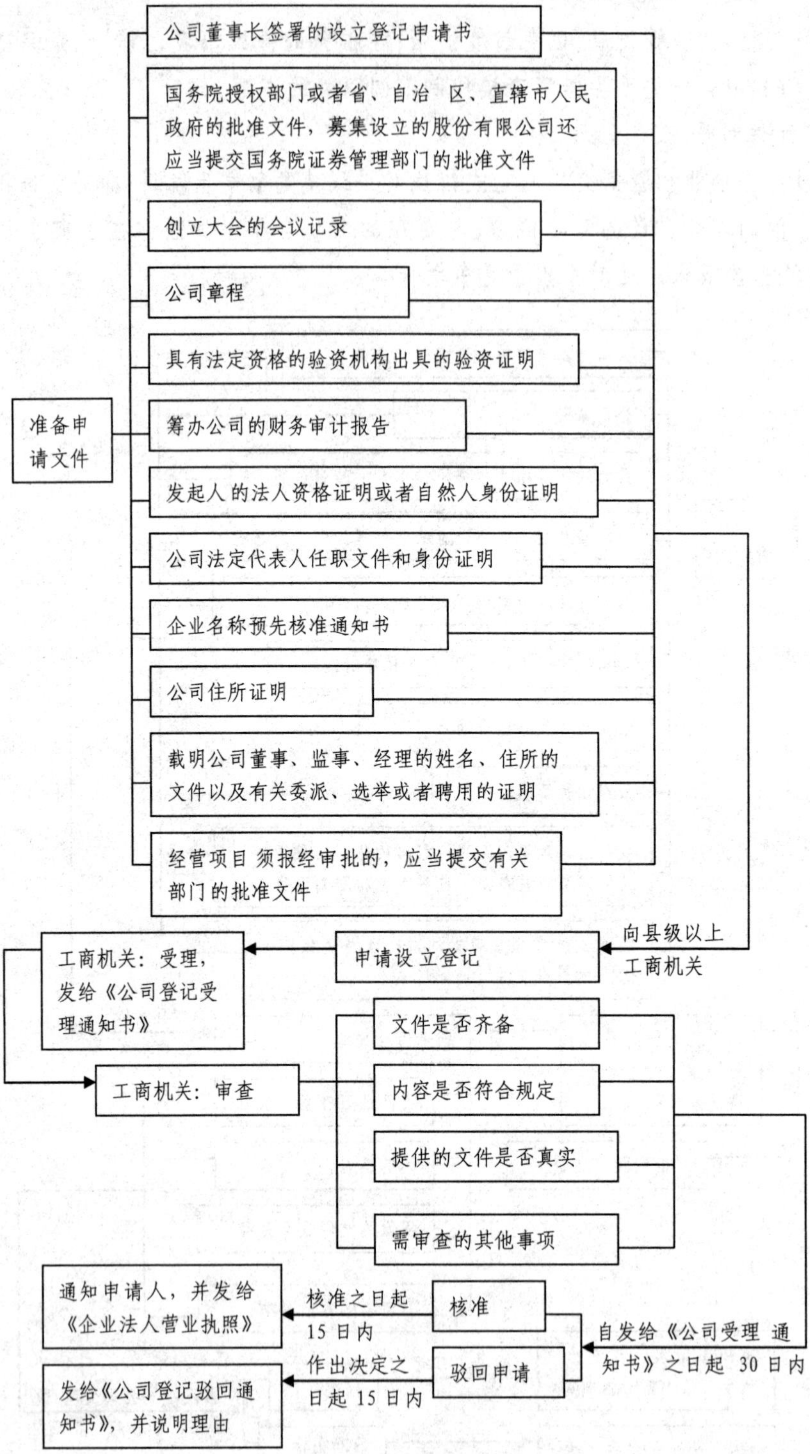

图 1－6　股份有限公司开业登记程序

(5)避免针锋相对

针锋相对会将你拖进一场拉锯战或多线作战的升级行动;仔细研究竞争者,找出其优势之处和劣势之处,避其锋芒;即使在回应对手的进攻时,也要保持主动的姿态,采用能够充分发挥自身实力的战术。

(6)推拉制衡

找到能够将对手的势能转化为自身优势的方法;如果可行的话,利用竞争对手的产品、服务和技术来削弱它的攻势;放弃打不赢的战役,保存你的实力,适当退却,积蓄力量重返战场。

(7)以对手的资产为杠杆

将对手的资产转化为你手中的筹码,逼迫对手为了反击你的进攻,而不得不损失它自身的优势;即使对手已经忍痛割爱,放弃了部分优势,继续将资产作为克制他的障碍;杠杆策略是获胜的必要条件但不是充分条件。

(8)以对手的合作伙伴为杠杆

让其他公司感觉同你合作对他们来说好处更大,从而分化对手的合作伙伴;抓住对手合作伙伴的弱点,使对手反击起来感到困难;分化征服,挑拨对手同他的合作伙伴竞争,迫使对手陷于艰难抉择。

(9)以对手的竞争者为杠杆

为对手竞争者的产品提供增值服务;与对手的竞争者建立联盟,积蓄实力;为对手竞争者的产品和服务提供销售渠道。

(10)如何将上述诀窍付诸实践

当出现以下情况时,可以运用上述诀窍:你是一个对抗强大竞争对手的弱小者;你是一个很有实力的竞争者,正要进入一个可能被强大对手占据的领域;不论实力差异如何,你有能力去打败对手;应付竞争是你首要的战略重点时;竞争对手具有力量和规模优势时;面对面的直接竞争不可能获胜时。

资料来源:刘志伟.现代企业运营谋略[M].北京:金盾出版社,2009年。

【自测与训练】

一、实训题

联想集团的组织成长

联想集团初创于1984年11月,经过11年的艰苦奋斗,到1995年底已发展成为拥有12亿元资产,3000多名员工,包括北京联想集团公司和二十余家国内分公司、27个海外分支机构及600多个经销服务网点的大型产业集团,主要从事计算机研究、开发和生产经营。1995年集团销售收入达67亿元,联想集团在中国500家最大工业企业中排名第56位,在中国电子百家企业中排名第4位,是中国最大的计算机企业。

联想集团实行董事会领导下的总裁负责制，总裁室下设14个事业部和12个职能管理部门。公司总部主要对公司的发展方向、发展战略、重大投资项目、投资效益等进行直接控制，其他企业的经营和管理权下放给各事业部，事业部独立经营、自负盈亏。

回顾联想的发展历程，其间充满艰辛、坎坷。然而，让联想人最难以忘怀的，则是由两次组织结构的调整所带来的飞速成长。

1. 借船出海

1988年，由于联想汉卡在市场推广方面获得初步的成功，联想继续发展的条件有了很大的改善。这主要表现在这样几个方面：一是企业实力增强，由20万元的投入发展到拥有上千万元的自有资本；二是由于西文汉化问题的解决，扫除了电脑在中国推广的一大障碍，联想在中国也有了一定的知名度；三是当时有许多外国知名电脑厂商为占领中国市场寻求与联想合作，从而为联想通过合作发展自己提供了条件；四是联想已经有了一个可以向汉卡以外其他计算机产品进军的队伍。再从市场形势看，由于中国开放不断扩大，人们对电脑的认识日渐提高，这将导致中国电脑市场迅速增长。而世界知名电脑厂商向中国进行简单商品输出已有四、五年的历史，但这时中国市场上尚缺乏先进的主导型电脑。这使得联想与外国公司合作推广某种合适电脑会比较有利。从电脑技术方面看，美国和日本在当时具有垄断性优势，而一般性辅助技术则集中于亚洲“四小龙”等发展中国家和地区。对于初获成功的联想来说，如果马上在核心技术和关键领先技术方面与发达国家的实力雄厚的电脑厂商展开竞争，则无异于以卵击石。联想经营者经过大量的调研和分析，决定将市场定位于电脑板卡的开发和制造方面，同时争取作某些世界著名电脑厂家的中国总代理，创造中国市场的主导型电脑，以积累资金和销售经验，并学习电脑整机开发技术。

在着手板卡开发和制造项目时遇到了很大的政策性困难。当时，全国有不少国家计划内计算机制造项目正在多家国营厂实施，对于联想这一计划外计算机厂家提出的计划项目一时难以得到批准。联想拿不到批文，就决定采取“打出去”的办法，到海外去拓展生存和发展空间。但由于联想对国际市场知之不多，而且自身经济实力也不强，因此，就采取“瞎子背瘸子”的优势互补经营策略。1988年投入30万元港币与一家香港电脑经销商合资成立香港联想电脑公司（联想占54%的股份），将自身科技开发优势与港商对世界电脑市场熟悉的优势结合起来。联想这一强壮的“瞎子”与港商这一眼亮的“瘸子”联合起来共闯电脑市场。

香港联想以贸易积累一定资金后马上投入电脑板卡的开发。他们依托一批来自大陆的一流科技专家，在1989年就拿出了深受客户欢迎的286板卡产品，然后，香港联想又把板卡的生产基地建在深圳，利用当地劳动力低廉且素质较高的优势，使生产成本迅速下降。这样联想的板卡产品就以良好的性能价格比赢得了较好的市场地位。在国内市场，联想继续大力开发联想汉卡的市场，占领了全国汉卡市场的50%以上。

同时，联想选定美国AST公司作为合作伙伴，成为AST公司在中国大陆的唯一代理商，经过双方共同努力，使得AST电脑成为中国微机市场上的主导机型，以后连续数年都成为在中国销量最大的微机。

由于在这一阶段成功的组织拓展策略，使得联想集团有了进一步的发展。一是企业实力进一步提高，联想集团成功地挤入了国际市场，同时在国内市场的实力也稳步增长。二是建立了良好的市场资源，培育了企业发展新的生长点。在这一阶段，联想相继在美国、新加坡、德国等地设立了分公司，在国内建立了十几家子公司，从而把自身的经营触角向发达国家和国内各城市延伸，奠定了向产业化发展的基础。三是培育了一支可参与国际市场竞争的队伍，同时也树立了良好的企业形象。

2. 组织转型

随着联想集团规模的扩大，管理变得越来越复杂，企业有了一些规范的规章制度，确定了建立具有国际影响的高技术产业跨国集团的长远目标。公司强调和规范各部门、员工的专业化分工以及职责、权力、义务，强调部门、员工的全局意识和公司的统一管理，联想人把这种组织结构称之为“大船结构型”。它在经营方面的突出表现是统一指挥，集中作战，资源向重点项目集中，形成突破。

到1994年下半年，联想集团步入了一个新的发展阶段，开始逐步成为一个成熟的企业。企业的自有资本已逾10亿元，海内外互补性经营格局基本形成。联想集团已经成为拥有在国内包括北京联想集团公司和二十几家分公司、子公司及分布在全国各地的600多个经销网点，在境外包括香港联想控股有限公司及设在美国、德国、新加坡等国的27个海外公司的具有一定规模和实力的跨国企业。1994年初，香港联想公司成为香港上市公司，更为企业发展带来了新的发展机会，企业资本在短期内迅速增加到数十亿港元。由于联想集团的现实规模和强劲发展势头，联想板卡产品在世界市场的重要地位和联想电脑在中国市场的重要地位，许多国际大公司已把联想当作重要竞争对手。这样一来，联想实力增加既使自己获得较强的抵抗风险、持续发展的能力，同时也因为自身更引人注目而面临着更加激烈的竞争。

在这种形势下，联想集团的决策者们开始认真研究继续发展的问题。根据联想的现有实力，出于规避风险，寻找新的增长机会，提高企业经营效率的考虑和对企业经营管理国际化经验的借鉴，联想决定要在坚持公司电脑产业主导地位，向国际化发展的同时，要开拓新的经营领域，向多样化发展。为了适应新的多样化、国际化经营的要求，也为了解决联想由于规模和业务范围扩大、人员增多、经营区域广阔、市场变化迅速的问题，原来的“大船结构型”或职能式结构管理已难以适应新的情况，公司的统一管理也难以对世界各地广大地区的各种业务领域包括汉卡、板卡、微机、终端、打印设备等出现的新情况作出迅速正确的反应。因此，公司提出改革组织体制，调整集权与分权的关系，形成“多中心”公司，把“大船结构型”组织模式变为“舰队结构型”组织模式，实行事业部制。公司把地区业务和产品领域适当结合起来，把现有业务与今后的发展结合起来划分事业部的经营领域，成立了14个事业部。集团总部主要对公司的发展方向、发展战略、投资收益、重大投资项目、主要经理人员和财务负责人、科技开发负责人等进行直接控制，其他的经营管理权都下放给事业部，形成由集团总部这艘旗舰统帅下的由各个事业部即各种战舰组成的联合舰队，在世界市场的汪洋大海里搏击风浪，各事业部在总部指挥下独立完成经营任务。

成立事业部后，各个事业部的经营机制灵活，能够更有效、更灵活地对市场作出反应，均取得了很好的经营业绩。如微机事业部，仅1995年一年就销售了10万台联想台式微机，1996年更是达到20万台，成为中国大陆销量最大的台式机品牌，第一次把外国品牌台式机抛在了后面。以此为契机，联想集团又再次迈进了一个新的发展阶段，各项销售指标节节攀升，规模不断扩大，经营业绩也呈现出逐年上升的态势，联想人的梦想正在逐渐成为现实。

案例来源：http://www.tz888.cn/。

问题：

1. 联想集团组织结构是如何演变的？
2. 联想集团组织结构演变对中小企业发展有哪些启示？
3. 你认为，中小企业在发展中如何选择组织结构？

二、自测题

1. 公司企业有什么特点？其与个人独资企业、合伙企业相比有什么区别？
2. 设立一人有限责任公司应具备哪些条件？
3. 设立中小企业，如何选择组织形式？
4. 中小企业在国民经济发展中的作用？

第 2　　中小企业生产运作管理

■ 学习内容

■ 学习目标

通过本章学习，应该达到以下目标：

- □ 学习和把握中小企业生产运作计划概念和内容，库存管理目标、作用和策略，供应链管理的含义、特点和内容，质量管理含义和内容等陈述性知识，能用其指导相关认知活动。
- □ 学习和把握中小企业生产运作计划制定、库存管理方法、供应链管理流程、质量管理方法等程序性知识，能用所学实务知识制定生产运作计划，实施库存管理、供应链管理和质量管理。
- □ 运用理论与实务知识研究相关案例，培养和提高在特定业务情境中分析问题与决策设计的能力。

2.1 生产运作计划制定

【引入案例2-1】

宝丽来胶卷公司生产四种不同类型的胶卷,生产量是根据市场预测的销售量决定的。从历史数据来看,每年胶卷销售量都出现了季节性波动,如在春末夏初会出现一个销售小高峰,原因是顾客在这段时间纷纷购买胶卷用于毕业典礼、婚礼、夏日旅游度假等场景拍摄,而圣诞节的前一个月销售量达到高峰。

公司聘用了大约470名正式员工,其中部分员工需要具备相当的技能才能胜任工作,他人无法代替。公司每天安排3个班次,每天工作24小时,每周工作5天。为了满足销售高峰的市场需求,公司采取了两种可供选择的生产计划方式。第一种是安排员工周六加班,公司支付50%的额外加班费用,加班生产的胶卷库存成本占每年库存总成本的20%-25%,直到销售高峰到来;第二种是在销售高峰到来的前一个月的周六和周日都安排员工加班,向在周日加班的员工支付双倍的工资。然而,管理层担心的是员工工作时间过长会导致过度疲劳,影响产品质量和生产率的提高,甚至会影响员工士气。

问题思考:为了制定生产计划,公司应权衡哪些方面,并且如何做出决策?

资料来源:齐二石.生产与运作管理教程[M].北京:清华大学出版社,2006。

生产运作计划是根据需求和企业生产运作能力的限制,对一个生产运作系统的产出品种、产出速度、产出时间、劳动力和设备配置以及库存等问题所预先进行的考虑和安排。

一、生产运作计划的构成

1. 综合计划

综合计划是对企业未来较长一段时间内资源和需求之间的平衡所做的概括性设想。综合计划并不具体制定每一品种的生产数量、生产时间和每一车间、人员的具体工作任务,而是按照以下方式对产品、时间和人员做安排。

【业务链接2-1】

中北公司是一家生产空调的企业,产品需求的特点是季节性非常强,通常的做法是将秋季和冬季生产出来的产品放置于仓库,然后在需求高峰的春夏季节卖掉。这种方式可以在某种程度上满足需求高峰时的订货要求。但是当某个夏季异常炎热的时候,就可能发生缺货。如果企业预先扩大生产能力,增加产量,那么当夏季来临时,如果确实很热,企业的销售额和市场份额就会大增,进而利润也会有大幅增加,然而如果夏季较凉爽,产品就有可能积压。对于中北公司来说,很难准确预测天气变化,因此它宁可根据平均需求和历年的平均增长来考虑生产能力的扩大和产量增加问题,而不去试图猜测难以预测的天气情况。

(1)产品

按照产品的需求特性、加工特性、所需人员和设备上的相似性等,将产品综合为几大系列,以系列为单位来制定综合计划。

(2)时间

综合计划的计划期通常是年,因此有些企业也把综合计划叫年度生产计划。在该计划期内,使用的计划时间单位是月、双月或季。

(3)人员

综合计划可以用几种不同方式来考虑人员安排问题。比如,将人员按照产品系列分成相应的组,分别考虑所需人员水平;或将人员根据产品的工艺特点和人员所需的技能水平分组,等等。综合计划中对人员还需考虑到需求变化引起的对所需人员数量的变动,决定是采取加班,还是再招聘新人员等。

2. 主生产计划

主生产计划是要确定每一具体的最终产品在每一具体时间段内的生产数量。具体时间段通常是以周为单位,在有些情况下,也可能是旬、月或日。

3. 物料需求计划

物料需求计划是要解决与主生产计划规定的最终产品相关物料的需求问题,而不是对这些物料的独立的、随机的需求问题。这种相关需求的计划和管理比独立需求要复杂得多,对于一个企业来说也十分重要,因为只要在物料需求计划中漏掉或延误一个零件,就会导致整个产品生产的延误。

4. 生产作业计划

生产作业计划是生产计划工作的继续,是企业年度生产计划的具体执行计划。它根据年度生产计划规定的产品品种、数量及大致的交货期的要求,对每一个生产单位在每一个具体时期内的生产任务做出详细规定,使得年度生产计划得到落实。

二、生产运作计划的制定

1. 综合计划的制定

综合计划是企业的整体计划,制定计划时需要考虑以下主要目标:成本最小,利润最大;最大限度地满足顾客的要求;最小库存投资;生产速率的稳定性;人员水平变动最小;设施、设备的充分利用等。简单来说,就是用最小的代价,最大限度地满足需求。

(1)基本决策方式

稳妥应变型的基本思路:根据市场需求制定相应的计划,也就是将预测的市场需求视为给定条件,通过改变人员水平、加班加点、安排休假、改变库存水平和外协等方式来对付市场需求。稳妥应变型的决策最终要决定不同时间段的不同生产速率,无论采用哪一种应变方法或几种方法,都意味着在该时间段内的生产速率被决定了。如果用该思路来处理季节性需求或其他波动较大的需求往往需要花费较高的成本。

积极进取型的基本思路:力图通过调节需求模式,影响、改变需求,调节对资源的不平衡要求来达到有效地、低成本地满足需求的目的。常用的方法有:导入互补产品、调整价格、刺激淡季需求等。

一般来说,基于稳妥应变型思路的候选方案主要由生产运作管理人员来审查合适与否,而基于积极进取思路的方案主要由市场营销人员来考虑。如果能将这两种基本思路有机结合,这两个部门人员进行密切合作,那么制定的综合计划将可以达到最优或较优。

(2)制定程序

第一步,确定计划期内每一单位计划期的市场需求。对于制造企业综合计划而言,需求通常是以产品的数量来表示的。需求信息来源包括:对产品的未来需求预测、现有订单、未来的库存计划、来自流通环节或批发环节的信息等等。

第二步,考虑相关关系、约束条件和成本,制定初步候选方案。

【同步阅读2-1】

基本相关关系:在评价、审视初步候选方案时,要考虑两个基本关系。一是在给定时间段内的人员关系式:本期人员数=上期末人员数+本期初聘用人员数-本期初解聘人员数;二是库存水平与生产量的关系式:本期末库存量=上期末库存量+本期生产量-本期需求量。

其他约束条件:包括物理性约束条件和政策性约束条件。物理性约束条件是指一个组织的设施空间限制、生产能力限制等问题,如仓库面积决定了库存量的上限。政策性约束条件是指一个组织经营管理方针上的限制,如一个月的最大加班时数。

企业的生产能力:从广义上来说,是指人员能力、设备能力和管理能力的总和;从狭义上来说,是指一个企业在一定的生产运作组织条件下,企业内部各个生产运作环节综合平衡以后能够产出一定种类的产品或服务的最大数量。一般而言,生产能力的度量通常用产出或输入的形式来表达。例如,某汽车制造厂可以提供A型汽车100台,这时生产能力就是以产出方式表达的;工厂所拥有的机器数量或所能提供的机器小时数可作为度量生产能力的标准,这是以输入方式表达的。

成本:基本生产成本。它是指计划期内生产某种产品的固定成本和变动成本,包括直接和间接劳动力成本、正常工资和加班工资。与生产率相关的成本。它是指为改变劳动生产率而导致的成本支出,包括招聘、培训和解聘员工的费用。库存成本。库存占用资金的成本是一个主要部分,其他包括仓储保管费、保险费、税收、损坏与折旧造成的费用等。延期交货费用。这类成本难以计算,包括由于交货延迟引起的赶工生产费用、合同违约罚金、企业商业信誉损失等。

第三步,制定可行的综合计划。这是一个反复的过程,需要制定一个初步计划,结合相关关系、约束条件和成本综合考虑,反复进行计划的修改,直至符合要求,该计划被接受。

第四步,批准综合计划。一个综合计划需要最高管理层的认可,通常是组成一个专门委员会来审查综合计划,委员会对综合计划方案进行综合审视,也许会提出一些更好的建议,以处理其中不合适的若干目标。确定之后,各部门需尽力实现。

(3)修改

因为总体计划是以抽象产品或代表产品为计划单位,在需求信息不完备的条件下作出的,所以它不能用于具体的生产活动安排,但可作为企业制定月度生产计划、作业计划、劳动力计划和物料计划的指南。

总体计划在实施过程中,需要各职能部门的协调,会影响企业许多部门的行为。一般而言,随着时间的推移,人们会发现实际情况与总体计划总是不一致的,尤其在计划实施的前期出现这种情况时,就需要对计划进行修改,甚至有时调整的幅度很大。

2. 主生产计划的制定

(1)约束条件

制定主生产计划时要确定每一具体的最终产品在每一具体时间段内的生产数量。需要满足的约束条件主要有:主生产计划所确定的生产总量必须等于总体计划确定的生产总量以及设备能力、人员能力、库存能力、流动资金总量等资源的约束。

(2)编制原则

一是各种产品的产出时间和数量,应首先保证已有的订货合同的要求。二是要做到多品种生产时,产品品种搭配合理。三是新产品试制任务应在全年内均匀分摊,避免生产技术设备的运转忙闲不均。四是要使原材料、外购件、外协件的供应时间和数量与产品生产进度计划的安排协调一致。五是要注意跨年度计划之间的衔接等。

(3)编制程序

第一步,产品资料的准备。产品需求是产品主生产计划的主要依据,不同生产类型的企业,需求资料的来源往往不同。对大量大批生产企业,一般根据历史资料预计未来的产品需求量;对单件小批生产类型的企业,则根据用户订单,或通过走访用户而预计的订货量来确定产品需求量;对成批生产企业,则从用户订货与预测两方面来确定需求量。

第二步，制定产品主生产计划草案。对于大批量的生产企业，一般将产量均匀地安排到各季各月，以便与流水生产方式相适应；对于成批生产企业，要着重考虑产品品种的合理搭配；对于产量较大、需求变动较少的产品可分配到全年的各季各月生产；对于产量较小的产品，尽量集中在某段时间内生产，并要注意不违反交货期要求；对于单件小批生产，主要根据订货合同规定的数量和期限，适当地兼顾其他方面的要求，如同类型的产品集中安排，新产品与生产难度大的老产品错开安排等。

第三步，检查生产能力能否满足需要。产品主生产计划应按企业的生产能力单位分配产品生产任务，并进行任务量与实有生产能力的核算平衡。

3. 物料需求计划的制定

(1)基本原理

从最终产品的主生产计划导出相关物料的需求量和需求时间，再根据物料的需求时间和生产(订货)周期来确定开始生产(订货)的时间。

【业务链接2-2】

中信公司需要某个部件用于生产。该部件需要在第5周装配时使用，如果外购，订货期为2周，这样最晚应在第3周开始订货；如果自己加工，假设生产周期为1周，这样最晚应在第4周开始加工。

(2)关键信息要素

一是每一最终产品的主生产计划。根据它推算出所需的相关物料的种类、数量和需求时间。

二是物料清单。它说明一个最终产品是由哪些零部件、原材料所构成，这些零部件之间的时间、数量上的相互关系是什么。

三是库存记录。它表明现在库存中有哪些物料，有多少已经订货的数量，从而在制定新的加工、采购计划时减掉相应的数量。

(3)计算机管理信息系统

一个企业所包括的各种物料的数量非常大，如果用手工来制定各种物料的生产、采购计划，这样仅计划本身就要耗费大量的人力和时间，并且容易出错。如果利用计算机管理信息系统来完成，就可以避免上述问题。通过输入已经确定的主生产计划、库存记录、物料清单以及其他需求信息，通过系统处理后可以输出两项结果：对各种物料的具体需求(包括需求量和需求时间)和订单的发出时间。这些输出结果可从多方面支持物料管理和生产管理。

4. 生产作业计划的制定

(1)制定依据

主要依据有:年、季度生产计划和各项订货合同;前期生产作业计划的预计完成情况;前期在制品周转结存预计;产品劳动定额及其完成情况;现有生产能力及其利用情况;原材料、外购件、工具的库存及供应情况;设计及工艺文件、其他的有关技术资料等。

(2)制定方法

编制生产作业计划,一般是将企业生产任务分配到各车间,编制车间生产作业计划,然后由车间再分配到工段、班组直至工人,编制车间内生产作业计划。

2.2　库存管理

【引入案例2-2】

3M公司以往常常缺货,有时不能按时将产品送至分销商的仓库,顾客在订货时经常遇到困难。公司为解决库存问题,开发了一个库存管理数据库,该数据与国际互联网连接,储存包括产品、库存和顾客信息。顾客可以看到库存情况并在网上订货。通过改进,3M公司可以更好地预测顾客需求,并大量降低了产成品的库存,减少了顾客对产品的误解。改进后的18个月中,产品供应率提高了20%,送货的及时性翻了一番。

问题思考:

1. 库存管理对企业管理的作用?

2. 库存管理有哪些策略?

资料来源:Bob Danath. IOMA物流与库存管理手册[M]. 北京:电子工业出版社,2003。

一、库存管理目标

库存是指企业在生产经营过程中为销售或者耗用而储备的物资,包括各类材料、商品、在产品、半成品、产成品等。库存管理目标就是权衡库存产生的收益和发生的成本,合理地控制库存水平,在保证生产经营正常进行的前提下,尽量降低库存成本。

二、库存的作用

1. 库存的积极作用

(1)保证生产经营的需要

如果工业企业能在生产投料时随时购入所需的原材料,或者商业企业能在销售时随时购入该项商品,就不需要库存。但实际上,由于某些材料的市场供给短缺或企业距供货点较远而需要必要的途中运输及可能出现的意外情况,企业很少能做到随时购入生产或销售所需的各种物资。为了避免或减少出现停工待料、停业待货等事故，企业需要储存库存。

(2)节约购货成本

批量购进库存一般会比零星购进价格便宜，相关采购费用分摊减少。

(3)缩短顾客订货提前期

当厂商维持一定数量水平的成品库存时，顾客就能及时得到所需的物品，于是缩短了客户的订货提前期，改善了客户服务质量，有利于争取更多的顾客。

(4)提高人员与设备的利用率

将人员与设备合理搭配，切实落实大中修计划，保证设备准备期率，提高设备完好率，搞好设备例保，严防带病运转等。

2. 库存的消极影响

占用大量资金，产生库存成本；掩盖企业经营管理中存在的问题。

三、库存管理策略

1. 经济订货批量

实现库存管理的目标，关键在于确定一个最佳的库存数量，对库存数量加以控制，使库存的总成本最低。为此需要解决以下问题：在某一时期需要订购和库存多少货物？应该在何时订购？库存的成本是多少、它能否控制？哪些库存项目应引起特别注意？

经济进货批量是指能使一定时期库存的总成本达到最低点的进货数量。决定库存经济批量的成本因素主要包括变动性进货费用、储存变动成本以及允许缺货时的缺货成本。不同的成本项目与进货批量呈现着不同的变动关系。减少进货批量，增加进货次数，可降低储存成本，但会导致进货费用与缺货成本的提高；相反，增加进货批量，减少进货次数，尽管有利于降低进货费用与缺货成本，但同时会影响储存成本的高低。因此，如何协调各项成本间的关系，使其总和保持最低水平，是企业组织进货过程需解决的主要问题。经济进货批量考虑的仅仅是使进货的变动成本(可简称进货费用)与储存变动成本(可简称储存成本)之和最低。此时，经济进货批量下的库存总成本的计算公式可表示为：

库存相关总成本＝相关进货费用＋相关储存成本

$$TC = \frac{A}{Q} \times B + \frac{Q}{2} \times C$$

式中：TC —— 库存相关总成本；　A ——某种库存的全年需要量；
B —— 平均每次的进货费用；　Q —— 每次进货批量；
C —— 库存的年度单位储存成本。

【业务链接2-3】

经济进货批量确定

假设大华公司每年需耗用甲材料720千克，该材料的单位采购成本为20元，单位储存成本4元，平均每次进货费用40元，则计算有关数据如下：

$$Q=\sqrt{\frac{2AB}{C}}=\sqrt{\frac{2\times 40\times 720}{4}}=120(\text{千克})$$

$$TC=\sqrt{2ABC}=\sqrt{2\times 720\times 40\times 4}=480(\text{元})$$

$$I=\frac{Q}{2}P=\frac{120}{2}\times 20=120(\text{元})$$

$$N=\frac{A}{Q}=\frac{720}{120}=6(\text{次})$$

2. 库存储存期管理

为了加快库存的流转，企业应该尽量缩短库存的储存期，尤其是应该缩短产品或商品的储存期。这是因为储存库存会占用资金和增加仓储管理费，而且在市场变化很快的情况下，储存期过长有可能导致企业的产品或商品滞销而给企业带来巨大的损失。因此，尽力缩短库存储存期，加速库存周转，是提高企业经济效益，降低企业经营风险的重要手段。

企业持有库存而发生的费用，按照其与储存时间的关系可以分为固定储存费用与变动储存费用两类。前者与库存储存期的长短无直接关系。后者则与库存储存期的长短有密切关系，如库存资金占用费、库存储存管理费等。它们与利润存在以下关系：

$$\text{利润}=\text{毛利}-\text{销售税金及附加}-\text{固定储存费}-\text{变动储存费}$$

$$\text{利润}=\text{毛利}-\text{销售税金及附加}-\text{固定储存费}-\text{每日变动储存费}\times\text{储存期}$$

$$\text{存货保本期}=\frac{\text{毛利}-\text{销售税金及附加}-\text{固定储存费}}{\text{每日变动储存费}}$$

$$\text{存货保利储存期}=\frac{\text{毛利}-\text{销售税金及附加}-\text{固定储存}-\text{目标利润}}{\text{每日变动储存费}}$$

对库存储存期的管理，可以及时为经营决策者提供库存的储存状态信息。这样，决策者就可以对不同的库存采取相应的措施。一般来说，凡是已过保本期的产品或商品大多属于积压滞销的库存，企业应该采取降价促销的办法，尽快将其推销出去；对超过保利期但未过保本期的库存，应当分析原因，找出对策，力争在保本期内将其销售出去;对于尚未超过保利期的库存,企业应当密切监督,防止发生过期损失。企业每隔一段时间应对各类产品的销售状况做出总结,调整企业未来的产品结构,提高库存的周转速度和投资效益。

【业务链接2-4】

库存储存期管理

华群商品流通企业购进甲商品3 000件,单位进价(不含增值税)50元,单位售价70元(不含增值税),经销该商品的固定费用为30 000元。销售税金及附加2 000元,每日变动储存费为200元。

库存保本储存期=(70-50)×(3 000-2 000-30 000)÷200=140(天)

该企业欲获得20 000元的利润,则保利储存期=(70-50)×(3 000-2 000-30 000-20 000)÷200=40(天)

该企业库存实际储存期为60天,可以获利16 000元(20 000-200×20)。

3. 库存的ABC分类管理

库存的ABC分类管理就是将库存按照一定的标准分成A、B、C三类,然后,按照各类库存的重要程度分别采取不同的方法进行管理。这样,企业就可以分清主次,突出管理重点,提高库存管理的整体效率。库存的划分标准主要有两个:一是库存的金额,二是库存的品种数量,以库存的金额为主。其中:A类库存标准是:库存金额很大,库存的品种数量很少;B类库存标准是:库存金额较大,库存的品种数量较多;C类库存标准是:库存金额较小,库存的品种数量繁多。

虽然每个企业的生产特点不同,每个企业库存的具体划分标准各不相同。一般来说,库存的划分标准大体如下:

A类库存金额占整个库存金额比重的60%~80%,品种数量占整个库存品种数量的5%~20%;B类库存金额占整个库存金额比重的15%~30%,品种数量占整个库存品种数量的20%~30%;C类库存金额占整个库存金额比重的5%~15%,品种数量占整个库存品种数量的60%~70%。

将库存划分成A、B、C后,再采取不同的管理方法。A类库存应进行重点管理,经常检查这类库存的库存情况,严格控制该类库存的支出。由于该类库存的品种数量很少,而占用企业资金很多,所以企业应对其按照每一个品种分别进行管理;B类库存的金额相对较小,数量也较多,可以通过划分类别的方式进行管理,或者按照其在生产中的重要程度和采购难易程度分别采用A类或C类库存的管理方法,C类库存占用的金额比重很小,品种数量又很多,可以只对其进行总量控制和管理。

库存的ABC分类方法和步骤如下:

第一步,计算每一种库存在一定时期内的资金占用额;

第二步，计算每一种库存资金占用额占全部资金占用额的百分比，并按大小顺序排列，编成表格；

第三步，根据事先确定的标准，将库存分成 A、B、C 三类，并用图表形式表示出来。

【业务链接2-5】

库存的 ABC 分类管理

大华公司有20种材料，总金额为2000000元，按金额多少的顺序排列后，根据上述原则划分成 A、B、C 三类，具体情况如表2-1所示。

表2-1　　库存资金占用表

材料品种（编号）	金额（元）	类别	各类库存所占的		各类库存占用资金的	
			品种	比重（%）	金额	比重（%）
1	800 000					
2	600 000	A	2	10	1 400 000	70
3	150 000					
4	120 000					
5	80 000					
6	50 000	B	4	20	400 000	20
7	30 000					
8	25 000					
9	22 000					
10	21 000					
11	20 000					
12	18 000					
13	13 500					
14	13 000					
15	10 500					
16	7 000					
17	6 000					
18	5 500					
19	4 500					
20	4 000	C	14	70	200 000	10
合计	2 000 000		20	100	2 000 000	100

从表2-1可以看出：编号1和2两种材料属于A类库存，编号3-6共四种材料属于B类库存，编号7-20共十四种材料属于C类库存。通过对库存进行ABC分类，可以使企业分清主次，采取相应的对策进行有效的管理、控制。企业在组织经济进货批量、储存期分析时，对A、B两类库存可以按品种、类别进行，对C类库存只需要加以灵活掌握即可。此外，企业还可以运用A、B、C三类，通过研究各类消费者的消费倾向、档次等，对各档次库存的需要量（额）加以估算，并购进相应数量的库存。从而使企业库存的购进与销售工作有效地建立在市场调查的基础上，收到良好的控制效果。

【同步阅读2-1】

零库存管理的10个技巧

委托保管方式;协作分包方式;轮动方式;准时供应系统;看板方式;即进即售和即进半售方式;超期即“送”方式;预提储备物资方式;巧用订单方式;加强对供应链的管理。

2.3 供应链管理

【引入案例2-3】

2003年4月“非典”爆发时,清洁和防护用品供不应求,各相关企业喜笑颜开,而到了2004年6月,当疫情逐步趋于稳定时,这些企业不再是喜上眉梢,而是忙于处理堆积如山的库存。但与此形成鲜明对比的是,宝洁公司生产的舒肤佳香皂,由于备有供应链应急分析系统,即使在“非典”爆发期间其他同类产品相继断档的情况下,它还能保证当时疫情重灾区北京地区的供应,而且在“非典”过后,宝洁公司也能够迅速调整产能,没有发生库存积压的情况。

问题思考:供应链管理为宝洁公司解决了什么问题?

资料来源:缪兴锋等.供应链管理技术与方法[M].广东:华南理工大学出版社,2006。

一、供应链的含义和特点

1. 含义

供应链是围绕核心企业,通过对信息流、物流、资金流的控制,从采购原材料开始,制成中间产品,最后由销售网络把产品送到消费者手中,即把供应商、制造商、分销商、零售商、直到最终用户连成一个整体的功能网链结构模式。

2. 特点

(1)复杂性

供应链往往由多个、多类型甚至多个国家企业构成,由于各节点企业可能来自不同的地区和国家,存在着不同的企业文化和背景,因此供应链结构模式比一般单个企业的结构要复杂得多,而且在供应链合作伙伴之间的协调会存在一定困难。

(2)动态性

在多样化、个性化要求越来越高的客户需求驱动下,市场竞争日益激烈,市场快速多变并且难以预测,市场转瞬即逝,因此供应链的管理必须适应市场需求变化,各节点企业要经常动态地调整策略,这也就使得供应链具有明显的动态性。

(3)增值性

供应链将产品开发、供应、生产、营销、市场一直到服务都联系在一起,一方面要根据客户的需求,不断增加产品的技术含量和附加值;另一方面要不断消除客户所不愿意支付的一切无效劳动与浪费,使投入市场的产品同竞争对手相比,能为客户带来真正的效益和满意的价值,使客户认可的价值大大超过总成本,从而为企业带来合理的利润。因此,供应链是一条名副其实的增值链,是每一个节点企业获得利润的基本前提。

(4)交叉性

一个节点企业既可以是这个供应链的成员,同时又可以是另一个供应链的成员。市场众多、相互交错的供应链体系,增加了协调节点企业管理的难度。

二、供应链管理

1. 含义

供应链管理是对整个供应链系统进行计划、协调、操作、控制和优化的各种活动过程,其目标是要将顾客所需的正确的产品能够在正确的时间、按照正确的数量、正确的质量和正确的状态送到正确的地点,并使总成本最小。

2. 供应链管理的特点

(1)受战略管理约束

供应链的运作往往是在一个很大的时间和空间跨度下进行的,涉及众多不同企业主体和不同的业务环节,是一个既庞大又复杂的管理系统。它的构建、管理、维护和发展是一个极富挑战性的企业战略重点。供应链管理必须站在一个战略的高度对供应链中的核心能力和资源进行集成,否则很难成功。

(2)以客户为中心

供应链管理的本质是满足客户的需求,它通过降低供应链成本的战略,实现对顾客的快速反应,来提高顾客的满意度,进而提升企业的信誉度,获得竞争优势。当然,满足客户需求与成本支付之间是一对基本矛盾,因此,顾客服务目标的设定更应关注满足客户需求与成本支付的平衡。

(3)强调伙伴间的合作与共享

供应链管理把供应链中所有节点企业看作一个整体,涵盖整个物流的、从供应商到最终用户的采购、制造、分销、零售等职能领域过程。在供应链管理中,企业超越了组织机构的界限,建立了新型的客户关系。因此,供应链管理更强调伙伴间的合作,强调利益共享和风险共担,合作更需要依赖供应链成员之间对业务过程一体化的共识,需要建立相应的信任机制和协商机制。

(4)强调一体化的精细管理

供应链上的核心企业,除了核心业务外,其余的各种业务都来自于外部,即按照市场规则将内部业务社会化,按照核心企业的需求,将具有不同核心能力的企业及资源整合起来,使得组织边界变得模糊,供应链管理则成了一项高度互动而复杂的系统工程,它强调的是一体化的精细管理。在供应链一体化精细管理下,所有的成员可以用更少的库存为顾客提供更好的服务。较少的库存又会减少资金占用量,降低库存管理费用,进而降低成本。除了可以减少库存之外,还可以减少生产过剩情况的发生,并增加在其他领域的协调。

(5)注重信息技术的集成应用

供应链管理最关键的是需要采用集成的思想和方法,而不仅仅是节点企业、技术方法等资源简单地连接。信息技术的集成应用是保证供应链系统集成的技术基础,是提升整个供应链运作效率的重要保障之一。在这种多节点、多合作伙伴的复杂网链上,信息技术的支撑,降低了伙伴间的交易成本,可使合作伙伴及时获取有效信息、快速反应、满足顾客的需求。同时基于信息技术的集成,有可能随时对在途物品进行管理,满足物流服务的个性化需求。

(6)注重供应链的动态优化管理

供应链的整体效率和价值创造能力,是链条上合作伙伴基于一种战略型的亲密关系协同产生的。要长期保持这种关系,就要注意对伙伴关系的不断优化。

3. 供应链中三种"流"的管理要点

(1)物流

沿供应链流动的物料是最主要的"流"。原料沿着供应链从最初的供应商流动到不同的生产商、装配商,完成整个制造过程,又从生产商流到一层一层的批发商、零售商,最后到达顾客手中,最终实现其价值。供应链管理注重的是这种物料流动,怎样使其在必要的时候,流动到必要的地点;怎样使这种流动所需要的成本更低;怎样使流动过程中可能出现的偏差最小,一旦出现偏差应该如何纠正等等。

(2)信息流

与原料从最初供应商流动到最终顾客不同,市场信息主要是沿相反方向流动的。确定什么时候使何种物料流到下一环节,其驱动信息来自于下一环节。除了市场信息之外,信息流还需包括技术、经营组织、库存、人员以及在物料流动过程中所遇到的困难及出现的偏差。因此,能够实现对物流的严密控制依赖于及时、可靠的相关信息。信息还具有双向流动的特点。供应链上的每一个企业,不仅要知道它的下游客户的需求,也要知道它的上游供应商的供应能力。因此,供应链上的企业需要共同分享有关的信息。在有些情况下,有关组织变化的信息也应进行充分交流,以使供应链上各个环节之间的相互联系保持高效性。

【业务链接2－6】

一些大型跨国制造公司利用计算机网络设置了与零部件企业共享的关于生产计划和生产实绩的数据库，供应商可以不用等待买方的订货通知而自己随时扫描数据库提供的信息，由此判断什么时候需要送什么样的零部件，保证按时送货。由于从该数据库中还可以了解到买方以后的生产计划，因此零部件供应商还可以在此基础上制定自己的生产计划。这种信息的共享使买方的工厂和零部件供应商如同一个公司运行，两者的库存费用和管理费用都大为降低。

(3)资金流

供应链中的资金流，不仅是链上各个企业之间的款项结算，还包括投资资金的流动、在供应商企业中注入资金、投资入股等。此外，许多企业以提供原料、模具、检测设备等形式为供应商提供资金。

4. 供应链管理的关键业务过程

(1)客户关系管理

顾客是供应链管理的核心和基本出发点。客户关系管理就是使以顾客为中心的、包括市场营销和客户服务的业务流程自动化并得以重组。供应链管理的第一步就是识别对企业的经营使命至关重要的关键顾客，并与他们建立战略性的合作伙伴关系。

(2)客户服务管理

一方面，服务是获取客户信息的唯一来源；另一方面，服务为顾客提供实时、在线的产品和价格信息，以支持客户对交货期和货物状态的查询。

(3)需求管理

需求管理主要涉及企业内部和企业之间的物料供应与需求管理，通过对产品与服务的流程进行预测，正确地预测客户需求，改善客户服务，降低不正确预测需求所产生的成本。一个好的需求管理系统利用POS系统和关键客户数据来提高供应链效率，减少不确定性，并平衡客户需求和企业供应能力。

(4)完成订单

要高效地完成顾客订单，需要将企业的制造、分销和运输计划综合在一起。

(5)生产流管理

主要包括产品工程、产品技术保证、生产控制、库存控制、仓储管理、分销管理等。生产流管理的改进可以缩短生产周期，提高顾客响应速度。

(6)采购管理

与供应商发展长期合作关系，支持企业生产和新产品开发工作。

(7)产品开发和商品化

一定要让顾客和供应商参与到新产品开发过程中，以便在更短的时间内，以更低的成本开发出客户需要的成功产品。

5. **供应链管理的运营机制**

供应链管理要求企业内部协调分工,形成内部供应链运作一体化,再与外部供应链的企业进行协作与联盟,从而使企业具有更强的竞争力和更大的效益。供应链的成员企业通过供应链构建时所形成的合作机制、决策机制、激励机制和自律机制等来实现满足顾客需求、使顾客满意以及留住顾客等功能目标,从而实现供应链管理的最终目标:社会目标、经济目标和环境目标的合一。

(1)合作机制

合作机制体现了战略伙伴关系和企业内外资源的集成与优化利用。基于这种企业环境的产品制造过程,从产品的研究开发到投放市场,周期大大缩短,而且顾客导向化程度更高。

(2)决策机制

由于供应链企业决策信息的来源不再局限于一个企业内部,而是在开发的信息网络环境下,不断进行信息交换和共享,达到供应链企业同步化、集成化计划与控制的目的,而且随着 Internet 发展成为新的企业决策支持系统,企业的决策模式将会产生很大的变化。

(3)激励机制

供应链成员要充分长期地稳定合作,就必须建立风险共担、利益共享的激励机制。供应链伙伴之间不能为了自身利益而不负责任,牺牲他人利益。作为供应链中的核心企业,应积极努力同其他成员一起构建有效的业绩评价和激励机制,充分保证激励机制的作用发挥,调动供应链中所有企业的主动性、积极性与创造性,为满足最终的客户需求而协同。

(4)自律机制

自律机制要求供应链企业向行业的领头企业或最具竞争力的竞争对手看齐,不断对产品、服务和供应链业绩进行评价,并不断地改进,使企业能保持自己的竞争力和持续发展。自律机制主要包括企业内部的自律、对比竞争对手的自律、对比同行企业的自律和比较领头企业的自律。企业通过推行自律机制,可以降低成本,增加销售量和利润,更好地了解竞争对手,提高客户满意度,增加信誉,企业内部部门之间的业绩差距也可以得到缩小,从而提高企业的整体竞争力。

2.4 质量管理

【引入案例 2-4】

1985 年海尔生产的第一批冰箱不合格,张瑞敏就坚决把有毛病的 76 台冰箱拿出来,砸掉了。通过这件事,使得海尔全员的质量意识大大地提高,在 1988 年 12 月就得到全国同行业的第一块金牌。拿到金牌之后，张瑞敏又跟他的员工说，我们拿到的是一块全运会的金牌，下一步我们就要拿奥运会金牌。所以海尔的员工就树立起严格的质量观。所有的员工都知道，我们要拿奥运会金牌，我们要以质量使得我们的产品走向全球，质量创名牌。

海尔在生产经营中始终向职工反复强调：用户是企业的衣食父母。在生产制造过程中，他们始终坚持“精细化，零缺陷”，让每个员工都明白“下道工序就是用户”。这些思想被职工自觉落实到行动上，每个员工将质量隐患消除在本岗位上，从而创造出了海尔产品的“零缺陷”。海尔空调从未发生过一起质量事故，产品开箱合格率始终保持在100%。

问题思考：企业如何进行全面质量管理？

质量管理是指确定质量方针、目标和职责，并通过质量体系中的质量策划、质量控制、质量保证和质量改进使其实现的所有管理职能的全部活动。质量管理的涉及面很广，从横向来说，包括战略计划、资源分配和其他系统活动，如质量计划、质量保证、质量控制等；从纵向来说，包括质量方针、质量目标及质量体系。

一、产品质量

1. 产品质量特性

质量是反映实体满足明确和隐含需要的能力的特性总和。通常质量需要转化为用指标表示的特性，产品质量的好坏和高低通常是根据产品所具备的质量特性能否满足人们的需要及满足的程度来衡量的。

【同步阅读2-2】

性能。是指产品为满足使用目的所具备的技术特性。

寿命。是指产品能够正常使用的期限。

可靠性。是指产品在规定时间内，在规定的条件下，完成规定工作任务的能力，是产品投入使用过程中表现出来的满足人们需要的程度。

安全性。是指产品在流通、操作、使用中保证安全的程度。

外观。是指产品在外形方面满足需要的能力。

经济性。是指产品从设计、制造到整个产品使用寿命周期的成本大小，具体表现为设计成本、制造成本、使用成本等。

产品质量是上述质量特性综合反映的结果。就一个产品而言，各种质量特性的重要性程度不是均等的，其中有关键性的、主要的特性，也有次要的特性；有技术方面的特性，也有经济方面的特性。必须具体分析，区别对待，以满足人们的需求。

2. 质量标准

衡量质量特性应该有一个统一的标准，主要质量特性的定量表现就是质量标准。

一个质量标准应是量化的,要有数量界限,以此作为尺度判断质量是否合格。它的内容包括产品的技术要求、产品的试验方法与验收规则以及产品包装、运输和保管方面的规定。质量标准是企业进行生产和质量检验、质量控制的重要技术依据。我国产品质量标准可分为四级:国际标准、国家标准、部颁(行业)标准和企业标准。在企业的生产和产品检验过程中,符合规定的质量标准才能成为合格品。

二、质量成本

1. 质量成本的构成

质量成本是企业为确保达到满意的质量而导致的费用以及没有获得满意的质量而导致的损失。

(1)运行质量成本

运行质量成本是指企业为达到和确保所规定的质量水平所支付的费用。它包括预防成本、鉴定成本、内部损失成本和外部损失成本。

预防成本是指为了使损失成本和鉴定成本保持在低限度而支付的费用,包括制定质量目标和计划费用、质量培训费、质量活动管理费、工序控制费、质量改进措施费、质量评审费以及支付质管人员的工资和提取的职工福利基金等。

鉴定成本是指在“一次交验合格”的情况下,为评定原材料、零部件和产品是否具有所规定的质量,进行试验、检验和检查所交付的费用,包括试验检验费、质量检验部门办公费、工资及福利基金、检测设备维修折旧费等。

内部损失成本是指交货前因产品未能满足规定的质量要求所造成的损失,包括废品损失费、返修费、复检费、产品降级损失费、停工损失费、产品质量事故处理费等。

外部损失成本是指交货后因产品不能满足客户要求或达到规定的质量要求所造成的损失,包括索赔费、退货损失费、折价损失费、保修费等。

(2)外部质量保证成本

外部质量保证成本是指依合同要求,为向顾客提供所需要的客观证据所支付的费用,包括质量保证措施费,应顾客特殊要求而增加的质量管理费用;品质证实试验费,为顾客提供产品质量受控依据进行质量证实试验所支付的费用;评定费,应顾客特殊要求进行产品质量认证所支付的费用。

质量成本实际上是企业生产成本和产品价值的重要组成部分。

2. 质量成本的控制

质量成本控制是对质量成本发生的全过程的控制,有以下几种控制标准:

(1)接受质量水平

它是指生产和销售的产品中有瑕疵品的不良率。该标准只反映企业运营状况,而不具体表示质量改进计划。在该标准下，当生产出的产品未达到要求的品质时会产生损失成本，这时在损失成本与控制成本之间会产生最优平衡点。这种标准允许一定数量的不良品的生产。

(2) 无缺陷标准

无缺陷是全面质量管理的一种理想状态，但从实际角度看，它是一项无法完全达到的标准。因为绝对地消除废品没有必要也不实际，特别是对大批量、品种繁多、流水线生产的企业更是如此。零缺陷是指生产的产品满足目标价值的要求。

(3) 质量标准的量化

经验数据表明，当质量成本降至销售收入的2.5%时，是许多厂商和专家接受的标准。企业可以通过对每个质量成本项目制定预算标准，以实现总质量预算成本达到销售收入的2.5%目标。

(4) 实物标准

对于生产线的管理人员和经营人员来说，参考资料品的实物计量可能会更有意义，具体可以采用每批产品中的不良品数和外部质量损失的比率进行计量。

(5) 期间标准

对大多数企业来说，实现零缺陷是一个长期的目标，因此有必要制定年度质量标准。管理人员可以按照年度质量标准对获得的质量进步加以评价，通过逐步努力，最终实现零缺陷。

三、全面质量管理

全面质量管理是指一个组织以质量为中心，以全员参加为基础，目的在于通过让顾客满意和本组织所有成员及社会受益而达到长期成功的管理途径。

1. 基本要求

(1) 全员的质量管理

提高产品质量需要依靠企业全体人员的共同努力，以自己优异的工作质量来确保产品质量的产生、形成和实现。因此，全员的质量管理首先是指必须提高全体成员的素质，对他们进行质量管理教育，强化质量意识，使每个成员都树立"质量第一"的思想，保证和提高产品质量；其次，还应广泛发动工人参加质量管理活动，这是生产优质产品的质量保证。

(2) 全过程的质量管理

实行全过程质量管理，一方面要把管理工作的重点从管事后的产品质量转到控制事前的生产过程质量上来，在设计和制造过程的管理上下工夫，在生产过程的一切环节加强质量管理，保证生产过程的质量良好，消除产生不合格品的种种隐患，做到防患未然；另一方面，要以顾客为中心，逐步建立一个包括从市场调查、设计、制造到销售使用的全过程的、能够稳定地生产合格产品的质量体系。

(3)全企业的质量管理

一是要求企业各个管理层都有明确的质量管理内容。上层管理侧重质量决策,制定出企业的质量方针、质量目标、质量政策和质量计划,并统一组织、协调企业各部门、各环节、各类人员的质量管理活动,保证实现企业的经营目标;中层管理侧重贯彻落实上层管理的质量决策,更好地执行各自的质量职能,并对基层进行具体的管理;基层管理则要求每个员工要严格地按照标准、规程进行生产,相互间进行分工协作,并结合本职工作,开展合理化建议和质量管理小组活动,不断进行作业改善。

二是必须把分散到企业各部门的质量职能充分发挥出来。但由于各部门的职责和作用不同,其质量管理内容也不一样。为了有效地进行全面质量管理,必须加强各部门的组织协调。

(4)多方法的质量管理

影响产品质量的因素很多,要把诸多要素系统地控制起来,全面管理好,就必须根据不同情况,区别不同因素,广泛、灵活地运用多种多样的、先进的科学技术方法和现代化的管理方法来解决质量问题。

2. 全面质量管理的基本工作程序——PDCA 循环

(1)PDCA 循环含义

PDCA 是 Plan(计划)、Do(执行)、Check(检查)、Action(处理),反映了质量管理工作必须经过的 4 个阶段。在质量管理中,通常把 PDCA 管理循环进一步具体化为 8 个步骤。计划阶段:分析现状,找出存在的质量问题;分析产生问题的各种原因或影响因素;找出影响质量的主要因素;针对影响质量的主要因素,制定措施,提出行动计划,并预计效果。执行阶段:执行措施和计划。检查阶段:调查采取措施的效果。处理阶段:总结成功经验和失败的教训;提出尚未解决的问题。

(2)PDCA 管理循环的特点

PDCA 管理循环不停地运转,原有的质量问题解决了,又会产生新的问题,问题不断产生又不断解决,如此循环不止。这就是管理循环不断前进的过程,也是全面质量管理工作必须坚持的科学方法。其特点主要有:PDCA 管理循环是大环套小环,一环扣一环,小环保大环,推动大循环;PDCA 管理循环每转动一次就提高一步;PDCA 管理循环是综合性的循环。

四、质量认证与质量管理体系

1. 质量认证

质量认证是由认证机构出具产品合格的书面证明。质量认证的对象是产品、过程或劳务;认证工作的基础是标准;质量认证活动是由第三方进行的;认证合格的证明方式可以采用合格证书和认证标志。

2. ISO9000 质量管理体系

ISO 的全称是国际标准化组织。ISO9000 系列标准是各国质量管理与标准化专家在先进的国际标准的基础上,对科学管理实践的总结和提高。它对产品质量的检验、对生产企业的质量管理和生产过程的评审,做了详细的阐述和具体的规定,既系统、全面、完善,又简明、扼要,为保证企业产品质量和建立、健全质量体系提供了有力的指导。在国际市场上,ISO9000 系列已成为评估产品质量和合格质量体系的基础,同时也成为许多国家的第三方质量体系认证注册计划的基础。

ISO9000 族标准的核心标准有:ISO9000 ~1《质量管理和质量保证标准第一部分:选择和使用指南》;ISO9001《质量体系——设计、生产、安装和服务的质量保证模式》;ISO9002《质量体系——生产、安装和服务的质量保证模式》;ISO9003《质量体系——最终检验和试验的质量保证模式》;ISO9004 ~1《质量管理和质量体系要素第一部分:指南》。

【自测与训练】

一、实训题

宇航存货管理

昊华宇航公司的前身是焦作市化工二厂,始建于1966年,2004年6月改制为股份制企业,同年11月加入中国昊华化工(集团)总公司。公司现有资产总额32亿元,其中固定资产原值27.8亿元,职工3513人。公司下设7个职能部室、3个全资分公司、4个控股子公司,托管2个公司,参股2个公司。公司"双二十"项目建成投产,使主导产品烧碱和聚氯乙烯的年生产规模分别达到了40万吨,在全省同行业均排第1位。烧碱在全国同行业排名第8位,聚氯乙烯在全国同行业排名第4位,在全国电石法聚氯乙烯生产企业中排名第1位。产品出口印尼、土耳其、印度等13个国家。

昊华宇航公司的存货管理制度:

1. 高度重视,加强领导,把存货管理当作企业的生存大事来抓

在存货管理中,坚持"高效运转,保障有力"的存管原则,提出了"三零"管理目标,即原料零风险存货、成品零库存销售、货款零资金外欠。为了保证目标的实现,成立了存货管理领导小组,建立了存货管理控制网络,明确了各类物品的存货管理标准。存货管理领导小组由分管经营工作的副总经理担任组长,各相关单位负责人为成员,并设专人负责存货管理工作,形成了上下沟通、齐抓共管的存货管理体系,为做好存货管理工作提供有力的组织保障。1999年公司聚氯乙烯、烧碱生产规模8万吨时,存货金额、应收账款就已分别达到4169万元、9754万元,而现在40万吨存货金额仅比1999

年提高了483万元，产销率、资金回收率则连续7年实现100%的目标。

2. 夯实基础，完善管理，初步形成了存货管理长效机制

(1)细分物品类别，建立存管体系。一是细分原料种类和管理标准。按照物资属性、物化性质、运输方式、采购周期、存储条件等方面的差异，将各类物资分为可长期存放、不宜长期存放、不能长期存放三类。如：聚氯乙烯树脂、工业盐、燃煤等物资具有固态、不易变质等特点，能够长期存放；电石、烧碱、汞触媒、油品等物资由于易粉化、液态、剧毒、易燃等性质，不易长期存放；液氯等属危害性较大物资，列入不能长期存放类。结合以上因素以及公司生产计划和市场变化情况，确定原辅材料最低库存和产成品最高库存临界点，使库存标准实现安全、稳定、经济，从而达到降低库存物资的综合成本的目的。二是建立存货信息预警机制。成立了信息中心，对国家宏观政策、市场发展趋势、交通运输、气候变化等信息进行收集、分析和研究，定期对原材料、产品市场发展趋势进行预测，并负责对存货管理工作实施预警，及时调整存货标准。三是完善存货管理体系。从原料的购进和发出的时间、地点，进货的种类、数量、质量等管理环节入手，结合生产计划，制定科学严谨的原料采购计划、物流计划、资金计划，控制并提高物资存货周转效率。四是建立严格的奖惩机制。对存货控制不力，造成存货偏离库存标准的，严肃追究有关责任单位和责任人责任；对购进原材料长期不用的，按照公司责任处罚管理规定给予处罚。

(2)实施目录管理，力促科学存货。一是建立了各类物资采购、使用、存储目录，实时掌握各类物资采购、使用、存储的变化情况，建立了物资存储的控制能力，同时在成本控制方面也起到了指导作用。二是建立了严格的存货登记制度。结合原料(主要指电石)的采购时间、质量、包装物的不同，将各类物资进行分类登记，按照物资库存要求，安排生产单位更迭、使用，降低了库存消耗。三是定期不定期进行实物盘点。坚持大宗原材料每季度盘点一次，辅料、备品备件半年盘点一次，产成品每月盘存的制度。定期不定期检查管理情况，摸清实物状况，杜绝白条抵库，对亏库物资查明原因，落实责任，确保账实相符、存货及时利用。四是强化实物管理。每月考核产销平衡率指标，减少产品库存，杜绝产品积压，监督产品存量的变化，提高存货周转率。制定产品定额消耗指标，结合实物盘点，有效控制材料浪费，保证投入产出比例。五是强化对仓库存储条件的审查。按照物资特点和存储要求，定时间、定责任人对仓库的安全隐患、应急设施、存储方法进行严格检查验收，发现问题，立即整改，保证库存物资的安全。六是强化产品的变现能力。制定资金回收100%的指标，控制不良销售，杜绝赊销现象，保证存货的变现速度。制定应收账款周转率指标，每月盘点应收账款明细，定期进行账龄分析，实行动态指标管理。每月考核资金回收率，严格奖罚制度，提高资金回收和利用率，确保存货良性周转。

(3)坚持计划管理，向存货管理要效益。在生产管理方面，根据市场需求，合理组织生产，市场需要什么就生产什么。对有市场、效益好的产品，做到稳产高产；对销售不畅、效益差的产品，实行限产；对亏损的产品坚决停产。建立了规范的计划管理体系，每月结合市场变化情况、装置运行状况制定生产、采购、销售计划和库存标准，为经营决策提供了精准的依据，经营部门可利用稳定的客户资源、运输资源控制产品销售、原料采购的周期，达到降低库存，提高物资周转率的目的。在经营管理方面，建立了严谨的合同管理体系，与供户、用户、承运单位签订了长期合同及成交确认书，明确供货时间、地点、数量和质量条款的要求，由公司纪检监察部牵头定期进行合同履约率考核，监督合同执行情况。不能按要求进行履约的，严肃追究有关责任人责任，给经营计划的顺利执行提供了有力的保障。在辅助原料、材料的供应方面，一是结合辅助原材料种类多、采购频率高、需求不均衡等特点，采取了集中采购的方式，与一些规模大、实力强、信誉好的供应商建立了稳定的合作关系。二是按照各供应商的优势，细分供应物资的种类，提高供应商供货的专业程度，不仅供货数量、质量及时间得到了保障，同时减少了采购环节，降低了采购成本。三是完善了存货信息的交流和共享机制。形成了生产单位、采购部门、供应商定期和实时沟通的体系，供应商能够及时了解到公司的各种原辅材料库存情况和使用计划，并利用其资金优势和库存能力，主动储备相应的物资存量，能够按照公司月份采购计划或临时计划需求，随时送货上门，有效降低物资库存压力和资金占用比例。在物流管理方面，一是建立了稳固的物流运行体系，和一些规模大、实力强的物流运输企业实施战略合作，物资流通及运输周期得到保障。二是加强对运输资源的控制，建立车辆运行动态登记台账，根据实际需求灵活调整运力，保证物流资源充分利用，降低物流成本。三是建立了物流信息交流的平台，随时掌握各种资源，由物流管理部门统一进行协调，物流配送的效率明显提升。

完善的计划管理和快速反应的预警机制让公司得到了实惠。2007 年，公司“双二十”项目开车前，正处于工业盐低价区（到厂价 195 元/吨），信息中心及时预警，从 5 月份起就开始加大采购和储存力度，共储存工业盐 5 万吨。开车后不到两个月，工业盐到厂价格就升高到 310 元/吨，仅此一项就可节约采购成本 570 余万元。由于 1－2 月全国范围内强降雪灾害天气的影响，电力紧张，电石供应困难，公司预计到 PVC 将有较大幅度地涨价，就用两个月的时间将 PVC 库存提高了近 1 万吨。结果 PVC 市场价格从春节前的 6900 元/吨快速涨到 8300 元/吨，公司增加利润 1400 余万元。

3. 多措并举，搭建平台，为存货管理提供了强有力支撑

（1）发挥市场优势，降低存货风险。多年来，公司始终坚持规范操作、诚信经营、合作共赢的经营管理理念，拥有成熟稳定的经营网络、采购（销售）渠道和稳定的客户群体，经营工作执行力、可操作较强，给存货管理提供了有力的支撑。一是在山西长治、内蒙鄂尔多斯建立两个电石供应基地，在省内平顶山中盐皓龙参股建立了工业盐采购基地，原料供应均衡、稳定，库存风险较小。二是利用公司周边氧化铝、化纤、造纸等行业较

为集中、对烧碱需求量较大的区位优势，与中国铝业、开曼铝业、新乡化纤等企业建立了战略合作关系，签订了长期供货合同，实现了烧碱“零库存”销售目标。三是针对液氯、盐酸产量不稳定、危害性大（液氯、盐酸属产能可调产品）的实际情况，积极调整销售结构，加大了市场开发力度，扩大产品销售范围和下游用户群体，规避了对省内单一用户（氯化石蜡）的依赖程度，同样实现了“零库存”销售目标。四是引入了差异化物流定价机制，形成了稳定的物流运输体系，给原料采购、产品销售提供了有力的保证。

（2）科学分析预测，降低存货成本。建立了科学、规范的运行分析体系，结合国家宏观政策调整、市场发展趋势、生产运行状况，每月由资产管理部、生产运行部、经营部分别负责编制经济运行分析、生产运行分析和经营运行分析。一是对公司当月运行情况进行系统分析，找出影响效益和有利于提高效益的主要因素，制定应对措施。二是对次月经济环境、市场走势进行预测，结合公司生产装置运行情况，制定出公司月份综合计划（包括：生产、经营、资金、项目计划等），确保公司正确决策。三是根据分析结果，结合气候变化、仓储条件影响，制定最佳存货计划，降低存货成本。

（3）实行消耗管理，提升成本优势。公司在成本管理上实行成本计划责任制，坚持成本分析例会，每 5 天一预测、10 天一分析、1 月一总结，使生产成本得到了有效控制，开展降低存货管理消耗活动，对各生产单位的实际消耗和成本情况进行考核，以指标完成情况核定效益工资，使成本消耗不断降低。

资料来源：http://www.chinahaohua.com.cn。

问题：

1. 有人认为，加强企业的存货管理，必然增加企业多方面的支出，对于企业来说不太合算，这种说法是否正确？

2. 加强存货管理对企业有什么意义？

3. 如何提高企业的存货管理水平？

二、自测题

1. 如何制定生产运作计划？

2. 供应链管理的关键业务过程有哪些？

3. 全面质量管理有哪些要求？

第 3 章 中小企业营销管理

■ 学习内容

3.1 市场营销环境分析

3.2 市场细分和市场定位

3.3 市场营销组合策略选择

■ 学习目标

通过本章学习，应该达到以下目标：

□ 了解中小企营销环境的构成；理解 SWOT 分析法；掌握市场细分的方法；理解目标市场营销策略；了解市场定位策略；理解产品生命周期理论；掌握市场营销 4 种主要策略。

□ 运用 SWOT 分析法，对企业的营销环境进行分析；运用市场细分的原理，对某一市场进行细分；正确运用目标市场营销策略；学习对产品（服务）在市场中定位；判断某种产品（服务）所处生命周期的阶段；初步学习运用价格策略、渠道策略、促销策略以及产品策略。

3.1 市场营销环境分析

【引入案例3-1】

福特公司外部环境分析

经济环境:影响汽车工业和福特汽车公司成长的几个经济因素有利率、汽油价格的上涨、美元的价值和美国总体的经济大环境。当时,福特公司几个主要的经济学家预测1990年经济以1.5%的速度缓慢增长,上半年的状况是通货膨胀和失业率上升、利率下降、美元相对疲软。从长期看,汽油价格预计将持续上涨,生产费用将用于保证安全性、控制污染和油耗上。在北美装配的日本轿车的数量将很快达到每年200万辆,将会出现供大于求,这可能威胁美国汽车市场的价格结构并且给美国市场上各商家的收益带来负面影响。

政治环境:对汽车制造商们来说,20世纪90年代将标志着一个日益增加的政府管制制度和环境上的压力的新纪元,促使他们提高燃料效率、安全标准和污染控制水平。净化空气的要求、全球变暖及新油耗标准的出台都将给福特公司的新产品计划蒙上阴影。

社会环境:20世纪90年代的社会和经济趋势研究表明,汽车总会有大量的购买者,他们有购买的倾向,并有购买新车的财力,其中3种人群对汽车工业来说具有特殊的意义,他们分别是人口快速增长时期出生的人群、妇女和老人。第一类群体会有更多的自由收入来购买汽车,而且有相当一部分人会购买豪华车或跑车。他们和老人对娱乐型车的需求也将有所增加,而对货车和微型货车的需求有所减少。然而,第一类群体中的蓝领阶层从细分市场角度会更喜爱美国车和国产的微型货车。将有越来越多的妇女购买新车,并有望在汽车市场上表现出与男人相同的购买力。20世纪90年代汽车市场的成功将在于向这类妇女做广告。最后一个显著的群体是55岁以上的老年人,他们构成了新车消费者的25%,这个比例还将升高。

技术环境:未来的汽车将变得更加容易操作,并装有智能系统;快速敏捷的计算机会使发动机和传送系统的运转更加高效;电子悬浮系统、雷达障碍扫描系统会帮助司机避免车祸;导向系统在荧屏上显示各种可供选择的路线,以帮助司机避免交通堵塞。自动变色玻璃和红外系统可提高夜间的可视度,刹车防抱死系统、安全气囊和牵引控制将会标准化。塑料的使用将会增加,因为其重量轻,相对钢材价格便宜,并且不会腐蚀。通过运用计算机来设计模型和样车，将会成为未来的趋势。在生产中，机器人技术的使用将会更加广泛。20世纪90年代的汽车生产商会开发出使用替代燃料的汽车。

问题思考：企业营销环境包括哪些？

一、分析企业外部环境

企业外部环境是指影响企业生存与发展的各种外部因素的总和，包括一般环境和特殊环境。企业外部的一般环境有自然环境、经济环境、政治法律环境、社会文化环境、国际环境；企业外部的特殊环境，即供应商、顾客、竞争对手、政府机构等。

1. 分析企业外部的一般环境

(1)自然环境

自然环境是指企业所处的地理位置和自然状况，包括土地、气候、自然资源等。自然环境对企业厂址选择、原材料供应、设备和生产技术的采用、员工的聘用等有密切的关系。例如，一个生产老年人产品和服务的企业，选取老年人较多且老年人口不断增长的社区作为厂址，该企业肯定能够从中受益颇多；有的企业花高薪却聘请不到有实力的高层管理者，因为谁都不愿意去企业所在的城市。

(2)经济环境

经济环境是指对企业生存与发展具有重要影响的各种经济因素的总和，包括经济结构、经济发展水平、经济制度、经济总量、经济体制等。经济基础与上层建筑之间的关系表明经济环境对企业决策管理具有决定性的影响。企业的现在及未来市场的大小都要受到经济环境的制约，如2008年金融危机导致国内众多外向型企业出现倒闭，停产或减产等现象。因此，作为决策管理者，要善于从上述因素中找准自己的位置，帮助决策者和企业高层领导者作出正确决策，寻求发展的契机，从而推动企业快速发展。

(3)政治法律环境

企业的政治法律环境是指影响企业的各种政治要素及有关法律法规的总称，包括政策制度、政治体制、党和国家的方针政策、法律规范、特殊经济政策等。在市场经济下，政府可以运用直接方式或间接方式对企业进行监管，而且要以间接监管方式为主，即通过各种法律法规、政策等对企业活动起到宏观调控作用。一般来说，只有适应上述环境的需要，使企业自身的行为符合国家的方针政策、法律法规的要求，企业才能生存和发展。因此，企业决策管理者要密切关注政治法律环境，并根据环境的变化来完善自身的决策活动，为企业获取更大的利益。例如，为了促进大学生就业，国家制定了鼓励中小企业接受大学生的各种优惠政策，那么企业决策管理者完全可以依据这些优惠政策进行决策活动，从而既为减缓就业形势作出应有的贡献，又为企业自身谋取利益。

(4)社会文化环境

社会文化环境就是对企业生存与发展产生重要影响的社会状况与文化状况，包括人口状况、家庭结构、文化教育程度、社会道德风尚、宗教信仰等。这些环境的变化必然在企业中表现出来,如不同的社会风俗习惯和道德观念会影响人们的消费方式和购买喜好等。

(5)国际环境

在全球化的时代,没有哪个国家能够脱离全球的政策环境、经济体系及摆脱全球的经济压力,而且随着全球化的发展,各个国家在经济方面越来越具有同质性,因为各个国家在接受同样的经济规则,加入统一的经济生产和贸易体系中。因此,市场的同质性、规模经济、国家比较优势等因素都会给企业带来实质性的影响。因此,企业决策管理者要在国家和行业的层面上研究企业竞争的地域范围,从而判断竞争的潜力和压力。一般而言,国际潜力越大,其竞争范围也越广,压力就越大。

2. 分析特殊环境

(1)供应商

简单地说,供应商就是供应原材料或商品的个人或法人,如农民、生产基地、制造商、代理商、批发商、进口商等。供应商要尽量减少中间环节,如二级批发商、经销商等。为了获取利润最大化,供应商会采取提高供应价格或降低供应产品和服务的质量等手段。因此,决策管理者要根据商品质量、价格、交货时间、供应商整体服务水平等标准,结合企业实际,通过建立评价小组、确定供应商的全部名单、列出评估标准等步骤来选择合适的供应商。

(2)顾客

顾客是企业产品或服务的采购者,是服务的对象,可能是个人、家庭、组织机构、政府部门等,可以在国内,也可以在国外。顾客的讨价还价能力决定企业的利润空间。企业决策管理者要根据影响讨价还价能力的因素,分析顾客的购买行为及其特点,制定相关决策,尽可能地限制顾客的讨价还价能力。

(3)竞争对手

在某一行业或领域中,拥有相同或类似资源的个体或团体,并且相互之间的目标也相同,对方采取的行为会给自己带来一定的利益影响,这样的个体或团队就是竞争对手。竞争对手可以分为直接竞争对手和间接竞争对手、现实的竞争对手和潜在的竞争对手。但是,无论竞争对手的性质如何,企业与竞争对手都存在两种关系,即相互争夺的关系和相互削弱经营能力的关系。企业决策管理者要帮助企业了解和研究竞争对手的长处和短处,了解其经营思想、经营战略、经营计划等,从而制定科学合理的决策,使企业在众多竞争对手行列中处于不败之地,并脱颖而出。

(4)政府机构

政府机构对企业决策管理具有一定的影响,这种影响主要通过间接方式表现出来,包括市场监管、制定法律法规、制度及政策的执行等措施。这要求企业决策管理者要遵守国家的法律法规、方针政策，不能与国家或地方政府的相关规定相冲突，要以之为标准进行决策管理活动。

二、分析企业内部环境

企业的内部环境是指企业自身能够加以控制的内部因素。对企业的内部环境进行分析，其目的在于掌握企业现状，明确企业的优势和劣势，有效地利用企业的资源，发挥企业的优势，从而实现企业的战略目标。

1. 企业的资源

企业的内部环境是指企业从事生产活动或提供服务所需的人、财、物、技术与经营管理等方面的能力与条件。为了帮助企业识别优势与不足，要对企业内部资源条件进行考察与评估。第一，纵向对比，即企业将其内部资源状态，与其环境状况及变化趋势相比；第二，横向对比，即与同行业的企业进行对比；第三，关联对比，本企业与其他企业的战略方向和战略目标进行对比。

2. 企业的核心竞争力

核心能力是一种基于知识体系的能力，它是形成竞争优势和竞争能力的深层次能力，是企业进行最后战略决策的重要基础，是企业可持续发展的必要手段。企业的核心竞争力来源于企业的资源和能力，并能够帮助企业超越竞争对手。但是，并不是所有的资源和能力都可以作为核心竞争力的来源。有些资源和能力会削弱企业的竞争能力。例如，如果没有优质的人力资源，企业可能在营销上无法抗衡竞争对手，也无法有效地利用企业的其他设备资产，在这种情况下，人力资源就是企业的弱势。

因此，决策管理者要准确分析企业的核心能力，从而进行科学的决策。决策管理者可采取价值链分析方法从企业内部寻求有价值的、有稀缺的、模仿成本高的资源和能力，进行核心竞争能力管理，并在此基础上进行决策管理活动，制定合理的决策。

3. 企业文化

企业文化属于亚文化范畴，它是指为企业全体成员所共同接受的价值体系，包括思维方式、行为习惯、心理预期与信念体系。企业文化渗透于企业的各个职能活动当中，影响和决定了企业全体人员所能接受的行为规范，使一个企业具有一系列区别于其他企业的企业特征。这部分内容在后面的章节将予以详细介绍。

三、SWOT 分析

SWOT 分析是由美国哈佛商学院率先采用的方法。SWOT 分别代表 strength、weakness、opportunity、threat，是指优势、劣势、机会和威胁的分析。外部环境的影响归结为机会和威胁；内部环境分析的目标是明确企业所拥有的优势和劣势。也就是说，

SWOT 分析就是对外部环境的机会、威胁和企业内部的优势、劣势进行综合分析，并在此基础上进行决策活动，制定企业经营方案。

进行 SWOT 分析，一般最后会用一个表格把分析结果表示出来，这个表格就是 SWOT 分析矩阵，见表 3－1：

表 3－1　　SWOT 分析

内部条件分析 / 外部环境分析	优势 S	劣势 W
机会 O	SO 战略	WO 战略
威胁 T	ST 战略	WT 战略

【业务链接 3－1】

家乐福败走中国香港

继 1997 年底八佰伴及 1998 年中大丸百货公司在中国香港相继停业后，2000 年 9 月 18 日，世界第二大超市集团“家乐福”位于香港杏花村、荃湾、屯门及元朗的 4 所大型超市全部停业，撤离香港。法资家乐福集团，在全球共有 5200 多间分店，遍布 26 个国家及地区，全球的年销售额达 363 亿美元，盈利达 7.6 亿美元，员工逾 24 万人。家乐福在我国的台湾、深圳、北京、上海的大型连锁超市，生意均蒸蒸日上，为何独独兵败香港？

家乐福声明其停业原因，是由于香港市场竞争激烈，又难以在香港觅得合适的地方开办大型超级市场，短期内难以在市场中争取到足够占有率。

家乐福倒闭的原因可从两个方面来分析：

从它自身来看：

第一，家乐福的“一站式购物”（让顾客一次购足所需物品）不适合香港地窄人稠的都市环境。家乐福的购物理念建基于地方宽敞，与香港寸土寸金的社会环境背道而驰，显然资源运用不当。这一点反映了家乐福在适应香港社会环境方面的不足和欠缺。

第二，家乐福在香港没有物业，而本身需要数万至 10 万平方英尺（1 英尺＝0.305 米）的面积经营，背负庞大租金的包袱，同时受租约限制，做成声势时租约已满，竞争对手觊觎它的铺位，会以更高租金夺取；家乐福原先的优势是货品包罗万象，但对手迅速模仿，这项优势也逐渐失去。

除了已开的 4 间分店外，家乐福还在将军澳新都城和马鞍山新港城中心租用了逾 30 万平方英尺的楼面，却一直未能开业，这也给它带来沉重的经济负担。

第三，家乐福在台湾有 20 家分店，能够形成配送规模，但在香港只有 4 家分店，直接导致配送的成本相对高昂。在进军香港期间，它还与供货商发生了一些争执，几乎诉诸法律。

从外部来看：

第一是在1996年它进军香港的时候，正好遇上香港历史上租金最贵时期，经营成本高昂，这对于以低价取胜的家乐福来说，是一个沉重的压力，并且在这期间又不幸遭遇亚洲金融风暴，香港经济也大受打击，家乐福受这几年通货紧缩的影响，一直无盈利。

第二是由于香港本地超市集团百佳、惠康、华润、苹果速销等掀起的减价战，给家乐福的经营以重创。作为国际知名的超市集团，家乐福没有主动参加这场长达两年的减价大战，但几家本地超市集团的竞相削价，终于使家乐福难以承受，在进军香港的中途铩羽而归。

分析提示：香港超级市场，原是英资财团与华资财团两强对峙的局面，家乐福挟新的经营方式闯入，鼎足而三，竞争更趋激烈。家乐福的经营理念很快为这两大本地财团各自所属的连锁超市——百佳及惠康所采用。百佳和惠康不断在大型私人屋苑和商场开设超级市场，将传统街市和超级市场的概念融为一体，招徕市民光顾，甚得顾客欢迎。据了解，家乐福进军香港4年来市场占有率仍不足一成，3年多一直在亏蚀中支撑。家乐福这条“过江龙”是输给百佳和惠康这两条“地头蛇”的，因为后两者在香港总共占有逾八成超市市场份额。凡有家乐福的地方，邻近必有一家华资或英资的大超级市场，本地超市集团以割喉式手法，超低价抢客，极力扩大市场占有率，家乐福在无利可图的情况下，必然走上停业之路。

据全球著名的企业管理顾问公司麦肯锡的研究报告，中国加入WTO后，最大的冲击将发生在商业领域。在我国，连锁零售商业企业起步晚，与国际水平相比仍然有很大差距。实力雄厚的外资商业企业如沃尔玛、家乐福、麦德龙、万客隆、SOGO等相继进入中国并且取得了很大的发展。它们带来的经营理念、竞争方式给国内企业以极大的震撼，但这并不足以预言国内商业企业的前景一定是黯淡的，关键还在于我们自己怎么做。家乐福败走香港说明了“巨无霸”也不是不可战胜的，唯有切实地了解市场、适应市场，才能做好市场。

问题思考：

1. 你认为家乐福败走中国香港的真正原因何在？
2. 你认为世界零售业“巨无霸”打入中国后，本土零售商能与之决一雌雄吗？
3. 家乐福败走香港对中国内地零售业发展有何启示？
4. “入世”后中国内地零售业如何制定与世界零售业巨头的竞争策略？

【同步阅读3-1】

在20世纪80年代，我国服装企业想扩大市场份额，进入东南亚市场。当时，紫罗兰这种颜色的服装在国内很畅销，并被理所当然地认为在东南亚也会很畅销，于是我国把紫罗兰颜色的服装运抵东南亚，但是在东南亚市场上却卖不出去，而且遭遇了退货的命运，并指责我国生产该颜色服装的企业。就是因为未考虑对方的文化背景和没有得到对方的同意。再如,广州有迎新春举办花市的风俗习惯,但江西没有这种习惯,如果从事这方面产品及服务的企业在不了解的情况下把主攻方向放在江西,那么这一决策必然给企业带来不可估量的损失。

【同步思考3-1】

某企业的外部环境和内部环境情况如表3-2所示。

表3-2 某企业外部环境和内部环境情况表

外部环境	潜在外部威胁(T)	潜在外部机会(O)
	市场增长较慢	纵向一体化
	竞争压力增大	市场增长迅速
	不利的政府政策	可以增加互补产品
	新的竞争者进入行业	能争取到新的用户群
	替代产品销售正在逐步转变	有进入新市场或市场面的可能
	用户讨价还价能力增强	有能力进入更好的企业集团
	用户需要与爱好逐步转变	在同行业中竞争业绩优良
	通货膨胀递增及其他	扩展产品线满足用户需要及其他
内部环境	潜在内部优势(S)	潜在内部劣势(W)
	产权技术	竞争劣势
	成本优势	设备老化
	竞争优势	战略方向不同
	特殊能力	竞争地位恶化
	产品创新	产品线范围太窄
	具有规模经济	技术开发滞后
	良好的财务资源	营销水平低于同行业其他企业
	高素质的管理人员	管理不善
	公认的行业领先者	战略实施的历史记录不佳
	买主的良好印象	不明原因导致的利润下降
	适应力强的经营战略	资金拮据
	其他	相对于竞争对手的高成本及其他

问题思考:根据该企业的外部环境和内部条件,做出该企业的4种战略选择。

3.2 市场细分和市场定位

【引入案例3-2】

小油漆厂如何选择目标市场

英国有一家小油漆厂,访问了许多潜在消费者,调查他们的需要,并对市场作了以下细分:本地市场的60%,是一个较大的普及市场,对各种油漆产品都有潜在需求,但是本厂无力参与竞争。另外四个细分市场,各占10%的份额。一个是家庭主妇群体,特点是不懂室内装饰需要什么油漆，但是要求质量好，希望油漆商提供设计，油漆效果美观；一个是油漆工助手群体，顾客需要购买质量较好的油漆，替住户进行室内装饰，他们过去一向从老式金属器具店或木材厂购买油漆；一个是老油漆技工群体，他们的特点是一向不买调好的油漆，只买颜料和油料自己调配；最后是对价格敏感的青年夫妇群体，收入低，租公寓居住，按照英国的习惯公寓住户在一定时间内必须油漆住房，以保护房屋。因此，他们购买油漆不求质量，只要比白粉刷浆稍好就行，但要价格便宜。

经过研究，该厂决定选择青年夫妇作为目标市场，并制定了相应的市场营销组合。1. 产品。经营少数不同的颜色、大小不同包装的油漆，并根据目标顾客的喜爱，随时增加、改变或取消颜色品种和装罐大小。2. 分销。产品送抵目标顾客住处附近的每一家零售商店，目标市场范围内一旦出现新的商店，立即招来经销本厂产品。3. 价格。保持单一低廉价格，不提供任何特价优惠，也不跟随其他厂家调整价格。4. 促销。以“低价”、“满意的质量”为号召，以适应目标顾客的需求特点，定期变换商店布置和广告版本，创造新颖形象，并变换使用广告传媒。

由于市场选择恰当，市场营销战略较好适应了目标顾客。虽然经营的是低档产品，该企业仍然获得了很大成功。

问题思考：企业如何选择目标市场？

一、市场细分

所谓市场细分就是指按照消费者欲望与需求把一个总体市场划分成若干个具有共同特征的子市场的过程。细分市场不是根据产品品种、产品系列来进行的，而是从消费者（指最终消费者和工业生产者）的角度进行划分的，是根据消费者的需求、动机、购买行为的多元性和差异性来划分的。市场细分对企业的生产、营销起着极其重要的作用。

1. 消费者市场细分的依据

引起消费者需求差异的变量很多。实际中，企业一般是组合运用有关变量来细分市场，而不是单一采用某一变量。概括起来，细分消费者市场的变量主要有四类，即地理位置、人口变量、心理变量、行为变量。以这些变量为依据来细分市场就产生出地理细分、人口细分、心理细分和行为细分4种市场细分的基本形式。

（1）按地理变量细分市场。按照消费者所处的地理位置、自然环境来细分市场，比如，根据国家、地区、城市规模、气候、人口密度、地形地貌等方面的差异将整体市场分为不同的小市场。地理位置之所以作为市场细分的依据，是因为处在不同地理环境下的消费者对于同一类产品往往有不同的需求与偏好，他们对企业采取的营销策略和措施会有不同的反应。比如，在我国南方沿海一些省份，某些海产品被视为上等佳肴，而内地的许多消费者则觉得味道平常。又如，由于居住环境的差异，城市居民与农村消费者在室内装饰用品的需求上大相径庭。地理变量易于识别，是细分市场应予考虑的重要因素，但处于同一地理位置的消费者需求仍会有很大差异。比如，在我国的一些大城市，如北京、上海，流动人口逾百万，这些流动人口本身就构成一个很大的市场。很显然，这一市场有许多不同于常住人口市场的需求特点。所以，简单地以某一地理特征区分市场，不一定能真实地反应消费者的需求共性与差异，企业在选择目标市场时，还需结合其他细分变量予以综合考虑。

(2)按人口变量细分市场。按人口统计变量，如年龄、性别、家庭规模、家庭生命周期、收入、职业、教育程度、宗教、种族、国籍等为基础细分市场。消费者需求、偏好与人口统计变量有着很密切的关系，比如，只有收入水平很高的消费者才可能成为高档服装、名贵化妆物品、高级珠宝等的经常买主。人口统计变量比较容易衡量，有关数据相对容易获取，由此构成了企业经常以它作为市场细分依据的重要原因。除了上述方面，经常用于市场细分的人口变量还有家庭规模、国籍、种族、宗教等。实际上，大多数企业通常是采用两个或两个以上人口统计变量来细分市场。

(3)按心理变量细分市场。根据购买者所处的社会阶层、生活方式、个性特点等心理因素细分市场就叫心理细分。

社会阶层。社会阶层是指在某一社会中具有相对同质性和持久性的群体。处于同一阶层的成员具有类似的价值观、兴趣爱好和行为方式，不同阶层的成员则在上述方面存在较大的差异。很显然，识别不同阶层的消费者所具有的不同特点，对于很多产品的市场细分将提供重要的依据。

生活方式。通俗地讲，生活方式是指一个人怎样生活。人们追求的生活方式各不相同，如有的追求新潮时髦；有的追求恬静、简朴；有的追求刺激、冒险；有的追求稳定、安逸。西方的一些服装生产企业，为“简朴的妇女”、“时髦的妇女”和“有男子气的妇女”分别设计不同服装；烟草公司针对“挑战型吸烟者”、“随和型吸烟者”及“谨慎型吸烟者”推出不同品牌的香烟，均是依据生活方式细分市场。

个性。个性是指一个人比较稳定的心理倾向与心理特征，它会导致一个人对其所处环境做出相对一致和持续不断的反应。俗语说：“人心不同，各如其面”，每个人的个性都会有所不同。通常，个性会通过自信、自主、支配、顺从、保守、适应等性格特征表现出来。因此，个性可以按这些性格特征进行分类，从而为企业细分市场提供依据。在西方国家，对诸如化妆品、香烟、啤酒、保险之类的产品，有些企业以个性特征为基础进行市场细分并取得了成功。

(4)按行为变量细分市场。根据购买者对产品的了解程度、态度、使用情况及反应等将他们划分成不同的群体，叫行为细分。按行为变量细分市场主要包括以下几项。

购买时机。根据消费者提出需要、购买和使用产品的不同时机，将它们划分成不同的群体。例如，城市公共汽车运输公司可根据上班高峰时期和非高峰时期乘客的需求特点划分不同的细分市场并制定不同的营销策略；生产果珍之类清凉解暑饮料的企业，可以根据消费者在一年四季对果珍饮料口味的不同，将果珍市场消费者划分为不同的子市场。

追求利益。消费者购买某种产品总是为了解决某类问题，满足某种需要。然而，产品提供的利益往往并不是单一的，而是多方面的。消费者对这些利益的追求有侧重，如购买手表时有的追求经济实惠、价格低廉，有的追求耐用可靠和使用维修的方便，还有的则偏向于为显示出社会地位等。

使用者状况。根据顾客是否使用和使用程度细分市场。通常可分为：经常购买者、首次购买者、潜在购买者、非购买者。大公司往往注重将潜在使用者变为实际使用者，较小的公司则注重于保持现有使用者，并设法吸引使用竞争产品的顾客转而使用本公司产品。

使用数量。根据消费者使用某一产品的数量大小细分市场。通常可分为大量使用者、中度使用者和轻度使用者。大量使用者人数可能并不很多，但他们的消费量在全部消费量中占很大的比重。美国一家公司发现，美国啤酒的80%是被50%的顾客消费掉了，另外一半的顾客的消耗量只占消耗总量的12%。因此，啤酒公司宁愿吸引重度饮用啤酒者而放弃轻度饮用啤酒者，并把重度饮用啤酒者作目标市场。公司还进一步了解到大量喝啤酒的人多是工人，年龄在25～50岁，喜欢观看体育，节目每天看电视的时间不少于3～5小时。很显然，根据这些信息，企业可以大大改进其在定价、广告传播等方面的策略。

品牌忠诚程度。企业还可根据消费者对产品的忠诚程度细分市场。有些消费者经常变换品牌，另外一些消费者则在较长时期内专注于某一或少数几个品牌。通过了解消费者的品牌忠诚情况和品牌忠诚者与品牌转换者的各种行为与心理特征，不仅可为企业细分市场提供一个基础，同时也有助于企业了解为什么有些消费者忠诚本企业产品，而另外一些消费者则忠诚于竞争企业的产品，从而为企业选择目标市场提供启示。

购买的准备阶段。消费者对各种产品了解程度往往因人而异。有的消费者可能对某一产品确有需要，但并不知道该产品的存在；有的消费者虽已知道产品的存在，但对产品的价值、稳定性等还存在疑虑；另外一些消费者则可能正在考虑购买。针对处于不同购买阶段的消费群体，企业进行市场细分并采用不同的营销策略。

态度。企业还可根据市场上顾客对产品的热心程度来细分市场。不同消费者对同一产品的态度可能有很大差异，如有的持肯定态度，有的持否定态度，还有的则处于既不肯定也不否定的无所谓态度。针对持不同态度的消费群体进行市场细分并在广告、促销等方面应当有所不同。

2. **生产者市场细分的依据**

许多用来细分消费者市场的标准,同样可用于细分生产市场。如根据地理、追求的利益和使用频率等变量加以细分。不过,由于生产者与消费者在购买动机与行为上存在差别,所以,除了运用前述消费者市场细分标准外,还可用一些新的标准来细分生产者市场。

(1)用户规模。在生产者市场中,有的用户购买量很大,而另外一些用户购买量很小。以钢材市场为例,像建筑公司、造船公司、汽车制造公司对钢材需求量很大,动辄数万吨的购买,而一些小的机械加工企业,一年的购买量也不过几吨或几十吨。企业应当根据用户规模大小来细分市场,并根据用户或客户的规模不同,企业的营销组合方案也应有所不同。比如,对于大客户,宜于直接联系,直接供应,在价格、信用等方面给予更多优惠;而对众多的小客户,则宜于使产品进入商业渠道,由批发商或零售商去组织供应。

(2)产品的最终用途。产品的最终用途不同也是工业者市场细分的标准之一。工业品用户购买产品,一半都是供再加工之用,对所购产品通常都有特定的要求。比如,同是钢材用户,有的需要圆钢,有的需要带钢,有的需要普通钢材,有的需要硅钢、钨钢或其他特种钢。企业此时可根据用户需要,将要求大体相同的用户集合成群,并据此设计出不同的营销策略组合。

(3)专业用户购买状况。根据专业用户购买方式来细分市场。专业用户购买的主要方式包括直接重购、修正重购及新任务购买。不同的购买方式的采购程度、决策过程等的不相同,因而可将整体市场细分为不同的小市场群。

3. **市场细分的原则**

企业可根据单一因素,亦可根据多个因素对市场进行细分。选用的细分标准越多,相应的子市场也就越多,每一子市场的容量相应就越小。相反,选用的细分标准越少,子市场就越少,每一子市场的容量则相对较大。如何寻找合适的细分标准,对市场进行有效细分,在营销实践中并非易事。一般而言,成功、有效的市场细分应遵循以下基本原则。

(1)可衡量性。细分的市场是可以识别和衡量的,亦即细分出来的市场不仅范围明确,而且对其容量大小也能大致做出判断。有些细分变量,如具有“依赖心理”的青年人,在实际中是很难测量的,以此为依据细分市场就不一定有意义。

(2)可进入性。细分出来的市场应是企业营销活动能够抵达的,亦即是企业通过努力能够使产品进入并对顾客施加影响的市场。一方面,有关产品的信息能够通过一定媒体顺利传递给该市场的大多数消费者;另一方面,企业在一定时期内有可能将产品通过一定的分渠道运送到该市场。否则,该细分市场的价值就不大。比如,生产冰激凌的企业,如果将我国中西部农村作为一个细分市场,恐怕在一个较长时期内都难以进入。

(3)有效性。细分出来的市场,其容量或规模要大到足以使企业获利。进行市场细分时,企业必须考虑细分市场上顾客的数量,以及他们的购买能力和购买产品的频率。如果细分市场的规模过小,市场容量太小,细分工作烦琐,成本耗费大,获利小,就不值得去细分。

(4)对营销策略反应的差异性。各细分市场的消费者对同一市场营销组合方案会有差异性反应,或者说对营销组合方案的变动,不同细分市场会有不同的反应。如果不同细分市场顾客对产品需求差异不大,行为上的同质性远大于其异质性,此时,企业就不必费力对市场进行细分。另一方面,对于细分出来的市场,企业应当分别制定出独立的营销方案。如果无法制定出这样的方案,或其中某几个细分市场对是否采用不同的营销方案不会有大的差异性反应,便不必进行市场细分。

二、目标市场的选择

1. 选择目标市场的依据

目标市场是指企业决定要进入的市场,也就是企业的目标顾客,是企业市场营销活动所要满足的那部分市场需求。企业在细分的市场中选择一个或几个子市场作为自己开展市场营销活动的对象,即目标市场。在选择目标市场时应考虑以下因素。

(1)存在尚未满足的需求。这是选择目标市场时首先要考虑的因素。需求是企业生产经营之母,只有企业选择的目标市场存在着尚未得到满足的需求,才有其进入的价值。企业进入该市场既能满足消费者需求,又能使企业自身得以生存和发展。

(2)有足够的销售量。企业选择的目标市场不仅要有需求,而且还要有足够的销售量,这是选择目标市场时不可忽视的重要标准之一。也就是说,企业选择的目标市场不但存在需求,而且有足够的消费者愿意并能够通过交换来满足这种需求。

(3)未被竞争者完全控制,有进入的余地。企业选择的目标市场,应该是没有完全被竞争者控制的市场。一般来说有两种可能性:一是竞争尚不激烈,有进入的余地;二是表面上完全控制,但实际上仍有缝隙可钻。

(4)企业具备进入目标市场的能力。企业选择目标市场既要考虑外部条件,即目标市场情况,又要考虑企业自身主观条件,即是否具备足以满足目标市场需求的企业经营资源和市场营销能力等。

2. 目标市场营销策略

(1)无差异市场营销策略。无差异市场营销是指企业在市场细分之后不考虑各子市场的特性,而只注重子市场的共性,决定只推出单一产品,运用单一的市场营销组合,力求在一定程度上满足尽可能多的顾客的需求。这种策略的优点是产品的品种、规格、款式简单,有利于标准化与大规模生产,降低存货、运输、研究、促销等成本费用。其主要缺点是单一产品要以同样的方式广泛销售并受到所有购买者的欢迎,几乎是不可能的,企业一般不宜长期采用。这是因为:第一,大多数产品的市场需求是千差万别并不断变化的,一种产品很难长期满足这种需求;第二,当众多企业都采用这种策略时,就会形成整体市场竞争异常激烈,而小的细分市场上的需求却得不到满足的局面,这对市场营销者、消费者都不利;第三,采用这种策略的企业,容易受到其他企业发动的各种竞争的伤害。

(2)差异性市场营销策略。差异性市场营销是指在市场细分的基础上,企业选择两个以上乃至全部细分市场作为自己目标市场,并为每个选定的细分市场制定不同的市场营销组合方案,多方位地开展有针对性的市场营销活动。

采用这种市场营销策略,其明显的优点在于:第一,针对不同的目标市场,制定不同的市场营销方案,这种针对性较强的市场营销活动,能够分别满足不同顾客群的需求,市场营销活动易于收到较好的效果;第二,选择两个以上目标市场,还可以使企业取得连带优势,提高企业的知名度。当然,实行差异性市场营销策略,会使企业的生产成本、管理费用、销售费用等大幅度增加。因此,实施差异性市场营销策略要求所带来的收益超过所增加的成本、费用,并且要求企业具有较为雄厚的财力、物力和人力条件。

(3)集中性市场营销策略。集中性市场营销是指在市场细分的基础上,选择其中一个细分市场作为企业的目标市场,集中力量为该市场开发一种理想的产品,实行高度专业化的生产和销售。这种市场营销策略主要适用于资源力量有限的中小企业。中小企业无力与大企业抗衡,在一些大企业尚未或不愿顾及的小细分市场上全力以赴,往往易于成功。这一策略的不足之处是风险较大,一旦目标市场发生变化,会对企业产生很大的有时甚至是致命的打击。因此,采用这一策略的企业,要密切注意目标市场的动向,提高应变能力。

3. 选择目标市场营销策略的影响因素

一个企业究竟应采用哪种目标市场营销策略,将会受到企业资源、产品、市场、竞争等多种因素的影响,所以在选择目标市场营销策略时必须考虑这些重要因素。

(1)企业资源。企业资源包括人力、物力、财力、技术水平、市场营销能力等经营资源。企业如果资源雄厚,就可以考虑实行差异市场营销,否则,最好实行无差异市场营销或集中性市场营销。

(2)产品特性。产品特性包括两个方面的问题:一是产品的同质与异质,如果是同质产品或需求上共性较大的产品,一般宜实行无差异市场营销;反之,对于异质产品,则应实行差异性市场营销或集中性市场营销。二是产品生命周期处于不同阶段,其目标市场经营策略也应有所区别。处在导入期和成长期的新产品,市场营销的重点是启发和巩固消费者的偏好,最好实行无差异市场营销或针对某一特定子市场实行集中市场营销;当产品进入成熟期后,市场竞争激烈,消费者需求日益多样化,可改用差异性市场营销策略以开拓新市场,满足新需求,延长产品生命周期。

(3)市场特性。市场特性也要考虑两点:一是市场同质与否。如果市场上所有顾客在同一时期偏好相同,购买的数量相同,并且对市场营销刺激的反应相同,则可视为同质市场,宜实行无差异市场营销;反之,如果市场需求的差异较大,则为异质市场,宜采用差异性市场营销或集中性市场营销。二是市场供求趋势。如果一种产品在未来一段时期内供不应求,消费者的选择较弱,企业就可以实行无差异市场营销策略;相反,则实行差异或集中性市场营销策略。

(4)竞争状况。竞争状况也可以从两个方面来考虑:一是竞争者的强弱,二是竞争者采用何种目标市场营销策略。一般来说,企业应当根据竞争对手的实力及其市场营销策略,选择更有效的目标市场营销策略。比如,竞争对手力量较弱,企业可采用无差异市场营销策略;竞争对手如果采用无差异市场营销策略,企业就应当采用差异性市场营销策略;如果竞争对手也采用差异性市场营销策略,企业就应进一步细分市场,实行更有效的差异性或集中性市场营销策略。

【业务链接3-2】

海尔的市场营销战略

海尔的前身是一家生产普通家电产品、濒临倒闭的集体小厂。1985年,成立海尔股份有限公司,引进德国先进技术和设备,生产电冰箱产品。经过十几年的艰苦奋斗,现已发展成以家电为主导产业,涉及房地产开发、商贸金融等多领域的集团公司。15年来,海尔的年平均增长速度达到81.6%。1999年海尔实现国内外营业额268亿元,其中工业销售收入215亿元,出口创汇1.38亿美元。1999年12月7日,英国《金融时报》公布全世界最受尊重的企业排名,海尔成为中国唯一入选企业。

1. 向多元化家电产品扩张

海尔集团认为名牌永远是动态的,要保持名牌永久的生命力,就要不断地开发新产品,不断创新。一个品种就是一个市场,丢掉海尔一个品种就会丧失一个市场,一个消费群体。于是海尔集团利用海尔品牌效应,先后开发了与冰箱相关系数高、技术市场相关性大的其他“海尔”家电产品,如空调器、洗衣机、热水器等家电产品,同时还向黑色家电领域进军,生产数字化彩色电视机,利用消费者对品牌的信任,使产品迅速进入市场。海尔拥有13大门类6000余种规格的名牌产品群。

2. 细分市场,差异性营销策略

海尔集团根据市场细分原则,在选定产品市场的范围内,确定顾客的需求,有针对性地研制开发了多品种、多规格的家电产品，以满足不同层次消费者的需求。如海尔洗衣机就是我国洗衣机行业跨度最大、规格最全、品格最多的产品。根据消费者的有效需求，海尔集团开发了“小小王子”伴侣全冷冻小冰箱，解决了消费者的实际需求，产品一上市便脱销。宽电压冰箱新品种的问世，打开了广阔的农村市场，在西北市场上被富裕起来的农民抢购一空。

3. 采用迎头市场定位策略

海尔集团市场竞争的原则是首先不在量上争第一，而是在质上争第一，依靠高科技推出新产品。除冰箱外，它所涉足的其他产品均起步较晚，这些产品的市场竞争激烈。但海尔集团经过认真的市场调查，清醒地估计自己的实力后，认为可以进入这些产品市场参与竞争。它采用了迎头市场定位的策略，1992 年推出空调器产品，1995 年推出洗衣机产品，由于技术领先，质量可靠，深受消费者的欢迎。这两种产品的市场占有率一直排在前几名。

4. 不同的市场营销组合策略

为了能在市场竞争中取得优势地位，海尔集团根据产品的特点和消费者的需求，因地制宜地采取相应的营销组合策略，提高了产品的知名度和市场占有率。在洗衣机市场上，海尔集团根据我国不同地区的环境特点，采用不同的产品策略。如针对我国江南地区“梅雨”天气较多、洗衣不容易干的情况，海尔集团及时开发了集洗涤、脱水、烘干于一体的海尔“玛格丽特”三合一全自动洗衣机，以其独特的烘干功能，迎合了饱受“梅雨”之苦的消费者。此产品在我国上海、宁波、成都等市场引起轰动。针对我国北方水质较硬的情况，海尔集团开发了专利产品“爆炸”洗净的气泡式洗衣机，即利用气泡爆炸破碎软化作用，提高洗净度 20% 以上，受到消费者的欢迎。

5. 拓展销售渠道

海尔集团实施三个 1/3 的经营战略(即最终实现国内生产国内销售占 1/3，国内生产海外销售占 1/3，海外建厂生产海外销售占 1/3，没有销售渠道的保证是不行的。为此，海尔集团不断开辟产品的销售渠道。1997 年，海尔集团在国内已拥有 8000 余个营销点，覆盖了所有一、二、三级市场。在国外 120 个国家和地区注册了自己的商标，在 40 多个国家和地区有专营商。海尔在海外已经拥有营销网点 3.6 万个，售后网点 1900 个。

问题思考：

1. 海尔在市场竞争中取胜的关键是什么？
2. 什么是差异性市场营销策略？海尔为什么要采取这种策略？
3. 海尔的产品策略有何特点？
4. 海尔是怎样实现向多领域家电产品扩张的？

5. 你认为海尔的市场营销观念怎样?

三、市场定位

市场定位是指企业根据竞争者现有产品在市场上所处的位置,针对顾客对该类产品某些特征或属性的重视程度,为本企业产品塑造与众不同的、给人印象鲜明的形象,并将这些形象生动地传递给顾客,从而使该产品在市场上确定适当的位置。

1. 市场定位的内容

产品定位。侧重于产品实体定位质量、成本、特征、性能、可靠性、款式等内容。

企业定位。即企业形象塑造品牌、员工能力、知识、可信度等。

竞争定位。确定企业相对于竞争者的市场位置。如七喜汽水在广告中称它是“非可乐”饮料,暗示其他饮料中含有咖啡因,对消费者健康有害。

消费者定位。确定企业的目标客户群。

2. 市场定位的策略

(1)避强定位。企业力图避免与实力最强的或较强的其他企业直接发生竞争,而将自己的产品定位于另一市场区域内,使自己的产品在某些特征或属性方面与最强或较强的对手有比较显著的区别。避强定位策略优点是使企业较快地在市场上站稳脚跟,并能在消费者或用户中树立形象,风险小;缺点是避强往往意味着企业必须放弃某个最佳的市场位置,很可能使企业处于最差的市场位置。

(2)迎头定位。企业根据自身的实力,为占据较佳的市场位置,不惜与市场上占支配地位的、实力最强或较强的竞争对手发生正面竞争,让自己的产品进入与对手相同的市场位置。该策略的优点是竞争过程中往往相当惹人注目,甚至产生所谓的轰动效应,企业及其产品可以较快的为消费者或用户所了解,易于达到树立市场形象的目的;缺点是具有较大的风险性。

(3)创新定位。寻找新的尚未被占领但有潜在市场需求的位置,填补市场上的空缺,生产市场上没有的、具备某种特色的产品。如日本索尼公司的索尼随身听等一批新产品正是填补了市场上迷你电子产品的空缺,并进行不断的创新,使得索尼公司即使在二战以后也能迅速的发展,一跃而成为世界级的跨国公司。采用这种定位方式时,公司应明确创新定位所需的产品在技术上、经济上是否可行,有无足够的市场容量,能否为公司带来合理而持续的市场盈利。

(4)重新定位。公司在选定了市场定位目标后,如定位不准确或虽然开始定位得当,但市场情况发生变化时,如遇到竞争者定位与本公司接近,侵占了本公司部分市场,或由于某种原因消费者或用户的偏好发生变化,转移到竞争者方面时,就应考虑重新定位。重新定位是以退为进的策略,目的是为了实施更有效的定位。

市场定位是设计公司产品和形象的行为,以使公司明确在目标市场中自己相对于竞争对手的位置。公司在进行市场定位时,应慎之又慎,要通过反复比较和调查研究,找出最合理的突破口,避免出现定位混乱、定位过度、定位过宽或定位过窄的情况。而一旦确立了理想的定位,公司必须通过一致的表现来维持此定位,并应经常监测以随时适应目标顾客和竞争者策略的改变。

3. 市场定位的形式

(1)产品差别化战略。即从产品质量、产品款式等方面实现差别,寻求产品特征是产品差别化战略经常使用的手段。

(2)服务差别化战略。即向目标市场提供与竞争者不同的优异服务。企业的竞争力越好地体现在对顾客的服务上,市场差别化就越容易实现。

(3)人员差别化战略。即通过聘用和培训比竞争者更为优秀的人员以获取差别优势。

(4)形象差异化战略。即在产品的核心部分与其他经营者雷同的情况下,塑造不同的产品形象以获取差别优势。事实上,很多企业进行市场定位的依据原则往往不止一个,而是多个原则同时使用。因为要体现企业及其产品的形象,市场定位必须是多维度的、多侧面的。

【同步阅读3-2】

万宝路香烟刚进入市场时,是以女性为目标市场,它推出的口号是:像5月的天气一样温和。然而,尽管当时美国吸烟人数年年都在上升,万宝路的销路却始终平平。后来,广告大师李奥贝纳为其广告策划,他将万宝路重新定位为男子汉香烟,并将它与最具男子汉气概的西部牛仔形象联系起来,树立了万宝路自由、野性与冒险的形象,从众多的香烟品牌中脱颖而出。自20世纪80年代中期到现在,万宝路一直居世界各名牌香烟销量首位,成为全球香烟市场的领导品牌。

【同步思考3-2】

雀巢公司的市场领导者策略

1. 战略眼光与原则

(1)长期展望与持久毅力。雀巢公司花大力气分析任何一个可能的市场机会并据此研制出最佳食品,然后努力使之成为一项成功的长期投资项目。雀巢公司为了进入中国市场,竟与中国坚持长达13年之久的对话,才受到黑龙江省的邀请,准允在那里生产奶制品,足见它的耐心程度。1990年,雀巢公司终于在我国建立了第一家奶粉及婴儿奶片厂。它不利用当地紧张的铁路和公路来取奶及传递奶制品,而是在27个村庄和工厂取奶点之间建立了自己的"奶路"。公司迅速付款给农户,以鼓励他们生产更多的牛奶和购买奶牛。于是,一个只装载雀巢产品的货车传运系统建立了。分析家认为没有哪家公司愿像雀巢那样在中国投资的。

(2)彻底了解顾客。雀巢公司通过坚持不懈的市场营销研究和搜集信息来研究自己的顾客,包括最终消费者和交易的情况。它拥有自己遍布全球的20家研究机构,广泛进行消费者偏好调查。例如,公司意识到亚洲人对食品有着更高的要求标准,他们不希望只图方便而降低要求(其中对方便面和速溶粥是一个例外)。因此,雀巢生产出了调味料和肉汁,可以存储起来在烹饪时拿出来使用。现在,雀巢已经帮助像斯里兰卡、印度、中国、印度尼西亚、马来西亚和泰国这样的发展中国家建立起了本国的乳品加工业和咖啡饮料品的消费偏好。

2. 产品与品牌

(1)产品革新。雀巢公司是一位积极的产品革新者。它在亚洲地区聘用的首批食品技术专家便是当地精于家庭、餐馆烹饪的厨师,然后再将食品提高到大规模生产的水平。同时,公司对研发人员进行2~3年的培训,与其他雀巢机构互相交流提高。

(2)质量策略与生产效率。产品一经推出,公司便长期不懈地致力于改进、提高产品质量。例如,亚洲人开始逐渐反感人造调料而倾向于天然调料,因此公司便不惜花费研究预算的25%,开发出一种可通过诸如发酵这样的生物过程提取的肉类调料。公司具有生产制造方面的高超技艺,努力保持其成本在同行业中最低。

(3)产品线延伸。雀巢公司生产不同规格、不同形式的品牌来满足消费者的不同偏好。这样可以使雀巢品牌在货架上占据更多的空间,从而有力防止竞争者的入侵。

(4)多品牌策略。雀巢公司认为一个精心策划的品牌将使公司受益终生。在每一个市场中,雀巢公司都要从其11个战略品牌组合中的8000多个品牌中挑选2~3个品牌。此举旨在降低风险并将力量集中。

3. 销售渠道

建立良好的合作关系。雀巢公司坚信贸易伙伴是在亚洲取得成功的重要因素。因此,它一贯与他们保持密切的关系。雀巢在日本首先使用了销售网推销活动,与当地的批发零售系统完全融为一体,同时还把一部分促销活动转由一定的销售渠道中的批发商来组织。在泰国,为了与当地的超市建立牢固的关系,雀巢向他们提供了最新的库存管理系统,并教会它们如何使用。

4. 沟通与促销组合

(1)目标沟通。例如雀巢咖啡进入日本市场时,针对老年人习惯饮茶、传统观念根深蒂固的状况,雀巢公司将咖啡极力塑造成日本风味的形象,以日本的传统文化表现咖啡的味道;对于年轻一代的日本人,雀巢公司则刻意塑造欢乐的气氛,以新潮、时代、感性和爱情为表现主题,让他们感受雀巢咖啡超国界的时代气息;对于较为成熟、稳重、事业有成和有社会地位的人应该与金牌咖啡相匹配,与其身份才相称。尽管对上述三种不同阶层和年龄的人采用了目标沟通的策略，但雀巢公司在其品牌的塑造上，却表现出了一致的特性，那就是“高品位的格调，现代人的饮料”。

(2)大量广告。在创造消费者的强烈品牌意识和偏好方面，雀巢公司从不吝啬花钱。这使公司很快赢得较高的市场份额。例如在韩国，雀巢仅用7年的时间夺得35%的市场份额，击败了卡夫通用食品公司长期以来的垄断地位。这主要靠大规模的广告。

(3)具有进取心的销售人员。雀巢拥有一支高水平的销售队伍，他们熟练掌握英语，能够卓有成效地争取到货架空间，并与零售业客户在现场进行展销和促销活动。在泰国，他们被冠为“红热销售突击队”的雅号。

(4)SP与公共关系。雀巢公司因地制宜，设计促销战略。与此同时，雀巢也在试图尽量减少SP活动，而转向广告和公共关系，以建立长期的消费偏好。例如在中国上海，雀巢公司热心资助大学社团的活动，如文艺会演、英语角等。公司还乐于在大学作专题报告，向大学生赠送资料，传播公司文化。

问题思考：

1. 如何识别竞争者？

2. 市场领导者为维护其地位可采取哪些策略？

3. 雀巢公司保护已有的市场采取了哪些措施？

4. 雀巢咖啡进军日本市场时，对各细分市场采取不同的沟通策略，但同时为什么对雀巢品牌形象的塑造却是统一的？两者会产生矛盾吗？试举些例子。

5. 结合雀巢公司的例子，谈谈沟通与促销的关系。

3.3 市场营销组合策略选择

【引入案例3-3】

东方物流公司

东方物流公司是一家以海上运输为主的综合物流服务商，为了应对国际航运市场的激烈竞争，在进行准确的市场细分后，公司根据自身条件和市场需求，把目标顾客定位于直接客户和大客户，重点是跨国公司。

根据市场细分，公司对目标客户进行了营销组合设计。在产品策略上，公司为了有效地满足顾客的需要，将核心产品(为货主提供符合其需要的位移)、有形产品(舱位体积、位置、货物定位等)、附加产品(如咨询、报关、报价等)综合考虑，提供整体产品服务。在运用整体产品理念的基础上，不断提高产品质量和调整产品组合策略(如在三大东西主干航线——太平洋航线、欧洲航线、大西洋航线扩充产品线深度)。在价格策略上，实行随行就市定价法，采取客户不同、运价不同、季节不同、造价不同。在分销渠道策略上，采取在全球设立自己的办事处，大力拓展直销渠道。在促销策略上，以人员推销为主，注重公共关系的开展。公司通过近三年的运作，赢得了竞争优势，在一些主航线上的市场份额全面提升，总体经济效益全面好转。

问题思考：市场营销组合策略有哪些？

一、产品策略

【同步阅读3-3】

产品概念

产品是指提供给市场，用于满足人们某种欲望和需要的任何事物，包括实物、服务、场所、地点、组织、人员、思想、创意和观念等。从内涵方面看，随着社会经济的发展，产品的内涵逐步扩大，电视机、计算机、住房等有形物品是产品；美容、咨询、培训、教育等服务，体育、影视明星等演艺人员，会展中心、桂林山水等场所和地点也是产品；而保护消费者协会、法律援助中心等组织，环保、民主等意识和观念更是现代意义上的产品。外延方面，随着社会经济和科技的发展，产品的外延也在不断扩大。产品的外延包括核心产品、有形产品、附加产品3个层次。

此外，新进的营销学研究表明，期望产品和潜在产品也是产品整体概念的重要组成部分。期望产品是消费者购买产品时期望的一组属性和条件，如对于购买笔记本电脑的人来说，期望该电脑携带方便、内存空间大、款式新颖、外形美观、使用安全可靠等。潜在产品是指随着科学技术的发展和消费者需求的变化，产品最终可能的创新与变化。比如笔记本电脑，将会变得更加人性化，CPU速度越来越快，体积越来越小，重量也越来越轻，硬盘容量越来越大，并开始使用燃料电池。

在当今的市场条件下，由于产品的核心功能不断趋同，所以不断地拓展产品的外延，以便更好地满足消费者的需要，已成为现代企业产品竞争的焦点。提高核心产品的质量，改造形式产品的形象，增加附加产品的价值，并发现消费者心目中的期望产品，以便创造未来产品，从而提升产品的“综合价值”，成为构造一个企业核心竞争力的根本手段。

1. 产品组合策略

产品组合策略是根据企业的经营目标，对产品组合的宽度、深度、长度和关联度进行最优组合。主要包括以下几种。

(1)全线全面型策略即增加产品组合的宽度，经营更多的产品以满足市场的需要。

(2)市场专业型策略指向某一专业市场提供所需的各种产品，而不在乎产品之间的关联程度。

（3）产品系列专业型策略指企业专门经营某一类产品的生产，并将其产品推销给各类客户。

（4）有限产品系列专业型策略指根据自己的专长，集中经营有限的、甚至单一的产品线以适应有限的或单一的市场需求。

（5）特殊产品专业型策略是企业根据自己的专长，生产某些在市场上有竞争力的特殊产品项目。

企业在确定上述产品组合策略时，应该依据不同的情况，选择不同的动态性产品组合策略。

【业务链接3－3】

海尔集团现有家用电器、信息产品、家居集成、工业制造、生物制药和其他6条产品线，表明产品组合的宽度为6。产品组合的长度是企业所有产品线中产品项目的综合。根据标准不同，长度的计算方法也不同。例如，海尔现有15100种不同类别、型号的具体产品。产品组合的深度是指产品线中每一产品有多少品种。例如，海尔集团的彩电产品线下有宝德龙系列、美高美系列等17个系列的产品，而宝德龙系列又有29F8D－PY、29F9D－P等16种不同型号的产品，这表明海尔彩电的深度是17，而海尔宝德龙系列彩电的深度是16。产品组合的关联度指各产品线在最终用途、生产条件、分销渠道和其他方面相互关联的程度。例如，海尔集团所生产的产品都是消费品，而且都是通过相同销售渠道，就产品的最终使用和分销渠道而言，这家公司产品组合的关联度较大；但是，海尔集团的产品对消费者来说各有不同的功能，就这一点来说，其产品组合的关联度小。

2. 产品生命周期策略

产品从投入市场到最终退出市场的全过程称为产品的生命周期。依据营销专家飞利浦·科特勒的研究，依据产品的市场占有率、销售额、利润额的不同，典型的产品生命周期可以分为开发期、导入期、成长期、成熟期和衰退期5个阶段。在产品生命周期的不同阶段，营销策略是不一样的。

（1）开发期。开发期是产品的培育阶段，始于新产品构思。在此阶段，产品的销售为零，企业投资逐渐增加，企业的利润为负值。

（2）导入期。导入期是产品开始导入市场、销售缓慢增长的时期。在这个阶段，由于产品导入市场支付的成本较高，但销售收益并不高，所以企业的利润几乎不存在。导入期是新产品正式上市的最初销售时期，只有少数创新者和早期采用者购买产品，销售量小，促销费用和制造成本高，竞争并不激烈。这一阶段企业营销策略的指导思想是，把销售力量直接投向最有可能的购买者，即新产品的创新者和早期采用者，让这两类具有领导作用的消费者加快新产品的扩散速度，缩短导入期的时间。此时营销策略应该突出“准”字，即市场定位和营销组合要准确无误，符合产品和市场的客观实际需要。在这个阶段，企业要为诸如价格、促销、分销和产品质量等各个营销变量分别设立高或低两种水平。当只考虑价格和促销时，可有快速撇取策略、缓慢撇取策略、快速渗透策略和缓慢渗透策略4种策略可供选择。

(3)成长期。成长期是产品迅速被市场接受和销售量锐增、销售利润也由负变正并快速上升的时期。成长期的产品，其性能基本稳定，大部分消费者对产品已熟悉，销售量快速增长，竞争者不断进入，市场竞争加剧。针对成长期的特点，企业为了维持其市场增长率，尽量延长获取最大利润的时间。成长期是企业获利的关键时期，企业营销策略的核心是尽可能地延长产品的成长期，突出一个“稳”字。可采取进一步改进和完善产品、寻求新的细分市场、改变广告宣传点、在适当的时期采取降价策略。

(4)成熟期。产品被大多数潜在购买者接受而造成销售额增加缓慢的时期。在此阶段，企业为了维持已有的销售份额，其营销费用日益增长，利润稳定或者开始下降。一种产品的销售成长率在达到某一点后将放慢步伐，并进入相对成熟阶段。大多数产品处于成长阶段，因此，大部分营销人员处理的正是市场上的成熟产品。处于成熟期的产品，由于销售速度减缓，导致了生产能力的过剩，供给大于需求。于是，竞争力较弱的企业开始退出市场，该行业将由一些地位牢固的竞争者组成。因此，这一阶段营销策略的核心应该是获取较大的市场份额，要突出一个“创”字，以便延长产品寿命。

(5)衰退期。当销售数量加速递减，利润也较快下降时，产品便步入了衰退期。

二、价格策略

1. 新产品定价策略

(1)撇脂定价策略。所谓撇脂定价是指在产品生命周期的最初阶段，把产品的价格定得最高，以攫取更大利润。撇脂定价的条件为：市场有足够的购买者，他们的需求缺乏弹性，即使把价格定得很高，市场需求也不会大量减少；高价使需求减少，但不致抵消高价所带来的利益；在高价情况下，仍然独家经营，别无竞争者。高价使人们产生这种产品是高档产品的形象。

(2)渗透定价策略。所谓渗透定价是指企业把其创新产品的价格定得相对较低，以吸引大量顾客，提高市场占有率。渗透定价的条件为：市场需求对价格极为敏感，低价会刺激市场需求迅速增长；企业的生产成本和经营费用会随着生产经营经验的增加而下降；定价不会引起实际和潜在的竞争。

(3)满意定价策略。满意定价策略是一种介于撇脂定价策略和渗透定价策略之间的价格策略。其所定的价格比撇脂价格低，而比渗透价格要高，是一种中间价格。这种定价策略由于能使生产者和顾客都比较满意而得名。有时她又被称为“君子价格”和“温和价格”。

2. **产品组合定价策略**

产品组合是指一个企业所生产经营的全部产品线和产品项目的组合。对于生产经营多种产品的企业来说,定价需着眼于整个产品组合的利润实现最大化,而不是单个产品。由于各种产品之间存在需求和成本上的联系,有时还存在替代、竞争关系,所以实际定价的难度相当大。

(1)产品线定价。通常企业开发出来的是产品大类,即产品线,而不是单一产品。当企业生产的系列产品存在需求和成本的内在关联性时,为了充分发挥这种内在关联性的积极效应,需要采用产品线定价策略。在定价时,首先确定某种产品价格为最低价格,它在产品线中充当招徕价格,吸引消费者购买产品线中的其他产品;其次,确定产品线中某种产品为最高价格,它在产品线中充当品牌质量象征和收回投资的角色;再者,产品线中的其他产品也分别依据其在产品线中的角色不同而制定不同的价格。如果是多家企业生产经营时,则共同协商确定互补价格。选用互补定价策略时,企业应该根据市场状况,合理组合互补品价格,使系列产品有利销售,以发挥企业多种产品整体组合效应。

(2)系列产品定价。有时企业向顾客提供一系列相关的产品和服务,如一家宾馆既为顾客提供住宿、餐饮服务,也提供娱乐、健身服务,那么,可考虑将住宿、餐饮的价格定低些,以吸引顾客,而将娱乐、健身的价格定高些,以获取利润。

(3)互补产品定价。互补产品是指两种或两种以上功能互相依赖、需要配合使用的商品。具体的做法是:把价值高而购买频率低的主件价格定的低些,而对与之配合使用的价值低而购买频率高的易耗品价格适当定高些。如将照相机的价格定得适当低一点,胶卷的价格提高些;电动剃须刀架的价格定低一些,而刀片的价格适当提高;手机的价格可适当降低,电池的价格可适当提高。

【同步阅读3-4】

定价的方法

1. **成本导向定价法**

成本导向定价法以产品的成本为中心,制定对企业最有利的价格的一种定价方法。常用的成本导向定价法有以下几种方法:

成本加成定价法。这是一种最简单的定价法,即在产品单位成本的基础上,加上预期利润作为产品的销售价格。售价与成本之间的差额就是利润。

盈亏平衡定价法。即根据盈亏平衡点原理进行定价。盈亏平衡点又称保本点,是指一定价格水平下,企业的销售收入刚好与同期发生的费用额相等,收支相抵、不盈不亏时的销售量,或在一定销售量前提下,使收支相抵的价格。

投资回收定价法。企业开发产品和增加服务项目要投入一笔数目较大的资金,且在投资决策时总有一个预期的投资回收期,为确保投资按期收回并赚取利润,企业要根据产品成本和预期的产品数量,确定一个能实现市场营销目标的价格。

目标效益定价法。这是根据企业的总成本和估计的总销售量,确定一个目标收益率,作为定价的标准。

2. 需求导向定价法

需求导向定价法是指企业在定价时不再以成本为基础,而是以消费者对产品价值的理解和需求强度为依据。

理解价值定价法。也称察觉价值定价法,是以消费者对商品价值的感受及理解程度作为定价的基本依据。把买方的价值判断与卖方的成本费用项比较,定价时更应侧重考虑前者。

需求差异定价法。需求差异定价法以不同时间、地点、商品及不同消费者的消费需求强度差异为定价的基本依据,针对每种差异决定其在基础价格上是加价还是减价。主要形式有:(1)因地点而异;(2)因时间而异;(3)因商品而异;(4)因顾客而异。

实行差异定价要具备的条件有:市场能够根据需求强度的不同进行细分;细分后的市场在一定时期内相对独立,互不干扰;高价市场中不能有低价竞争者;价格差异适度,不会引起消费者的反感。

3. 竞争导向定价法

竞争导向定价法是指企业通过研究竞争对手的商品价格、生产条件、服务状况等,以竞争对手的价值为基础,确定自己产品的价格。

竞争导向定价是以市场上相互竞争的同类商品价格为定价基本依据,以随竞争状况的变化确定和调整价格水平为特征,主要有通行价格定价、竞争价格定价、密封投标定价等方法。

(1)通行价格定价法。通行价格定价法是使零售店商品的价格与竞争者的商品的平均价格保持一致。这种定价适用于竞争激烈的均质商品,如大米、面粉、食油以及某些日常用品的价格确定。

(2)主动竞争定价法。与通行价格定价法相反,它不是追随竞争者的价格,而是根据零售店商品的实际情况及与竞争对手的商品差异状况来确定价格。

(3)密封投标定价法。它主要用于投标交易方式。投标价格是零售店根据对竞争者的报价估计确定的,而不是按零售店自己的成本费用或市场需求来制定的。零售店参加投标的目的是希望中标,所以它的报价应低于竞争对手的报价。报价时,既要考虑实现零售店目标利润,也要结合竞争状况考虑中标概率。

三、分销策略

分销策略是指某种产品从生产者向消费者或用户转移过程中所经过的一切取得所有权或协助所有权转移的商业组织和个人,即产品所有权转移过程中所经过的各个环节连接起来形成的通道。分销渠道的起点是生产者,终点是消费者或用户,中间环节包括各种批发商、零售商、商业中介机构(交易所、经纪人等)。

分销渠道按其有无中间环节和中间环节的多少,也就是按渠道长度的不同,可分为4种基本类型。直接渠道。制造商直接把产品卖给消费者(或用户)。主要有:派推销员上门推销、有机销售、开设自销门市部、通过订货会或展销会与用户直接签约供货等形式。

一层渠道。制造商和消费者(或用户)之间,只通过一层中间环节,这在消费者市场是零售商,在生产者市场通常是代理商或经纪人。

二层渠道。制造商和消费者(或用户)之间经过二层中间环节,这在消费者市场是批发商和零售商,在生产者市场则可能是销售代理商与批发商。

三层渠道。在大批发商和零售商之间,再加上二道批发商,因为小零售商一般不可能直接向大批发商进货。此外,还有层次更多的渠道,但较少见。

以上3种模式,是就分销渠道的长度不同而言的,也可概括为直接渠道和间接渠道两大类。直接渠道也称"零层渠道",即产品从生产者流向最终消费者或用户的过程中不经过任何中间环节;间接渠道则是在产品从生产者流向最终消费者或用户的过程中经过一层或一层以上的中间环节,消费者市场多数采用这种间接渠道。

【业务链接3-4】

商务通在1999年PAD市场上的成功就不仅仅在成功的广告运作上,其采取的二级渠道销售方式同样有很多值得借鉴的地方。恒基伟业将获得的第一桶金重投市场,只用了一年的时间建立起了自己独特的分销渠道:小区域独家代理制。他们先在郑州、济南、张家港进行实验,取得肯定的结果和宝贵的经验后迅速向全国各大城市铺开,再以这些城市为中心向城镇进攻。他们的代理商直接面对消费者,产品同样供货,对代理商不允许互相串货和跨地区销售,并且有700多个销售人员分布全国各地,帮助代理商开拓市场并监督市场秩序。这就是一种渠道创新,效果非常好。

金山公司在推出"红色正版风暴"的营销运作中还采用了能使用的所有销售渠道来推广新产品,它通过一直合作的联邦、塞尔氏等连锁专营组织销售,还将新产品推入商场、报摊和网上超市,并且与新浪网共同策划"新浪快递专线",在8848展开热卖。渠道的多样化使"金山词霸2000"和"金山快译2000"几乎唾手可得,并创造了令软件业震惊的佳绩。

四、促销策略

1. 促销组合

促销组合就是有目的、有计划地把广告、人员推销、营业推广和公共关系4种形式结合起来，综合运用，发挥各自优势，达到企业促销的目标。

广告。即广告主在支付一定的费用后，利用大众传播媒介向公众传递有关企业及产品的信息。

人员推销。是企业利用推销人员直接与消费者面对面的接触，以达到使消费者了解并购买本企业产品的过程。

营业推广。是鼓励尽快达成最大交易，有效地刺激信息接收者在促销现场做出购买决策。

公共关系。是指企业以非付费方式通过大众传播媒介来改善并提高企业在公众心目中的形象，续传企业及其产品。4种促销方式的优缺点具体见表3-3。

表3-3　　4种促销方式的优缺点

促销方式	优点	缺点
广告	宣传面广，传递信息快，节省人力，形象生动。	只能与消费者进行单向信息传递，效果不能立即体现。有些媒体促销投人较高。
人员推销	与消费者直接面对，有利于了解消费者特点和需要，互动性强，有利于与顾客形成长期的关系。	人员编制大，推销力量不易改变，费用高。
营业推广	容易吸引注意力，作用快速，刺激性强。	效果通常是短期的，适用于短期促销行为。
公共关系	对消费者来说真实、可信、容易接受，有利于树立企业形象。	活动牵涉面广，并非企业可自行控制的。

2. 分销策略

推动策略。企业（促销主体）将产品或服务通过分销渠道“推”到中间商或最终消费者手中，多以中间商为促销对象。产品生产企业以此来指导他们对渠道成员的促销活动，以使中间商订购他们的产品并最终将其销售给最终购买者。通常使用的促销方式为人员推销和其他销售推广手段。

拉引策略。产品生产企业大量运用广告和其他宣传措施激发消费者对企业产品发生兴趣，产生购买行为，多以最终消费者为促销对象。如“统一”润滑油在美伊战争期间打出了“多一些润滑、少一些摩擦”的广告传播语，一举成名；农夫山泉的“一分钱一个心愿，一分钱一份力量”因与万众瞩目的申奥联系起来，结果是名利双收。拉引策略会使消费者“拉动”产品沿着分销渠道运动。

【自测与训练】

一、实训题

“周生记太爷鸡”的市场营销策略

有70多年制作历史的“周生记太爷鸡”，在广州市场上颇受消费者喜爱。根据当时的市场状况，拟打入香港市场，制定市场营销策略如下：

产品策略。香港与广州相邻，饮食习惯相似，有“无鸡不成宴”的说法，所以鸡的市场需求量很大。但“太爷鸡”想要进入香港市场，必须适合港人的消费习惯，在制作方面要有传统的特色，甘香可口。香港人心理上怕吃打针鸡、饲料鸡，故在选料上采用精选的自然放养的优质肥鸡。产品卫生标准要符合特区政府制定的卫生洗涤条例。

价格策略。相对于内地，香港是个高消费的地方，又由于产品有特色，制作精巧，与众不同，可使消费者真正感受到有口福，有利于健康，整个制作过程独具匠心，所以拟采取高价策略。

分销渠道策略。在广州制作，高质保鲜处理，即日送往香港销售；在香港寻找得力的代理商，利用香港的食品商场销售；在港兴办一家以“太爷鸡”制作为主的茶馆，扩大销售及影响。

促销策略。在香港各大媒体制作广告，加大宣传攻势；宣传重点集中在“太爷鸡”的选料和制作水平与众不同；在香港的一些酒吧、茶馆邀请顾客品尝。

问题：

1. 分析“太爷鸡”制定市场营销策略的依据，并简述“太爷鸡”进入香港的市场营销组合策略。

2. 你认为“太爷鸡”运用4p组合后，进入香港市场的前景如何？

二、自测题

1. 何谓市场细分？消费者市场细分有哪些依据？
2. 市场定位的涵义是什么？定位的策略有哪几种？
3. 目标市场营销策略有哪几种？
4. 产品生命周期包括哪几个阶段？各阶段有何特征？
5. 市场营销环境包括哪几个方面？

第 4 章 中小企业人力资源管理

■ 学习内容

4.1 人力资源的获取

4.2 人力资源的开发

4.3 人力资源的使用

■ 学习目标

通过本章学习，应该达到以下目标：

- □ 了解人力资源获取的含义和作用，理解、掌握人力资源获取的方式、前提及各自优缺点。
- □ 理解人力资源开发的概念和特征，了解人力资源开发的目标，掌握人力资源开发的方法，能够对人力资源取得和开发的成本收益进行分析。
- □ 了解组织的类型和组织发展的步骤，理解组织发展的含义、成功条件及人力资源激励的含义和激励理论，理解掌握员工归属感的基本内容、作用和人力资源激励的分类及具体措施。

4.1 人力资源的获取

【引入案例4-1】

红叶酒店集团最初只是一家普通的私营宾馆，由于地处国家著名的旅游景点附近，故迅速发展壮大，先后4个景点附近收购了4家三星级的酒店。对于新收购的酒店，集团只是派去了总经理和财务部的全班人马，其他人员都采取本地招聘的政策。因为认为服务人员容易招到，而且简单培训就可以上岗，所以只是进行简单的面试，只要应付简单的顺眼就可以了，同时，为了降低人工成本，服务员的工资比较低。

问题思考：

1. 人力资源获取的方式有哪些？各有哪些优缺点？

2. 红叶酒店集团在采用外部招聘的方式招聘员工时应注意哪些问题？

资料来源：顾沉珠. 人力资源管理实务[M]. 北京：北京大学出版社，2011。

【同步阅读4-1】

人力资源的概念与特征

人力资源（Human Resource，简称HR）指在一个国家或地区中，处于劳动年龄、未到劳动年龄和超过劳动年龄但具有劳动能力的人口之和。或者表述为：一个国家或地区的总人口中减去丧失劳动能力的人口之后的人口。人力资源也指一定时期内组织中的人所拥有的能够被企业所用且对价值创造起贡献作用的教育、能力、技能、经验、体力等的总称。

人力资源作为一种特殊资源，具有如下特征：

1. 能动性

人具有主观能动性，能够有目的地进行活动，有目的地改造外部物质世界。

2. 两重性

人力资源与其他任何资源不同，是属于人类自身所有，存在于人体之中的活的资源，因而人力资源既是生产者，同时又是消费者。人力资源中包含丰富的知识内容，使其具有巨大的潜力，以及其他资源无可比拟的高增值性。

3. 时效性

矿产资源一般可以长期储存，不采不用，品质不会降低。人力资源则不然，储而不用，才能就会被荒废、退化。工作性质不同，人的才能发挥的最佳期也不同。一般而论，25岁到45岁是科技人才的黄金年龄，37岁为其峰值。时效性要求人力资源开发要抓住人的年龄最有利于职业要求的阶段，实施最有力的激励。

4. **再生性**

人力资源是一种可再生资源。人类的繁衍生息，使人力资源取之不尽，用之不竭。特别是，人力资源在开发和使用的过程中，不会像不可再生资源（如矿产资源）那样因为使用而减少；相反，人力资源可以进行多次开发，具有自我补偿、自我更新、自我丰富、持续开发的特点。

5. **社会性**

人力资源处于特定的社会和时代中，不同的社会形态、不同的文化背景都会反映和影响人的价值观念、行为方式、思维方法。人力资源的社会性要求在开发过程中特别注意社会政治制度、国别政策、法律法规以及文化环境的影响。

6. **连续性**

人力资源开发的连续性（持续性）是指人力资源是可以不断开发的资源，不仅人力资源的使用过程是开发的过程，培训、积累、创造过程也是开发的过程。

【同步阅读4-2】

人力资源与人力资本的关系

1. **人力资源与人力资本的联系**

人力资源和人力资本都是以人为基础而产生的概念，研究的对象都是人所具有的脑力和体力，从这一点看两者是一致的。而且，现代人力资源管理理论大多都是以人力资本理论为根据的；人力资本理论是人力资源管理理论的重点内容和基础部分；人力资源经济活动及其收益的核算是基于人力资本理论进行的；两者都是在研究人力作为生产要素在经济增长和经济发展中的重要作用时产生的。

2. **人力资源与人力资本的区别**

首先，在与社会财富和社会价值的关系上，两者是不同的。人力资本是由投资而形成的，强调以某种代价获得的能力或技能的价值，投资的代价可在提高生产力过程中以更大的收益收回。因此劳动者将自己拥有的脑力和体力投入到生产过程中参与价值创造，就要据此来获取相应的劳动报酬和经济利益，它与社会价值的关系应当说是一种由因索果的关系。

而人力资源则不同，作为一种资源，劳动者拥有的脑力和体力对价值的创造起了重要贡献作用，人力资源强调人力作为生产要素在生产过程中的生产、创造能力，它在生产过程中可以创造产品、创造财富,促进经济发展。它与社会价值的关系应当说是一种由果溯因的。

其次,两者研究问题的角度和关注的重点也不同。人力资本是通过投资形成的存在于人体中的资本形式,是形成人的脑力和体力的物质资本在人身上的价值凝结,是从成本收益的角度来研究人在经济增长中的作用,它强调投资付出的代价及其收回,考虑投资成本带来多少价值,研究的是价值增值的速度和幅度,关注的重点是收益问题,既投资能否带来收益以及带来多少收益的问题。人力资源则不同,它将人作为财富的来源来看待,是从投入产出的角度来研究人对经济发展的作用,关注的重点是产出问题,即人力资源对经济发展的贡献有多大,对经济发展的推动力有多强。

最后,人力资源和人力资本的计量形式不同。众所周知,资源是存量的概念,而资本则兼有存量和流量的概念,人力资源和人力资本也同样如此。人力资源是指一定时间、一定空间内人所具有的对价值创造起贡献作用并且能够被组织所利用的体力和脑力的总和。而人力资本,如果从生产活动的角度看,往往是与流量核算相联系的,表现为经验的不断积累、技能的不断增进、产出量的不断变化和体能的不断损耗;如果从投资活动的角度看没又与存量核算相联系,表现为投入到教育培训、迁移和健康等方面的资本在人身上的凝结。

一、人力资源获取的涵义

人力资源获取(Access to human resources)是指组织为了发展的需要,根据人力资源规划和工作分析的要求,寻找、吸引那些有能力又有兴趣到本组织任职,并从中挑选出适宜人员予以录用的过程。人力资源的获取是指根据组织战略和人力资源规划的要求,通过各种渠道识别、选取、发掘有价值的员工的过程。

这一获取过程有广义和狭义之分,狭义的人力资源获取仅指企业通过组织外部和内部渠道招聘员工的活动,而广义的人力资源获取则在狭义的基础上,涵盖了从组织内部发现员工的新价值、通过培训使得员工人力资本增值等过程。

二、人力资源获取的前提

1. 人力资源规划

人力资源规划(Human Resource Planning,简称 HRP)是一项系统的战略工程,它以企业发展战略为指导,以全面核查现有人力资源、分析企业内外部条件为基础,以预测组织对人员的未来供需为切入点,内容包括晋升规划、补充规划、培训开发规划、人员调配规划、工资规划等,基本涵盖了人力资源的各项管理工作,人力资源规划还通过人事政策的制定对人力资源管理活动产生持续和重要的影响。

2. 职务分析

工作分析(Job Analysis)又称职位分析、岗位分析或职务分析。工作分析是通过系统全面的情报收集手段,提供相关工作的全面信息,以便组织进行改善管理效率。工作分析是人力资源管理工作的基础,其分析质量对其他人力资源管理模块具有举足轻重的影响。工作分析在人力资源管理中的位置,通过对工作输人、工作转换过程、工作输出、工作的关联特征、工作资源、工作环境背景等的分析,形成工作分析的结果——职务规范(也称做工作说明书)。职务规范包括工作识别信息、工作概要、工作职责和责任,以及任职资格的标准信息,为其他人力资源管理职能的使用提供方便。

三、人力资源获取的作用

1. 可以保证所吸纳的员工素质优良。

2. 有利于实现人力资源的优化配置。

3. 有利于形成员工队伍的合理结构,从而实现组织成员的密切配合,达到互补和整体的优化。

4. 有利于降低员工的流失率,从而节约招募甄选及岗前培训等费用。

5. 有利于后续各项人力资源开发与管理的有效实施,诸如考核、激励、培训、升降、工资等,从而使组织取得效益。

四、人力资源获取的两种方式的优缺点比较

1. 外部招聘获取人力资源优缺点

优点:给企业增添新鲜血液。新员工带来新观点和新认识,这也是企业每年定期从高校吸收人才的原因之一;外聘来的人才无形中给企业内部员工产生一种压力,迫使他们更加努力的工作;外聘的方式在某些时候节省了时间和企业的培训费用。

缺点:外聘人才与用人单位员工之间因缺乏相互了解,往往会存在沟通和配合的困难,工作适应的时间较长;任用外聘人才担任管理职务,可能使组织内部员工感到升迁无望,从而挫伤许多人的工作积极;该形式比内部获取人才的费用高、工作量大。

2. 内部招聘获取人力资源优缺点

优点:员工的忠诚度较高,因为员工了解并认可本企业文化,较容易与企业建立一种心理默契;通过内部培训可以对员工起到激励的效果;在一定程度上可以节省外部招聘昂贵的招聘成本。

缺点:培训所花费较长的时间;接受培训的是少数,容易挫伤及影响其他人的积极性;如没有严格的培训计划和内部晋升制度,一般内部发展计划的成本会很大。

无论是人力资源的外部招聘还是内部培养都有各自的优缺点,企业若选择从外部

招聘的方式,可以短时间内获得人力资源,但该人才不一定是企业需要的;若选择内部培训的方式获取人才,时间周期太长。选择哪种获取方式要视企业不同时期的战略规划和目标的要求而定。特别是结合企业自身经营战略和管理风格以及企业现有人力资源配置状况,综合分析招聘与培训的成本收益比较其优缺点,分析选择合适于自身状况的获取方式。

【业务链接4-1】

董事长王大华的"招聘哲学"

中塑集团是中国规模最大的塑化集团,董事长王大华白手创业,对人才的引进非常重视,并形成自己的一套"招聘哲学"。

中塑集团在刚刚起步时,在报纸上公开刊登向社会招聘高级技术、管理人才的广告,一时间,200余名专业技术人员前来报名,自荐担任中塑集团的经理、部门主管、总工程师、总会计师等职位。在应聘人员中,有搞了几十年机床设计的高级工程师,也有搞飞机制造、船舶动力装置设计的高级工程师,还有化工、物理、电器等专业的技术人员。王大华专门从北京大学聘请来人力资源管理方面的专家组成招聘团,并亲自主持招聘。随后,招聘团对应聘者进行了笔试、口试等选拔测试。

经过几轮激烈竞争的考试,自荐者各自显示出自己的才干。答辩中,原某化工公司的高级工程师黄任忠对中塑集团的某型产品得到质量金牌没有赞词,反而提出了居安思危、改进产品的新设想。他说:塑料制品的生产技术欧美居于领先地位,我们要将别人的技术加以消化吸收,形成自主开发、独立设计、制造新产品的能力,争取开创世界一流水平。一番话给招聘团员留下了深刻的印象,王大华高兴地说:"我在这里看到了人才流动将会给集团输送多少优秀的管理人才和技术人才啊!"最后经过多方面的考察和调查,包括该名工程师在内的一批人才被集团高薪聘用。

通过这次公开招聘人才的尝试,确实给中塑集团带来了新的生机和活力。新招聘的高级技术管理人员到任不久,便与集团领导、技术人员、工人们密切合作,开发出许多新产品,在亚洲市场的竞争中取得了优势,使中塑集团迅速地成长壮大为国际知名的企业集团。

企业的兴衰人才是关键,所以大多数企业都争相到企业外去招揽人才。王大华不完全同意这种做法,他认为人才往往就在你身边,因此求才应首先从企业内部去寻找。他说:"寻找人才是非常困难的,最主要的是自己企业内部管理工作先要做好。管理上了轨道,大家懂得做事,单位主管有了知人之明,有了伯乐,人才自然就被发掘出来了。自己企业内部先行健全起来,是一条最好的寻人之道。"

如今大多民营企业家求才若渴,但到外边寻找人才,却大叹求才之难。对此,王大华指出:"企业家对自己企业内有无人才浑然不知,对人才不给予适才适用的安置,人才也是枉然。身为企业家，应该知道哪个部门为何需要哪种人才。”

问题思考：

1. 你是否认同王大华的“招聘哲学”？请说明理由。

2. 请分析内部招聘与外部招聘的优缺点。

3. 请就外部招聘方法的种类作叙述并比较分析其适用工作类型、招聘速度、适用地理区域及招聘成本。

4.2　人力资源的开发

【引入案例4-2】

你的员工到你的公司工作，不是说他来上班了，你就开发了他的人力资源为企业服务了。聪明的老板，自我就是一位善于开发员工人力资源的老板。而不是说，请了一位高级管理人员负责人事工作就算是人力资源开发工作做到位了。

问题思考：

1. 一位员工到底有哪些人力资源可供老板开发呢？

2. 老板如何开发员工的人力资源呢？

资料来源：http://www.ceconlinebbs.com/FORUM_POST_900001_900004_873545_0.HTM。

一、人力资源开发的概念

人力资源开发，是指一个企业或组织团体在组织团体现有的人力资源基础上，依据企业战略目标、组织结构变化，对人力资源进行调查、分析、规划、调整，提高组织或团体现有的人力资源管理水平，使人力资源管理效率更好，为团体（组织）创造更大的价值。HRD是Human Resource Development人力资源开发的缩写，是20世纪80年代兴起的旨在提升组织人力资源质量的管理战略和活动。

创造“人力资源开发”这一概念的美国学者Nadler，认为HRD是“雇主所提供的有组织的学习经验，在某一特定时间内，产生组织绩效与个人成长的可能性”。美国训练与发展协会（ASTD）认为，HRD是“整合训练与发展、职业发展与组织发展，以增进个人和组织效率的作为”。学者Gilley和Eggland认为，HRD是“组织中安排的有计划的学习活动，经由提升绩效与个人成长，以改善工作内容、个人与组织”。学者Smith认为，HRD是“决定发展和改善组织中人力资源最佳方法的一种程序，以及经由训练、教育、发展与领导等行为，有计划地改进绩效和人员生产力，以同时达成组织与个人目标的作法”。

人力资源开发基本定义为组织提供给员工的一个教育或学习的计划来帮助员工

提高技能,并改变他们的态度和行为,这个过程使个人和组织都得到提升。

HRD 的核心内容包括培训开发、组织发展和职业生涯规划三个部分。

人力资源开发包括以下四方面含义:

(1)开发的对象是人的智力、才能,即人的聪明才智。

(2)人力资源开发要借助于教育培训、激发鼓励、科学管理等手段来进行。

(3)人力资源开发活动是无止境的。

(4)人力资源开发是一项复杂的系统工程。人既是开发的主体,又是被开发的客体。同时开发过程既受到主观因素的影响,又受到客观因素的影响。

二、人力资源开发的目标及其关系

人力资源开发的目标:一是通过开发活动提高人的才能;二是通过开发活动增强人的活力或积极性。

1. 提高人的才能

才能是认识和改造世界的能力,它构成了人力资源的主要内容。

2. 增强人的活力

通过开发来增强人在工作中的活力,才能充分、合理地利用人力资源,提高人力资源的利用率。

3. 人力资源开发双重目标的关系

提高人的才能是人力资源开发的基础。人的才能的高低,决定人力资源存量的多寡;增强人的活力是人力资源开发的关键。有才能而没有活力,这种才能没有任何现实意义;有了活力就会自我开发潜力,提高才能。

三、人力资源开发的基本特征

(1)HRD 是一种规划性活动。它涉及需求评估、目标设定、行动规划、执行、效果评定等等。

(2)HRD 是以明示人类的价值为基础。

(3)HRD 是一种问题取向的活动,它应用若干学科的理论与方法以解决人力及组织问题。

(4)HRD 是一种系统途径,它将组织的人力资源及其潜能与技术、结构、管理过程紧密地联系在一起。

(5)HRD 的对象是人力资源及其整个组织。

(6)HRD 的目标是改善人力资源的质量和组织效能。

(7)HRD 的核心是学习,是组织成员行为的持久改变或某一方式的行为能力的改变。这种学习既包括个人学习,也包括组织学习;既包括学校中的学习,也包括工作地的学习。

(8)HRD不是一劳永逸的战略,它是一种持续不断的过程。

【同步阅读4-3】

人力资源开发的九大特性

科学有效地开发人力资源必须把握人力资源的特性,采取针对性强的对策。实践与研究证明,人力资源有九大特性:

1. 不可剥夺性

人力资源存在于人体本身,是人的价值意义的内在储存和外在行为的表现,是同人的生命力密不可分的,是同人的尊严与权益联系在一起的,所以不可剥夺,不能压取、不能骗取、不能夺取,只能在任用中通过良好的管理、良好的政策、制度与技术方法使其自觉地运用与发挥。

2. 生物性

人是自然界中的高级动物,是生物体最复杂、最高级的存在形态。所以,人力资源的生物性符合自然界的运动规律,并且影响人的行为和结果。人力资源的生物性主要表现为生殖繁延性、新陈代谢性、遗传基因性、自然环境的反应性、身体语言性以及与自然界的双向交流性。人力资源的生物性要求开发主体要注意满足人的自然需求,要注意工作条件和工作环境对人的身体与心理的影响,要建立有利于人们身心健康的劳动制度。

3. 社会性

人组成社会并成为社会发展的主体,不同的社会形态和时空、不同的文化背景和国别、地域,都会反映和影响人们的价值观念、行为方式、思维方法。人力资源的社会性主要表现为信仰性、时代性、地域性、国别性、民族性、文化性、职业性、层级性、财富的占有性等。人力资源的社会性要求在开发过程中特别注意社会政治制度、国别政策、法律法规以及文化环境的影响,特别注意开发措施的人群针对性。

4. 时效性

人力资源的培训、储存、运用,是同人的生命年龄有直接关系的,不同年龄阶段,表现出不同的资源效力,这种不同既受自然属性的制约,又受社会属性的制约。时效性要求人力资源开发要抓住人的年龄最有利于职业要求的阶段并实施最有力的激励措施。不同职业人最佳开发年龄段是不同的,因此,针对不同职业人的年龄增长实施及时的开发对策是开发的正确选择。

5. 资本积累性

人力资源是人的体力、智力、知识、技术、能力、经验、信息、健康、关系的综合体现,是靠不断地投资而形成的,是外界教育、培训、影响和自我学习、努力积累的结果。这种活的积累资本,提供了人力资源的反复开发性与不断增值性。因此,它为人力资源开发主体提供了对人力资源加大投资依据性。加大对人力资源的投资以增加其资本积累是现代人力资源开发的重要方向。

6. 激活性

激活是通过适当的对策来刺激使其活跃,使其处在兴奋状态。也就是说,当给予相当的刺激时,人就会觉悟、振奋、自强甚至付出自己的一切。激活性为开发人力资源的激励机制建立提供了理论基础和实践依据。人力资源的激活可采取目标拉动、政策制度推动、教育启动、信息催动、榜样引动等办法。

7. 能动性

能动性是人的自然价值追求性的反映,是自找意识内力推动的结果,是人力资源的自主运动行为。能动性来源于对事物的认识,是认识的外在表现与结果。能动性,有正向与负向之分,表现对社会的价值作用不同。人力资源开发对策应注意使被开发者产生正向能动,减少和避免负向能动。

8. 载体性

人是智力、知识、技术、能力、信息、经验、关系的活动的载体,人的大脑是上述资源信息的软件盘。上述资源因素是通过人这个载体而进行交流和传输使用的。人力资源的市场配置与流动寄于这一特性的可行性,人才的稳定与吸引寄于这一特性的可靠性与可能性。

9. 个体差异性

人力资源的个体差异性表现为性别、年龄、文化程度、专业、技能、价值观、兴趣、性格、智力、资历等。这种差异性为人力资源的不同运用方向、优劣区分、针对性的开发奠定了基础,也为不同开发对策的提出提供了依据。研究差异性,找出规律性,是人力资源开发工作的重要任务。

人力资源的九大特性启示我们在进行人力资源开发中既要遵守自然规律,又要遵守社会规律;既要运用自然科学的方法,又要运用社会科学和管理科学的方法;既要运用物质的力量,又要运用精神的力量;既要注意外界的推动作用,又要注意主观能动性作用。

把握人力资源九大特性并实施有效开发,是一个科学的实践过程,因此,首先要对人特别是职业人进行科学的分析认识;其次是深入研究职业环境和职业人的工作过程;其三是要在上述研究分析基础上,提供针对性的开发对策并运用不同的方式去推动实施。

四、人力资源开发的方法

1. 在职开发方法

(1)工作轮换

工作轮换是属于工作设计的内容之一,指在组织的不同部门或在某一部门内部调动雇员的工作。目的在于让员工积累更多的工作经验。

(2)指导实习

指导实习是指让将要被取代的人与被开发人员一起工作,并对其进行指导。

这种方法的优点是学习的内容的实效性最强;对被开发人员的能力提升有直接的效果。其缺点是将要被取代的人往往不愿意倾囊相授;即使愿意也不一定是较好的教练或教师。

(3)初级董事会

初级董事会是指让经过选拔的中级管理人员组成一个初级董事会,使其面对公司所存在的问题并要求其对整个公司的政策提出建议的一种开发方法。初级董事会一般由 10 ~ 12 位中级管理人员组成,他们通过分析高层次问题从而积累决策经验。这种方法为被开发者提供了全局视角,能够从战略高度审视问题,能够积累决策经验,为以后工作打下坚实的基础。

(4)行动学习

人力资源开发中的行动学习是指让被开发者将全部时间用于分析和解决企业内部实际问题或其他组织机构问题的开发方法,其解决问题的对象扩展到企业外部。被开发者一般 4 ~ 5 人一组,承担企业内外组织的某个具体任务或项目,定期开会并就各自的研究成果展开讨论。

2. 脱岗开发方法

(1)正规教育

包括专门为公司雇员设计的公司外教育计划和公司内教育计划,由大学及咨询公司开设的短期课程;高级经理人员的工商管理硕士培训计划;大学课程教育计划等。

(2)研讨会或大型学者会议

这种方法既进行思想、政策和程序等的交流,也对一些没有定论或答案的问题展开讨论,包括对某些未来趋势进行探讨。研讨会通常与大学或咨询公司合办。该方法既能借鉴其他公司或学者的一些最新实践模式或研究成果,也能捕捉到一些有关未来走向的敏感信息。

(3)周期性休假

现在,企业开始借鉴学术界的通行做法,给员工提供 6 个月甚至更长的带薪休假时间,以参加社会公益项目,开发自身并重获活力。带薪休假在西方国家较为流行,一般是某种形式的志愿者计划。该方法在招募和留住人才方面起到了一定的作用,它能增进员工士气,人们因回报而愿意承担更重的工作重担;其缺点是随意性较强、公司有成本负担。

(4)企业内部开发中心

企业内部开发中心是让有发展前途的管理人员到企业自己建立的基地去做实际练习从而进一步开发其管理技能的方法。该方法将课堂教学、评价中心、文件筐练习和角色扮演等方法结合在一起来进行管理人员开发。

【业务链接4-2】

微软研究院的人才管理方式

作为世界上最著名的计算机软件公司,微软研究院在人力资源管理方面有很多独到之处,摘录几点如下:

1. 引导,但不控制

研究院研究的项目、细节、方法、成败,都由研究员自己来决定。对于细节,领导层可以提出自己的意见,但决定权在研究员手中。研究员在研发过程中得到领导层的全力支持,即使领导层并不认同他们的决定。

2. 自由、真诚、平等

微软研究院不允许官僚作风、傲慢作风和明争暗斗的存在,鼓励不同资历、级别的员工互信、互助、互重,每一员工都能够对任何人提出他的想法。就算是批评、争论,也是在互信、互助、建设性的前提下做出的。

3. 员工的满足

很多人可能认为待遇是员工最大的需求。当然,良好的待遇是重要的,但对于一个研究员来说更重要的是能够有足够的资源来专门从事研究,能够得到学术界的认可,并能有机会将技术转为成功的产品。微软是这样做的:

丰富的研究资源。用公司的雄厚资本,让每一个研究员没有后顾之忧,能够全心全意地做研究。这种资源是多元性的。如不但包括计算机、软件、仪器、实验,还包括足够的经费去出国开会、考察或回校学习。微软深知研究员更希望全神贯注地做他热爱的研究,而不必做他不热衷也不专长的工作,所以,微软研究院雇用了多名技术支持人员、行政助理、图书管理员、数据搜索员等来支持研究员的工作。

研究队伍:一个研究队伍,除了数名研究员之外,还有多名副研究员(类似博士后)、实习生、开发人员和访问学者。这样一个多元的队伍能够很快地做出成果。

学术界的认可。有了开放的环境,员工不必担心因公司把他们的重大发明变为公司机密，而丧失了与国外学者交流，或被认可（获得论文奖）的机会。

4. 发掘人才

人才在信息社会中的价值，远远超过在工业社会中。原因很简单，在工业社会中，一个最好的、最有效率的工作，或许比一个一般的工人能多生产20%或30%。但是，在信息社会中，一个最好的软件研发人员，能够比一个一般人员多做出500%甚至1000%的工作。例如，世界上最小的Basic语言是由比尔·盖茨一个人写出来的。而为微软带来巨额利润的Windows也只是由一个研究小组做出来的。既然人才如此重要，微软研究院是如何去发掘人才的呢？

找出有杰出成果的领导者。这些领导者，有些是著名的专家，但有时候最有能力的人不一定是最有名的人。许多计算机界的杰出成果，经常是由一批幕后研究英雄创造的。无论是台前的名教授，还是幕后的研究英雄，只要他们申请工作，微软都会花很多的时间去理解他们的工作，并游说他们考虑到微软研究院工作。

找出最有潜力的人。在中国，因为信息技术起步较晚，所以，现阶段杰出的成果和世界级的领导者比起美国要少得多。但是，基于中国年轻人（如应届硕士或博士生）的聪明才智、基础和创造力，微软专门成立了中国研究院，在中国寻找专家，寻找潜力。

5. 吸引、留住人才

很多人认为，雇用人才的关键是待遇。更多的人认为，微软来到中国可以“高薪收买人才”。微软认为，每一个人都应该得到适当的待遇，但是除了提供有竞争性的（但是合理的）的待遇之外，微软更重视研究的环境。微软为研发人员开辟的环境极富吸引力，包括：充分的资源支持，让每个人没有后顾之忧；最佳的研究队伍和开放、平等的环境，让每个人都有彼此切磋、彼此学习的机会；造福人类的机会，让每个人都能为自己的研究所开发的产品自豪；长远的眼光和吸引人的研究题目，让每个人都热爱自己的工作；有理解并支持自己研究的领导，让每个人都能得到支持，在紧随公司的大方向的同时，仍有足够的空间及自由去发展自己的才能，追求自己的梦想。

所以，微软认为，如果只是用高的待遇，或许可以吸引到一些人，但只有一个特别吸引人的环境，才能吸引到并且长期留住所有最佳的人才。在微软全部三个研究院中，人才流失率不到3%（美国硅谷的人才流失率在12%左右）。人们在微软的最大感触是，每一个人都特别快乐，特别热爱和珍惜他的工作。

问题思考：

1. 微软研究院在人力资源管理的独到之处的核心是什么？

2. 如果你是微软研究院在中国分部的人力资源主管，你将在哪些方面加强人力资源开发与管理工作？

五、人力资源取得和开发的成本收益分析

企业的人力资源主要来源于两个途径:一是社会招聘;一是组织内部培训。企业若选择招聘的途径获取人力资源,如何用最小的代价可以获得合适的人才呢?随着人们对人力资源管理日益的了解,聪明的经理们就会发现培训已成为企业发展的不可缺少的组成部分。员工的培训与发展是帮助企业创造价值和提高竞争力的有力手段。通过培训可以增加企业现有员工的人力资本含量。舒尔茨认为"人力资本是促进现代经济增长的第一位因素"。企业面临着一个选择问题"人力资源是从外部招聘还是从内部培养呢?"下面从人力资本的成本收益分析的角度探讨这个问题。

1. 对人力资源获取方式的理解和界定

人力资源的获取是指根据组织战略和人力资源规划的要求,通过各种渠道识别、选取、发掘有价值的员工的过程。这一获取过程有广义和狭义之分,狭义的人力资源获取仅指企业通过组织外部和内部渠道招聘员工的活动,而广义的人力资源获取则在狭义的基础上,涵盖了从组织内部发现员工的新价值、通过培训使得员工人力资本增值等过程。人力资源获取方式可以有人力资源的取得和开发两种不同方式。在这里称通过招聘引进高质量的人才为人力资源的取得,把为获得高质量的人才对现有人力资源的培训称人力资源的开发。人力资源的两种获取方式又是人力资本扩张的集约方法,即在较少的人力资本载体上依靠对他们的教育和培训,或者引进高质量人才扩充人力资本。把人力资本的成本收益分析的理论运用到人力资源的两种获取方式的分析中同样适用。

2. 人力资源取得和开发的成本收益分析

(1)人力资源取得的成本构成

引进高质量人才所支付的直接成本。如招聘成本、选拔成本、广告费、差旅费等等。

支付给已被录取员工的薪金,即支付该人才的人力资本投资的成本。

附加成本。对由未被录用人员引起的成本开支也应算为实际录用员工的取得成本。这一部分是不能忽视的,企业不可能录取所有来应聘的求职者,对于大多数未被录取的求职者所发生的成本也应计算到对实际录用人员的取得成本中来。

(2)人力资源取得的收益分析

可以用公式对人力资源取得的收益进行分析:

$$Q - C1 \geqslant 0$$

$$C1 = x + y + z$$

$$Q = Ii/(1 + r)i$$

假设 Q 为 i 年人力资源取得的收益，C1 为 i 年取得该人才的成本，x，y，z 分别为招聘相关的成本、薪金和附加成本。I 为 i 年引入人才后所获利润，r 为贴现率，n 为该人力资源工作的年限。

从上面的公式可以看出引入高质量人才在服务的时间内，该人才给企业带来的总利润一定要大于企业为他所花费的所有成本时，企业的这种投资行为才有意义。这也是从外部获取人才的目的。虽然刚引入的人才在短时间内不能带来明显的价值，那么从长期看其带来的收益一定要大于成本，否则这种人力资源的取得方式是失败的。

(3)人力资源开发的成本构成

直接成本。给在职员工培训所花费的成本，如培训费、场地费等。

机会成本。指员工参加培训而放弃正常工作给企业带来的损失。

虚拟成本。当员工经过培训后确实能够胜任某岗位时，企业面临对该员工现有薪金的调整，那么薪金的差额也应算为对该员工培训整个过程中的成本之一。这部分成本不一定存在，因为培训后的员工不一定是企业所需要的，所以称这部分成本为虚拟成本。

(4)人力资源开发的收益分析

对培训收益分析比较成熟的方法有两种：即直接计算法和间接计算法。

直接计算法是把相同职位的员工分为培训组合对照组，将接受培训员工的生产效率与没有培训员工的生产效率进行比较，或者对同一员工在培训前后的生产效率的比较。这是一种很直观也很有效的计算方法。

间接计算法是对员工培训后的某些有关指标的计算方法。

$I = (I1 - I2) \times N$

$C2 = X + Y + Z$

假设 I1 指培训前的工作收益(现金流量)，I2 指培训后的工作收益(现金流量)，N 培训人数，I 就指经过培训后的工作净收益。C2 为培训所需成本，X、Y、Z 分别为人力资源开发的直接成本、机会成本和虚拟成本。很明显当 $I - C2 \geqslant 0$ 时企业的这种选择开发人力资源的方式对企业的发展是有利的。

(5)人力资源取得和开发成本收益对比

通过上面的研究我们再来考虑如何选择人力资源的获取方式。最理想的方案就是当 $C1 > C2, Q > I$ 或 $C2 > C1, Q > I$ 或 $C2 > C1, Q > I$ 时。

选择何种人力资源获取方式与企业当时所处的状态和企业战略规划有着密切的联系。如果战略规划以节约成本为现阶段主要的目标，企业应该优先考虑节约成本的方式获取人才，相反如果战略规划是以提高收益为现阶段主要目标时，那么企业就应该优先考虑提高收益的方式获取合适的人才。如果人力资源的获取与企业战略规划脱离，则不利于企业的发展。用“木桶原理”来解释会更形象些。所谓木桶原理是说当木桶里装着水，决定水不从木桶边流出来的因素是组成木桶壁中最短的那块木板，叫"短板"。企业应该充分了解自己的短板，这样才不会盲目做出决策。人力资源获取方式的选择也同此理，如果现阶段战略任务是节约成本为主要目标，当 C2 > C1 取得成本大于开发成本，而偏偏选择已从外部取得的方式获得人力资源，采取成本较高的方式获取人力资源时，这块短板相对于其他的板子已经很短了，却继续降低这块短板的高度——增加成本。那么也就加速了水外流的可能，降低了效益。所以人力资源的获取要以服务于企业战略为目标，不能盲目做出决策。

4.3 人力资源的使用

【引入案例 4-3】

在海尔流传这样一个故事：海尔的一洗衣机分厂，有一个姑娘在 19 岁的时候走进了海尔集团，并接受了三年海尔文化的洗礼，三年之后得了疾病，被诊断为得了白血病，就在她将要离开人世的时候，她给她的亲人提出了最后一个愿望：我要最后再看一眼我所工作的海尔。

问题思考：

1. 这种行为说明了什么？

2. 企业如何增强员工的归属感？影响员工归属感的因素有哪些？

资料来源：http://wenku.baidu.com/view/2170868dd0d233d4b14e69ec.html。

一、组织与员工

1. 组织的类型

组织，是人力资源存在和发挥作用的场所。组织的特点，必然带来不同的用人模式。从机构特征的角度看，组织可分为以下 5 种类型：大型生产结构；简单结构型；事业性机构；分散的机构；有机的机构。

2. 组织发展

(1) 组织发展的含义

"组织发展"一词是管理科学中的重要概念，其英文名为 organization development，简称 OD。国外学者对其有不同定义。上述定义中包含几个关键点：组织发展具有长期性，它不应是解决短期绩效的权宜之计；从事组织发展活动，应当得到组织高层管理人员的支持，他们通常是主要持股人和主要决策者；组织发展主要通过培训来实现，其目的是适应和推动组织变革；组织发展强调员工参与问题诊断、寻找解决问题的方法、挑选合适的方案、确认变革对象、贯彻执行有计划的变革方案和评估结果等一系列环节。

(2)组织发展的使用限制条件

通过组织发展能够解决的管理问题,有着使用限制条件。在条件存在的情况下,采用组织发展方法才是有效的。其使用限制条件主要有六条。

组织中至少有一个关键决策者认识到变革的必要,而且高层管理者并不强烈地反对变革;这种认识的变革需要全部或部分地由涉及工作环境的问题(如个人或工作小组之间的关系)而引起;组织管理者愿意进行一种长期的改进;管理者和员工都愿意以一种开放的心态对待内外部顾问提出的关于组织发展的改进建议;组织中存在一定的信任和合作;高级管理者愿意提供必要的资源,以支持组织内部或外部专家的行动。

(3)实施组织发展的步骤

介入、启动;分析和反馈;行动计划、实施;评估、采纳。

3. 组织员工的归属感

(1)员工归属感基本内容

所谓"员工归属感",指的是组织中的员工对所在工作组织的认同、义务、奉献和忠诚态度,它是员工对于组织的有所"归属"的心理状态,这能够导致员工对于组织长期的、全面的、自觉的工作积极性。

员工归属感的建立,意味着其在组织中地位的大大提升,在组织中"主人翁"角色获得的标志。

(2)员工归属感的作用

组织的员工具有高的员工归属感,对于搞好人力资源开发与管理和发挥人力资源效能具有以下重要作用:

①产生大量的有利组织行为:工作热情积极,主动尽责,奉献与牺牲,不计报酬。

②促进组织价值观的内在化:高度的忠诚心,使命感与责任感。

③员工对组织的感情依恋及对组织成员身份的珍视。培养员工的高组织归属感,是管理者的根本性任务,这比对个别员工进行激励的意义要大得多。

(3)影响员工归属感的因素

①组织性因素:其中又分为管理性因素、组织的结构性因素、工作本身因素和组织的经济性因素四个亚类。

②文化性因素:主要指价值与信念,既包括社会意义的文化,也包括处于亚文化层次的组织文化。它具体体现在是否以人为中心、群体性、敬业精神、提倡实效、鼓励互惠等。

③心理性因素:主要包括员工对工作生活质量的满意感,以及组织内的分配公平感等。

④个人性因素:包括人力资源本身状况、个性和其他个人特征,对自己在组织中前程的预计。

二、人力资源激励

1. 激励的含义

激励一词,源自英文单词 motivation,本意是一个有机体在追求某种既定目标时的意愿程度。它有激发动机、鼓励行为、形成动力的含义,就是人们常说的调动积极性。

一个激励过程就是人的需求满足过程,它以未能得到满足的需求开始,以需要得到满足而告终(即解除了紧张)。激励过程包括:未满足的需要、紧张、内驱力、寻求行为、满足需要、新的需要。在激励过程中起作用的关键因素有个人的需要、个人的努力和组织目标三个方面。

2. 激励的划分

激励类型的选择是做好激励工作的一个前提条件。激励有多种类型,可以从不同角度进行划分:

(1)从激励内容的角度,可以分为物质激励与精神激励两种类型

物质激励是从满足人的物质需要出发,对物质利益关系进行调节,从而激发人的向上动机并控制其行为的趋向。物质激励多以加薪、减薪、奖金、罚款等形式出现。

精神激励是以满足人的精神需要出发,对人的心理施加必要的影响,从而产生激发力,影响人的行为。精神激励多以表扬和批评、记功、评先进、授予先进模范称号或处分等形式出现。物质激励和精神激励目标是共同的,都是为了强化行为、提高人的工作积极性。但是,它们作用的着力点是不同的,前者主要作用于人的物质需要的满足;后者则着眼于人的心理,是对人的精神需要的满足。

(2)从激励的性质或方向的角度,可以把激励分为正激励和负激励两种类型

正激励是当一个人的行为符合组织的需要时,通过奖励的方式来鼓励这种行为,以达到保持这种行为的目的。正激励的手段如奖金、奖品、表扬、树立先进典型等。

负激励是当一个人的行为不符合组织需要时,通过制裁的方式来抑制这种行为,以达到消除这种行为的目的。负激励的手段可以是物质方面的,如降低工资级别、罚款等;也可以是精神方面的,如批评、通报、处分、记过等。正激励与负激励都以对人的行为进行强化为目的,但它们的取向相反。正激励起正强化的作用,是对行为的肯定;负激励起负强化的作用,是对行为的否定。

(3)从激励作用于对象的角度,可以把激励分为内激励和外激励两种类型

内激励源于人员对工作活动本身及任务完成所带来的满足感。它是通过工作设计(使员工对工作感兴趣)和启发诱导(使员工感到工作的重要性和意义)来激发员工的主动精神,使人们的工作热情建立在高度自觉的基础上,以发挥出内在的潜力。

外激励是运用环境条件来制约人们的动机,以此来强化或削弱相关行为,进而提

高工作意愿。它多以行为规范或对工作活动和完成任务付给适当报酬的形式出现，它限制或鼓励某些行为的产生，如建立岗位责任制，以对失职行为进行限制；设立合理化建议奖，用以激发工作人员的创造性和革新精神。

3. 激励理论

半个世纪以来，管理学家、心理学家和社会学家从不同的角度研究了应当怎样激励人的问题，提出了许多激励理论。这些理论基本上可以分为内容型、过程型、行为改造型、综合激励型四类。

(1) 内容型激励理论

内容型激励理论侧重研究激发动机的因素。由于这类理论的内容都围绕着如何满足需要进行研究，因此也称为需要理论。它主要包括：马斯洛的"需求层次论"、赫茨伯格的"双因素理论"、麦克利兰的"成就需要激励理论"和奥德弗的"生存－相关－成长"(ERG)理论等。

【同步阅读4－4】

马斯洛需求层次理论

马斯洛需求层次理论(Maslow's hierarchy of needs)，亦称"基本需求层次理论"，是行为科学的理论之一，由美国心理学家亚伯拉罕·马斯洛于1943年在《人类激励理论》论文中所提出。该理论将需求分为五种，像阶梯一样从低到高，按层次逐级递升，分别为：生理上的需求、安全上的需求、情感和归属的需求、尊重的需求、自我实现的需求。

①五种需要像阶梯一样从低到高，按层次逐级递升，但这样次序不是完全固定的，可以变化，也有种种例外情况。

②需求层次理论有两个基本出发点，一是人人都有需要，某层需要获得满足后，另一层需要才出现；二是在多种需要未获满足前，首先满足迫切需要；该需要满足后，后面的需要才显示出其激励作用。

③一般来说，某一层次的需要相对满足了，就会向高一层次发展，追求更高一层次的需要就成为驱使行为的动力。相应的，获得基本满足的需要就不再是一股激励力量。

④五种需要可以分为两级，其中生理上的需要、安全上的需要和感情上的需要都属于低一级的需要，这些需要通过外部条件就可以满足；而尊重的需要和自我实现的需要是高级需要，他们是通过内部因素才能满足的，而且一个人对尊重和自我实现的需要是无止境的。同一时期，一个人可能有几种需要，但每一时期总有一种需要占支配地位，对行为起决定作用。任何一种需要都不会因为更高层次需要的发展而消失。各层次的需要相互依赖和重叠，高层次的需要发展后，低层次的需要仍然存在，只是对

行为影响的程度大大减小。

⑤马斯洛和其他的行为心理学家都认为，一个国家多数人的需要层次结构，是与这个国家的经济发展水平、科技发展水平、文化和人民受教育的程度直接相关的。在不发达国家，生理需要和安全需要占主导的人数比例较大，而高级需要占主导的人数比例较小；在发达国家，则刚好相反。

【同步阅读4-5】

赫茨伯格的双因素理论

双因素理论（Two Factor Theory）又叫激励保健理论（Motivator - Hygiene Theory），是美国的行为科学家弗雷德里克·赫茨伯格（Fredrick Herzberg）提出来的，也叫“双因素激励理论”。赫茨伯格（Herzberg）的双因素理论，和马斯洛的需要层次理论、麦克利兰的成就激励理论一样，重点在于试图说服员工重视某些与工作有关绩效的原因。它是最具争论性的激励理论之一，也许这是因为它具有两个独特的方面。首先，这个理论强调一些工作因素能导致满意感，而另外一些则只能防止产生不满意感；其次，对工作的满意感和不满意感并非存在于单一的连续体中。

赫茨伯格通过考察一群会计师和工程师的工作满意感与生产率的关系，通过半有组织性的采访，他积累了影响这些人员对其工作感情的各种因素的资料，表明了存在两种性质不同的因素。

第一类因素是激励因素，包括工作本身、认可、成就和责任，这些因素涉及对工作的积极感情，又和工作本身的内容有关。这些积极感情与个人过去的成就、被人认可以及担负过的责任有关，它们的基础在于工作环境中持久的而不是短暂的成就。

第二类因素是保健因素，包括公司政策和管理、技术监督、薪水、工作条件以及人际关系等。这些因素涉及工作的消极因素，也与工作的氛围和环境有关。也就是说，对工作和工作本身而言，这些因素是外在的，而激励因素是内在的，或者说是与工作相联系的内在因素。

赫茨伯格的双因素激励理论与马斯洛的需要层次理论有相似之处。他提出的保健因素相当于马斯洛提出的生理需要、安全需要、感情需要等较低级的需要；激励因素则相当于受人尊敬的需要、自我实现的需要等较高级的需要。当然，他们的具体分析和解释是不同的。但是，这两种理论都没有把“个人需要的满足”与“组织目标的达到”这两点联系起来。有些西方行为科学家对赫茨伯格的双因素激励理论的正确性表示怀疑。有人做了许多试验，也未能证实这个理论。赫茨怕格及其同事所做的试验，被有的行为科学家批评为是他们所采用方法本身的产物：人们总是把好的结果归结于自己的努力而把不好的结果归罪于客观条件或他人身上，问卷没有考虑这种一般的心理状态。另外，被调查对象的代表性也不够，事实上，不同职业和不同阶层的人，对激励因素和保健因素的反应是各不相同的。实践还证明,高度的工作满足不一定就产生高度的激励。许多行为科学家认为,不论是有关工作环境的因素或工作内容的因素,都可能产生激励作用,而不仅是使职工感到满足,这取决于环境和职工心理方面的许多条件。

但是,双因素激励理论促使企业管理人员注意工作内容方面因素的重要性,特别是它们与工作丰富化和工作满足的关系,因此是有积极意义的。赫茨伯格告诉我们,满足各种需要所引起的激励深度和效果是不一样的。物质需求的满足是必要的,没有它会导致不满,但是即使获得满足,它的作用往往是很有限的、不能持久的。要调动人的积极性,不仅要注意物质利益和工作条件等外部因素,更重要的是要注意工作的安排,量才录用,各得其所,注意对人进行精神鼓励,给予表扬和认可,注意给人以成长、发展、晋升的机会。随着温饱问题的解决,这种内在激励的重要性越来越明显。

【同步阅读4-6】

麦克利兰的成就动机理论

美国哈佛大学教授戴维·麦克利兰(David C. McClelland 1917.05.20-1998.03.27),是当代研究动机的权威心理学家。他从20世纪40~50年代起就开始对人的需求和动机进行研究,提出了著名的"三种需要理论",他认为个体在工作情境中有三种重要的动机或需要:

①成就需要:争取成功、希望做得最好的需要。

②权力需要:影响或控制他人且不受他人控制的需要。

③亲和需要:建立友好亲密的人际关系的需要。

麦克利兰认为,具有强烈的成就需要的人渴望将事情做得更为完美,提高工作效率,获得更大的成功,他们追求的是在争取成功的过程中克服困难、解决难题、努力奋斗的乐趣,以及成功之后的个人的成就感,他们并不看重成功所带来的物质奖励。个体的成就需要与他们所处的经济、文化、社会、政府的发展程度有关;社会风气也制约着人们的成就需要。麦克利兰发现高成就需要者的特点是:他们希望得到有关工作绩效的及时明确的反馈信息,从而了解自己是否有所进步;他们喜欢设立具有适度挑战性的目标,不喜欢凭运气获得成功,不喜欢接受那些在他们看来特别容易或特别困难的工作任务。高成就需要者事业心强,有进取心,敢冒一定的风险,比较实际,大多是进取的现实主义者。

高成就需要者对于自己感到成败机会各半的工作,表现得最为出色。他们不喜欢成功的可能性非常低的工作,这种工作碰运气的成分非常大,那种带有偶然性的成功机会无法满足他们的成功需要;同样,他们也不喜欢成功的可能性很大的工作,因为这种轻而易举就取得的成功对于他们的自身能力不具有挑战性。他们喜欢设定通过自身努力才能达到的奋斗目标。对他们而言，当成败可能性均等时，才是一种能从自身的奋斗中体验成功的喜悦与满足的最佳机会。

权力需要是指影响和控制别人的一种愿望或驱动力。不同人对权力的渴望程度也有所不同。权力需要较高的人喜欢支配、影响他人，喜欢对别人“发号施令”，注重争取地位和影响力。他们喜欢具有竞争性和能体现较高地位的场合和情境，他们也会追求出色的成绩，但他们这样做并不像高成就需要的人那样是为了个人的成就感，而是为了获得地位和权力或与自己已具有的权力和地位相称。权利需要是管理成功的基本要素之一。

亲和需要就是寻求被他人喜爱和接纳的一种愿望。高亲和需要者渴望友谊，喜欢合作而不是竞争的工作环境，希望彼此之间的沟通与理解，他们对环境中的人际关系更为敏感。有时，亲合需要也表现为对失去某些亲密关系的恐惧和对人际冲突的回避。亲和需要是保持社会交往和人际关系和谐的重要条件。

【同步阅读4－7】

奥尔德弗的“ERG”需要理论

美国耶鲁大学的克雷顿·奥尔德弗(Clayton. Alderfer)在马斯洛提出的需要层次理论的基础上，进行了更接近实际经验的研究，提出了一种新的人本主义需要理论。奥尔德弗认为，人们共存在3种核心的需要，即生存(Existence)的需要、相互关系(Relatedness)的需要和成长发展(Growth)的需要，因而这一理论被称为“ERG”理论。生存的需要与人们基本的物质生存需要有关，它包括马斯洛提出的生理和安全需要。第二种需要是相互关系的需要，即指人们对于保持重要的人际关系的要求。这种社会和地位的需要的满足是在与其他需要相互作用中达成的，它们与马斯洛的社会需要和自尊需要分类中的外在部分是相对应的。最后，奥尔德弗把成长发展的需要独立出来，它表示个人谋求发展的内在愿望，包括马斯洛的自尊需要分类中的内在部分和自我实现层次中所包含的特征。

除了用3种需要替代了5种需要以外，与马斯洛的需要层次理论不同的是，奥尔德弗的“ERG”理论还表明了:人在同一时间可能有不止一种需要起作用;如果较高层次需要的满足受到抑制的话，那么人们对较低层次的需要的渴望会变得更加强烈。

马斯洛的需要层次是一种刚性的阶梯式上升结构，即认为较低层次的需要必须在较高层次的需要满足之前得到充分的满足，二者具有不可逆性。而相反的是，“ERG”理论并不认为各类需要层次是刚性结构，比如说，即使一个人的生存和相互关系需要尚未得到完全满足，他仍然可以为成长发展的需要工作，而且这3种需要可以同时起作用。

此外，“ERG”理论还提出了一种叫做“受挫——回归”的思想。马斯洛认为当一个人的某一层次需要尚未得到满足时，他可能会停留在这一需要层次上，直到获得满足为止。相反地，“ERG”理论则认为，当一个人在某一更高等级的需要层次受挫时，那么作为替代，他的某一较低层次的需要可能会有所增加。例如，如果一个人社会交往需要得不到满足，可能会增强他对得到更多金钱或更好的工作条件的愿望。与马斯洛需要层次理论相类似的是，“ERG”理论认为较低层次的需要满足之后，会引发出对更高层次需要的愿望。不同于需要层次理论的是，“ERG”理论认为多种需要可以同时作为激励因素而起作用，并且当满足较高层次需要的企图受挫时，会导致人们向较低层次需要的回归。因此，管理措施应该随着人的需要结构的变化而做出相应的改变，并根据每个人不同的需要制定出相应的管理策略。

（2）过程型激励理论

过程型激励理论着重研究从动机的产生到采取具体行为的心理过程。这类理论都试图弄清人们对付出劳动、功效要求、薪酬奖励价值的认识，以达到激励的目的。它主要包括弗隆姆的“期望理论”、亚当斯的“公平理论”和洛克的“目标设置理论”等。

（3）行为改造型激励理论

行为改造型激励理论，着眼于行为的结果，认为当行为的结果有利于个人时，行为会重复出现；反之行为则会削弱和消退。这类理论以斯金纳的操作性条件反射为基础，侧重研究对被管理者行为的改造修正。它主要有“强化论”、“归因论”、“力场论”和挫折理论等。

（4）综合型激励理论

在上述激励理论的基础上，学者提出了综合型的激励理论，波特－劳勒模型就是一种较成功的模型。该模型是以弗鲁姆的期望模型为骨干，认为一定的激励会产生一定的努力，导致相应的工作绩效；通过达到一定绩效，可以获致所期望的外在性与内在性奖酬，这些二阶结果，是工作者的真正目标。

4. 激励的应用

（1）对一般员工的激励

对不同员工的权变激励，相应地就要有不同的奖励办法：以绩效为中心，要把工作绩效以及对企业的奉献与个人的报酬收入紧密结合起来。采取弹性奖励的手段，根据员工的需要，有针对性地选择奖励的时间和地点。提高员工参与度，增加分配的透明度，达到激励公平。

①以绩效为中心

要把工作绩效以及对组织的奉献与个人的报酬收入紧密结合起来。如，在实行岗位责任制和劳动合同制的基础上实行结构工资制，将员工的实际收入与岗位责任、工作的数量和质量挂钩，体现能者多劳、多劳多得、优质优酬的原则。

在结构工资中，岗位职务工资是工资构成中的不变部分，比例应当在70%以下；

业绩工资为工资构成中的可变部分，应当占30%以上。一个企业的活工资低于15%时，就到了“死亡线”。美国企业的工资“死活”比例为30：70；日本企业的“死活”工资比例为50：50。此外，在企业还可从利润中提取一部分作为奖励基金，重奖为企业做出突出贡献的员工。

②采取弹性奖励的手段

弹性奖励则是根据员工的需要，有针对性地选择奖励的时间和地点。这是因为，有人希望得到奖金，有人可能需要休假的时间长一点，另一些人则渴望晋升，还有人更珍惜进修学习的机会。采用弹性奖励办法，代替僵死的奖励办法，会起较好激励作用。

③对不同员工的权变激励的特点

善于听命执行的守成者：负责任、守纪律，但不愿冒险。要定期表扬他们，侧重于有形奖励。

喜欢迎接挑战的叛逆者：喜欢行动、不重理论、追求自由。要把新任务交给他们，奖励其学习和组建新团队。

有远见卓识的策略者：善于思考和分析复杂问题。对其授权或实行弹性工作时间很有激励作用。

懂技术、善经营、高素质的管理层：是组织成功不可缺少的条件。要建立和完善激励制度，对管理层实施有效的激励。

(2)对管理人员的激励

建立和完善企业激励制度，必须对管理层实施有效的激励。主要是要引入竞争机制，主要措施包括：适度授权、用好薪酬杠杆、强调精神激励。

【业务链接4－3】

朗讯的薪酬管理

朗讯的薪酬结构由两大部分构成，一块是保障性薪酬，跟员工的业绩关系不大，只跟其岗位有关。另一块薪酬跟业绩紧密挂钩。朗讯的销售人员的待遇中有一部分专门属于销售业绩的奖金，业务部门根据个人的销售业绩，每一季度发放一次。在同行业中，朗讯薪酬中浮动部分比较大，朗讯这样做是为了将公司每个员工的薪酬与公司的业绩挂钩。

业绩比学历更重要

朗讯在招聘人才时比较重视学历。贝尔实验室1999年招了200人，大部分是研究生以上学历。“对于从大学刚刚毕业的学生，学历是我们的基本要求”。对其他的市场销售工作，基本的学历是要的，但是经验就更重要了。学位到了公司之后在比较短的时间就淡化了，无论做市场还是做研发，待遇、晋升和学历的关系慢慢消失。在薪酬方面，朗讯是根据工作表现决定薪酬。进了朗讯以后薪酬和职业发展跟学历工龄的关系越来越淡化，基本上跟员工的职位和业绩挂钩。

朗讯公司在执行薪酬制度时，不仅仅看公司内部的情况，而是将薪酬放到一个系统中考虑。朗讯的薪酬政策有两个考虑，一个方面是保持自己的薪酬在市场上有很大的竞争力。为此，朗讯每年委托一个专业的薪酬调查公司进行市场调查，以此来了解人才市场的宏观情形。这是大公司在制定薪酬标准时的通常做法。另一个考虑是人力成本因素。综合这些考虑之后，人力资源部会根据市场情况给公司提出一个薪酬的原则性建议，指导所有的劳资工作。人力资源部将各种调查汇总后会告诉业务部门总体的市场情况，在这个情况下每个部门有一个预算，主管在预算允许的情况下对员工的待遇做出调整决定。

朗讯在加薪时做到对员工尽可能的透明，让每个人知道他加薪的原因。加薪时员工的主管会找员工谈，根据你当年的业绩，你可以加多少薪酬。每年的12月1日是加薪日，公司加薪的总体方案出台后，人力总监会和各地做薪酬管理的经理进行交流，告诉员工当年薪酬的总体情况，市场调查的结果是什么？当年的变化是什么？加薪的时间进度是什么？公司每年加薪的最主要目的是保证朗讯在人才市场增加一些竞争力。

一方面我们都知道高薪酬能够留住人才，所以每年的加薪必然也能够留住人才。另一方面是，薪酬不能任意上涨，必须和人才市场的情况挂钩，如果有人因为薪酬问题提出辞职，很多情况下是让他走或者用别的办法留人。

薪酬与发展空间

薪酬在任何公司都是一个非常基础的东西。一个企业需要有一定竞争能力的薪酬吸引人才来，还需要有一定保证力的薪酬来留住人才。如果和外界的差异过大，员工肯定会到其他地方找机会。薪酬会在中短期时间内调动员工的注意力，但是薪酬不是万能的，工作环境、管理风格、经理和下属的关系都对员工的去留有影响。员工一般会注重长期的打算，公司会以不同的方式告诉员工发展方向，让员工看到自己的发展前景。朗讯公司的员工平均年龄29岁，更多是看到自己的发展。

问题思考：朗讯的薪酬管理给了你哪些方面的启示？

【自测与训练】

一、实训题

为什么，怎么办？

在一次公司中层干部会议的休息期间，几个人聊起工作难做。生产部经理方志说："我最不痛快的事，就是安排任务和发放奖金。平时安排任务时，每个人都显得莫测高深、深谋远虑，没个痛快劲。可到涨工资和发奖金时，你再看吧，大家都自信得多、也爽快地多了：'凭什么他涨我不涨？''凭什么他的奖金比我高？'凭什么？当然是凭你们的工作情况，可每个人都觉得自己不比别人差，我能说得过几十张嘴吗？"

财务处长于海亮深表同情:“确实是这样,不仅你,我也有同感。一到涨工资、提职称的时候,我最打怵的是向人们解释‘为什么’。为什么?只能说名额少,人数多,上边卡得严。可是,名额再多,也不能全员都上,那还有什么激励先进的意义呢?可他们不这么想,就像都不想努力工作一样,大家都认为自己是涨资晋升的必然人选。”

这时人力资源部主管孙国庆插嘴说:“你们俩太片面了,这不是员工的错。你们说人家不努力工作,有证据吗?没有。实际上他们没有偷懒。你们也知道,现实工作多么枯燥、多么辛苦。人家在安排工作时的慎重,不过是希望在有限范围内使付出与回报尽量合理一点,其实挑来挑去,还不都是那么些事。事情的关键不在这里,而在于考评,我们没有一套科学的考评体系。无法准确地说明究竟谁干得最好,谁干得不太好。”

问题:

1. 案例中出现的问题,你认为应该如何解决?
2. 你认为绩效考评在一个企业的人力资源管理中扮演着什么样的角色?

二、自测题

1. 何谓人力资源获取?人力资源获取的作用体现在哪些方面?
2. 什么叫人力资源开发?人力资源开发的方法有哪些?
3. 何谓“员工归属感”?影响“员工归属感”的因素有哪些?

第 5 章 中小企业创新管理

■ 学习内容

5.1 技术创新

5.2 产品创新

5.3 服务创新

■ 学习目标

通过本章学习，应该达到以下目标：

- □ 了解创新和技术创新的概念、分类和特征；理解中小企业技术创新的特点；掌握中小企业技术创新的内容、中小企业技术创新的动力、中小企业技术创新的战略类型。
- □ 了解产品创新的概念、产品创新的方式、产品创新的分类。理解产品创新的方向；掌握产品创新的原则、产品创新的过程和途径。
- □ 了解服务创新的概念和特点；理解服务创新的步骤；掌握服务创新的类型、服务创新应注意的问题。

5.1 技术创新

【引入案例 5-1】

有人说，韩国以三星为代表是学习模仿日本，成功地重走了一遍日本走过的道路。三星公司自创立至今，其产品开发战略演变大致经历了“拷版战略”、“模仿战略”、“紧跟技术领先者战略”和“技术领先战略”四个阶段。三星公司成功地重走了日本公司的发展之路，特别在作为电子工业的基础——IC 和 FPD 方面。正如三星公司成立初的总裁李秉喆说：“我们要是在电子革命中落后，我们就会永远沦为落后国家。20 世纪 90 年代掀起的以 TFT-LCD 为代表的平板显示器浪潮，三星公司不甘落后，紧跟日本 Sharp 公司，于 l995 年推出 22 英寸 LCD 屏，1997 年上市 30 英寸屏，1998 年开发出高清 LCDTV，并出口美国。三星公司在引进外国技术的同时，始终强调内部研究与开发的重要性，强调在提升内部技术能力的基础上寻求市场、产品和技术的动态匹配。三星电子自己认为：正是自主、不懈的研究与开发，才使三星电子成为一家冉冉升起的全球领导企业。

问题思考：

1. 什么是技术创新？
2. 技术创新的战略类型有哪些？

一、技术创新的概念、分类和特征

1. 概念

创新的概念，最早是由美国经济学家约瑟夫·熊彼特 1912 年在他的代表作《经济发展理论》中提出的。熊彼特认为，创新是指把一种从未有过的关于生产要素和生产条件的新组合引入生产体系，建立新的生产函数，其目的是获取潜在利润。关于创新的定义有很多种。从管理学的角度看，技术创新是从技术的新设想，经过研究开发、试制或技术组合、生产制造，到获得实际应用，并产生经济或社会效益的商业化全过程的活动。这是一个非常复杂的过程，涉及新思想的产生、研究、开发、试制、生产制造、营销等多个阶段，终止于任何一个环节，都不能称为技术创新。

【同步阅读 5-1】

技术创新的相近概念

(1)技术创新和技术进步是两个有区别的概念。技术进步是指技术所涵盖的各种形式的知识积累与更新。在开放经济中,技术进步的途径主要有三个方面,即技术创新、技术扩散、技术转移与引进。而技术创新是“生产函数的移动”,是一个科技、经济一体化过程,是技术进步与应用创新“双螺旋结构”共同作用催生的产物。在科技创新体系中更多地注重技术进步,对面向用户的应用创新较少给予关注。科技成果的转化率低、实用性和推广性差等很多科技管理体系的弊病都与此相关,技术发展与用户需求对接出现了问题,造成技术进步与实际应用之间的脱节。

(2)技术创新也不同于研究开发。经济合作和发展组织(OECD)把研究开发定义为:“研究和实验开发是在一个系统的基础上的创造性工作,其目的在于丰富有关人类、文化和社会的知识库,并利用这一知识进行新的发明。”研究开发是创新的前期阶段,是创新的投入,创新成功的物质基础和科学基础。

(3)技术创新与模仿、扩散之间也有一定的关系。模仿是指企业仿制生产创新者的产品。模仿是创新传播的一种重要形式,模仿不只是简单地仿制,它包含着渐进的创新、对原设计的不断改进。如录像机是美国公司的创新,但日本通过模仿掌握这项技术后,对产品进行了改进,使录像机性能有了很大的提高。扩散是指创新的成果被其他企业通过合法手段采用的过程。创新的潜在效应一般通过扩散逐渐得以发挥。正是因为模仿、扩散,创新才引起产业结构的改变。

2. 技术创新的分类

技术创新过程是一个动态过程。根据企业技术创新活动的广度及深度的不同,可以将技术创新进行不同的分类。

(1)按创新程度分类

①渐进性创新。是指对现有技术的非质变性的改革和改进,这是一种连续创新。在现实经济技术活动中,大量的创新是渐进性的,如电视机的发展过程,从台式计算机到便携式计算机,也是渐进性创新。

②根本性创新。是指在技术上有重大突破,并在商业化方面取得成功,获得相应效益的创新活动。它常常伴随着一系列渐进性的产品创新和工艺创新,并在一定阶段内引起产业结构的变化。例如,集成电路的发明是一种根本性创新,而集成电路集成度的不断提高则是一种渐进性创新。

(2)按创新的对象分类

①产品创新。是指以产品技术变化为基础的技术创新。产品创新的结果是向市场推出新的有独特性能的产品,目的是提高产品设计与性能的独特性。广义的产品包括服务(无形产品),因此,产品创新也包括服务创新。电话的发明、电视机的产生都是产品创新。

②过程创新。也称工艺创新，是指以生产或服务过程中的技术变化为基础的技术创新，其创新的结果是改进产品的加工过程、工艺路线或设备，目的是提高产品质量、降低生产成本、降低消耗、改善工作环境。例如早期福特公司采用流水作业生产方式以及现代的计算机辅助设计系统等，都是重大的过程创新。

(3)按技术变动的方式分类

①局部性创新。或称渐进性创新，是指技术结构和模式均未发生变化的条件下的局部技术改进所形成的创新。如将电话机由拨号式改进为按键式的创新就是一种局部性创新。

②模式性创新。是指在技术原理变动的基础上的技术创新。如通信技术中的模拟交换到数字交换的创新就是模式性技术创新。

③结构性创新。是指在技术结构变动的基础上形成的创新。如无绳电话的创新，在一定程度上改变了通信联络方式，但原理并未发生变化。

④全面性创新。是指技术结构和模式都发生变化所形成的创新。例如，由模拟式有线通信发展到数字式无线通信所形成的技术创新就是全面性技术创新。

3. 技术创新特征

技术创新是一项非常规的经营活动，具有创造性、累积性、效益性、扩散性和风险性等特征。

(1)创造性

创造性是技术创新的最基本特征，它是指创造出新的资源(如新材料)以及对生产要素的重新组合。技术创新是企业的一种创造性行为，是企业创新精神的实践，它要求创新主体——企业必须具有强烈的创新意识、富有创造性的决策能力和勇于承担风险的胆识，要有创造性的组织才能。

(2)累积性

每一轮新的创新都是以先前的创新成果为基础的，新一轮创新并不是全盘否定原有的产品和生产要素组合，而是在已有知识积累到一定程度时对旧的产品和工艺的一种扬弃和技术突破。在企业创新实践中，大量成功的创新往往是渐进的，是点点滴滴累积而得的，而不一定是技术上的新飞跃。

(3)效益性

效益性是企业进行技术创新活动的根本动力所在。任何层次及规模的技术创新活动，都需要一定数量的资源投入，这是实现预期的创新目标的物资保证。伴随着这种投入，每一次成功的技术创新又总会获得比投入高得多的新增财富或比较利益，这正是企业进行技术创新活动的根本动力。

(4)扩散性

尽管创新活动会伴随高失败率的风险，但一旦取得成功，就会对企业的发展直至对整个人类社会的发展和经济的增长，发挥重要的推动作用。技术创新对社会、经济的最大影响，正是通过技术创新的扩散来实现的。

(5)风险性

技术创新的过程是一个充满不确定性的过程，主要表现在技术不确定和市场不确定两个方面。并不是所有的技术创新活动都必然会为企业带来增量收益，技术创新活动是一项风险系数很高的创造性的活动，在这一过程中，有些因素是可控的，也有一些因素是不可控的，是事先难以估计或把握的。市场上的潜在需求信息是不完全的，这使得准确判断需求趋势成为一件很困难的事，尤其是技术推动型产品，市场需求呈朦胧且多样化状态，给技术创新的预测和抉择带来了一定的风险。

二、中小企业技术创新特点

1. 中小企业技术创新在许多产业占据主导地位

中小企业技术创新的产业分布是非常广泛的，几乎所有的产业领域都有中小企业在从事技术创新活动。在已出现的一些新兴产业中，中小企业的技术创新活动更加活跃，极大地促进了这些产业的发展和成熟。

2. 中小企业的技术创新活动具有充分的活力

中小企业技术创新在质和量方面都体现出很高的水平。一方面，中小企业创造了相当数量的技术创新成果；另一方面，中小企业能够创造出高水平的技术创新成果。在我国，中小企业的产品更新、设备更新等方面的技术创新要快于大型企业。有关部门对天津、上海、湖北等地的大、中、小型企业进行了调研。结果表明：近20年来，工业部门自己创造的新技术、新工艺、新产品、新设备，大约有75%～80%来自中小企业。

3. 中小企业技术创新的周期相对较短

中小企业资金相对较少，科研力量相对薄弱，设备有限，这就决定了它在技术创新方向的选择上比较重视应用型技术创新，而对投资多、见效快、规模大的基础性技术创新很少问津，因此，创新速度相对较快(表5－1)。

表5－1　　技术创新与产品进入市场所需的时间

企业	产品设计	生产样品	投入生产	进行销售	合计
小企业	0.69	0.18	1.17	0.18	2.22
大企业	0.99	0.39	1.36	0.31	3.05

资料来源：汤世国. 技术创新——经济活力之源[M]. 北京：科学技术文献出版社，1994。

4. 中小企业技术创新表现出较高的效率

统计资料表明，中小企业从每单位销售额所能获得的专利成果大约为大企业的两倍。中小企业从事 R&D 公用的科学家与工程师占全部雇员的比例约为 6.41%，而在大企业中这一比例仅为 4.05%。从研究开发经费支出的回报来看，中小企业也更具效率。据欧盟的统计，中小企业 R&D 的单位投入所产生的新产品是大企业的 3.5 倍。大企业在 R&D 活动中更加依赖于联邦政府的资金支持。这使得面临“不利竞争”局面的中小企业的技术创新更加渴望得到政府的资助。因而中小企业的技术创新能够充分利用政府的资助，具有很高的效率。

5. 中小企业技术创新更有赖于与外界的合作

中小企业技术创新活动并不局限于技术的发明与创造，而更多的是在高技术成果的应用和商业化方面。中小企业的技术创新有赖于中小企业与外界机构的密切合作与联合。据美国中小企业管理处的资料，在没有大学参与的 R&D 活动中，大小企业的投资回报率都为 14%，而在有大学参与的 R&D 活动中，大、中小企业的投资回报率分别为 30%、44%。此外，中小企业的技术创新往往需要外界在法律、会计、银行系统、资本市场以及技术、信息等多方面的帮助和指导，还需要已有的商业、技术基础设施的充分支持和中介机构的帮助。

6. 中小企业技术创新需要政府的大力扶持

中小企业技术创新面临着多方面的挑战和不利因素，包括获得资金的能力不高，信息、技术、人力资源的缺乏，雇员福利引起的成本增加，政府行政管理方面的过高要求等。因此，与大企业相比，中小企业技术创新更需要政府采取措施，直接和间接地从各方面对其加以扶持。

三、中小企业技术创新内容

1. 产品(服务)创新与工艺创新

产品创新是指中小企业在产品的生产和经营过程中，对其自身生产或经营的产品所从事的改进、提高或发明的创新活动。

服务创新是服务业尤其是知识密集型服务业兴起的结果，它既包括新构思、新设想转变成新的或者改进的服务，又包括改变现有的组织结构推出新的服务，如各种金融衍生工具等，已经兴起的网络服务等也是服务创新的成功例证。

工艺创新是指研究和采用新的或有重大改进的生产方法，从而改进现有产品的生产或提高产品的生产效率。一般情况下，大多数工艺创新是渐进的，投入大小和难度都比较适合中小企业的特点。

2. R&D 活动

中小企业 R&D 活动可以分为自身的研究开发和合作研究开发两种类型。提高自身的 R&D 能力应该是中小企业技术创新的主要努力方向；对于缺乏信息、人才、技术等的中小企业来说,合作研究开发活动更加适合和普遍。

3. 技术转移

技术转移是指在某一组织或领域内为了某一目的而形成的技术、知识或信息,被采用或应用到另外的组织、领域或服务于其他的目的的过程。中小企业的技术转移一般有以下几种主要方式:

研究人员创办企业。

企业与高校或研究机构之间开展合作研究。

企业与高校或研究机构之间开展的委托合同研究。

企业与企业之间的合作。

企业与学校或研究机构之间的人才交流。

中小企业进入高新技术工业园或科技园区,以便获得更好的技术转移成果,高新技术中小企业在这方面更具优势。

通过技术转移机构进行技术转移。

4. R&D 企业

R&D 企业是专门从事技术创新活动的一类企业。这类企业的经营目标主要是为从事 R&D 的大学、研究机构以及企业等研究组织及个人提供研究所需的仪器设备、材料与样品、化学制剂以及其他研究性实验条件等。

5. 衍生公司

衍生公司指的是在母公司做出技术发明的基础上,脱离母公司而创建的新兴公司。衍生公司的作用体现在以下几个方面:一是因为衍生公司最了解母公司的竞争优势和缺陷,从而增强了市场的创新活力;二是衍生出来的小企业往往寻求被原公司所忽略的技术和市场,进行研究与开拓,创造出新的市场和消费群体;三是衍生公司是科研成果商业化和技术转移的重要渠道。拥有大量科研成果积淀的大学或科研机构就常常成为衍生公司的母体。

四、中小企业技术创新动力

中小企业技术创新的动力主要是指启动中小企业技术创新过程或行为的原因。比较一致的看法是,推动企业技术创新的动因是技术推动、市场(或需求)拉动以及两者的综合作用等。

1. 技术推动说

技术推动说认为,科学技术的发展是一个永不停息的过程,科学技术因其惯性而持续发展,不断产生科学发现与技术发明;同时这些研究与开发的成果不断地在生产和商业中寻求应用,最终推动创新的完成。例如,晶体管发明后,在寻求市场应用的过程中导致了大量的电子类产品创新。

2. **需求拉动说**

在需求拉动说看来，创新的想法最初来自市场需求和生产需求信息，然后才回过头来寻找能满足这种需求的技术解决方案。研究表明，投资和专利发明表现出高度的同步效应且投资先于发明专利。投资反映了外部需求，因而发明和专利可认为是需求拉动的结果。

3. **综合作用说**

技术创新不仅在初始阶段是由技术和需求的共同作用引发的，而且在中间过程的各个阶段无不受到这两个因素的共同影响。研究证实，技术推动和需求拉动综合作用引发的技术创新，在实际创新活动中更具有普遍性。

除了上述因素外，政府行为、企业家因素以及社会、技术和经济系统等因素也都会在技术创新过程中发挥影响作用，有时，甚至会起到主导的推动作用。

【业务链接 5－1】

美的电器转型显成效 "一晚一度电"展技术创新实力

在提倡节能环保的主旋律下，国内家电龙头美的电器推出的"一晚一度电"系列空调产品引发了市场热议。美的电器作为一家老牌上市公司，十分注重对研发和技术的投入，在其战略转型效果逐渐显现的同时，研发创新能否保障业绩的稳步提升也成为一大看点。与此同时，值得关注的是此前美的集团宣布整体上市，而最终能否资源整合，发挥最大优势让利润快速"奔跑"，也成为了业内关注焦点。

(1)"一晚一度电"凸显公司研发实力

2013 年美的全直流变频空调全面实现突破创新，其中"新节能"系列空调以 0.1W 超低耗电待机、011HZ 超低频率运行，正负 0.1 度恒温精控三大核心技术，实现了"一晚一度电"的超级节能效果，同时该产品分别通过了中国家用电器检测所、上海出入境检验检疫局机电产品检测技术中心和合肥通用机电产品检测院有限公司的检测。

实际上，在空调领域已基本形成格力和美的双寡头的局面，二者合计占据了市场近 6 成的份额，业内分析人士认为未来会呈现强者恒强的局面。公开资料显示，美的电器在空调领域已形成基础技术、应用技术、产品开发三级研发体系，2012 年公司还成立了院士工作站，加大研发成果转化和面向市场的产品开发力度，推动空调行业的技术进步与成果应用。

同时，美的电器在研发投入的占比持续增多，也更加注重研发实力的提升，年报数据显示 2012 年公司投入研发的各项支出约 17 亿元，占公司 2012 年经审计净资产的比例为 7.70%，占营业收入的比例为 2.50%。

对此，公司表示 2012 年美的电器加大了产品力提升、品质改善、精益制造与工艺流程优化等方面的研发与技术投入，加大了对高端专业技术人才的引进和扶持力度，同时值得注意的是凭借完善的创新机制和对科研资源的持续、大力投入，美的电器在空调、冰箱、洗衣机等白电领域已获得多项技术殊荣。

资料显示，除空调领域的项目取得"国际领先"水平外，其冰箱领域凭借行业领先的节能技术和产品，一举荣获2012年冰箱峰会"节能标杆奖"；洗衣机领域公司旗下小天鹅2012年全年共申请专利数200多项，其中国际发明专利2项，也实现国际发明专利零的突破。

(2)战略转型效果显现

数据显示，2013年一季度美的电器实现营业收入219.14亿元，同比增长23.5%；归属母公司净利润10.8亿元，同比增长23.8%，每股收益为0.32元。业内人士认为，公司规模业绩双升，进入稳健持续增长轨道。

实际上，美的电器自2011年开始进行战略转型，改变过去"规模优先"的粗放式增长模式，更加强调增长质量和利润的增长，而2012年四季度则进入转型的收获期。根据年报数据显示，2012年美的电器实现收入681亿元，其中第四季度单季度实现收入142亿元，同比增长27%。年报还显示，2012年公司整体毛利率为22.81%，同比上升4.03个百分点。业内人士分析称，这是美的电器调整战略，由求规模向求利润转型的必然结果。

问题思考：

1. 美的电器的技术创新属于哪一种类型？

2. 美的电器的技术创新的内容包括哪些？

五、中小企业技术创新的战略目标和战略类型

1. 技术创新战略目标

(1)产品技术创新。它是指企业向市场上首次推出在技术上有某种改变的新产品过程。产品技术创新包括：产品品种创新、产品型号创新、产品外形或包装的创新、产品售后服务的创新。

(2)工艺技术创新，又称过程创新。它是指对产品生产技术的改进或变革，包括：工艺产品技术创新、工艺原材料技术创新、工艺设备技术创新、工艺流程和方法的技术创新等。

(3)服务技术创新。它是指企业向市场首次推出在技术上有某种改变的新服务过程。例如，已迅速发展的电子银行、电子商务、网络服务等。随着第三产业的迅速崛起，服务创新的比重在逐年加大，其内容包括：服务品种创新、服务质量创新、服务形象创新。从事服务技术创新的主体通常为从事商业、银行、保险、旅游、餐饮、卫生、教育等第三产业的广大中小企业。

(4)管理技术创新。它是指中小企业针对某项任务或为了实现某种目标(如产品创新)综合运用多种资源的计划、执行、指挥、监督、控制的新的组织行为过程。20世纪60年代以来,在物料管理上实行零库存的准时生产制,大大提高了企业的经济效益,也是重大管理创新。管理技术创新主要包括:管理组织创新、管理制度创新、管理模式创新。

2. 技术创新目标的选择原则

对中小企业来说,技术创新目标的选择十分复杂,因为各企业的产品特征、产品类型、经营方向、企业的人财物状况、地理位置、效益状况以及所处的市场环境等千差万别,不可能有统一的模式。因此,这里仅总结出技术创新目标的一般选择原则。

(1)复式目标的原则。主要是指中小企业应根据上述四类的不同组合选择战略目标。最为常见的组合有四类情况:一是产品创新与管理创新的组合;二是服务创新与管理创新的组合;三是工艺创新与管理创新的组合;四是产品创新、工艺创新和管理创新三者的组合。

(2)合法经营与经济效益最大化相结合的原则。创新目标的选择要考虑是否符合国家的产业政策、科技政策、税收政策、收入政策和就业政策以及有关的法律、法规等。中小企业重视产品技术创新的同时,也要注意服务技术和工艺技术的创新。

(3)技术创新与常规生产经营相结合的原则。中小企业的技术创新活动与常规生产经营活动相比较,两者存在着相互制约、相互促进的关系。中小企业在选择技术创新目标时,要充分考虑到所选择的目标应有助于使两者相互促进。

(4)企业对内创新和对外创新相结合的原则。对内创新主要是指工艺创新和管理创新;对外创新则是指产品创新和服务创新。如果能使两者有机地结合起来,会有效地提高企业技术创新能力。在中小企业财力不足或创新能力有限的情况下,多数企业会采取对内创新目标,特别选择其中的管理创新。对创新能力较强的中小企业来说,如果能够捕捉到市场机会和技术机会的话,则可以选择产品创新或服务创新。

(5)生产可行性、技术先进性、经济合理性三者相结合的原则。有时,中小企业选择生产上可行且技术上先进的技术创新目标,但经济效益不一定会高;选择技术上先进且经济效益高的创新,生产上却不一定可行。中小企业在选择技术创新目标时,要权衡三者的关系,要使这三者尽量统一起来。

(6)依靠企业内部能力和借助外力结合起来的原则。中小企业应积极主动和大专院校、科研院所或实力较强的大型企业合作,以对方之长补几之短,共同促进、共同发展。

因此,中小企业在选择创新目标时,除了考虑自身的能力以外,还应考虑到合作创新的可能性和优越性。只有这样,选择的技术创新目标才更具先进性、科学性和效益性。

3. 中小企业技术创新的战略类型

中小企业在确立了自己的技术创新战略目标后,需要依据自身的技术创新能力以及市场等因素来进行技术创新战略定位,并要进行类型选择,为实现战略目标确立行之有效的途径。

(1)进攻型、防御型和游击型战略

进攻型战略。指企业在引入技术创新或产品方面领先于其他竞争对手,从而获得市场领导者的地位。进攻型战略的行为特征是通过竞争主动地向前发展,可分为产品进攻型战略、成本进攻型战略和营销进攻型战略。

防御型战略。防御型企业往往采取一系列措施建立进入壁垒,当被竞争对手攻击时,能够有力地还击。一般来说,防御型战略分为主动防御型战略和被动防御型战略。

游击型战略。采用这种战略的企业往往处于技术与市场劣势,为了打破现有技术和市场格局,这种战略倾向于推出一种新的技术取代占统治地位的现有技术,打破优势企业的阵脚,以求重新瓜分市场。

(2)领先、紧跟、跟随战略

就企业的技术因素和市场因素相结合而言,企业技术创新战略分为领先创新战略、紧跟创新战略、跟随创新战略三种类型。

领先创新战略。领先创新是指一个企业领先于其他企业而首次将科技成果市场化,并获得相应的经济回报。采用这种战略定位的企业应具备以下六个条件:企业应具有雄厚的资金储备或资金来源;企业应具有很强的技术研究和技术开发能力;企业供应和生产等后续部门能够密切配合,能够迅速将研究成果产品化;企业具有较强的市场营销能力;企业要有很强的知识产权保护意识;企业还必须拥有持续创新能力。如果领先企业能够持续创新,进一步推出新产品,就能够保持住这种技术的领先地位。

紧跟创新战略。指企业积极学习领先者的创新成果或创新行为,并在此基础上加以不同程度的改进或创造面向市场的更新产品,获取市场回报的创新战略。紧跟创新战略是一个“学习→仿制→创造”的过程,采用这种战略的企业应具备四个条件:企业具有较灵敏的市场辨识能力和较快的响应速度;企业能尽快地获取领先者的创新成果及有关技术知识,并具备消化、吸收和持续创新的能力;拥有足够的生产能力和市场营销能力;在一定时期内,企业与领先者拉开适当的距离。

跟随创新战略。跟随创新属于低水平上的地区性的技术创新,仿制是这种战略的主要手段。这种战略定位往往适合于发展中国家的众多中小企业,他们可以利用地区因素或产业“空隙”因素,或价格因素,通过仿制创新,来实现技术创新目标。定位于跟随战略的企业通常应具备如下条件:跟随战略虽然以仿制为主,但仍需企业具有一定的研发能力和研发投入,仍要求技术上的本土化,需求上的“空隙”化,以及价格上的合理化,因而还需要企业在仿制基础上再创新。另外,跟随战略也需要企业具有较强的设计、生产和营销能力。采取跟随创新战略的企业要尽量提高仿制起点，最好是仿制他人并未完全占领市场的创新成果。

从上述分析可知，技术创新战略定位关键取决于中小企业的总体经济实力、技术创新能力，以及创新目标与企业相关产品的关联程度，取决于企业对有关领先技术的跟踪和掌握程度，还取决于企业家的胆识、智慧和决策能力。任何企业的技术创新都要有一个战略定位问题。领先、紧跟、跟随三种战略各有其运用条件或优缺点，中小企业在制定创新战略时应根据自己的实际情况从中进行分析选择和定位。对于具有较强经济实力和技术创新能力的中小企业来说，则可以将自己定位于进攻型、防御型战略或领先型、紧跟型战略。对于不具备上述条件的中小企业，则可以把自己定位于游击型战略或跟随型战略。

【同步思考 5－1】

自主创新，海尔发展的不竭动力和源泉

1984 年海尔集团刚刚创业时，是一个资不抵债、濒临倒闭的集体小企业，只有 600 多人，销售收入 300 多万元、亏损 147 万。1985 年，海尔从德国引进了世界一流的冰箱生产线。一年后，有用户反映海尔冰箱存在质量问题。海尔公司在给用户换货后，发现库存的 76 台冰箱虽然不影响冰箱的制冷功能，但外观有划痕。时任厂长的张瑞敏决定将这些冰箱当众砸毁，并提出“有缺陷的产品就是不合格产品”的观点，海尔砸冰箱事件在为企业赢得美誉的同时，也反映出中国企业质量意识的觉醒，拉开了科技创新竞争的序幕。

1990 年，海尔冰箱开始进军德国，为了验证自己的品质，海尔人把冰箱揭掉商标，与同样揭掉商标的德国产品摆放在一起，进行全面质量检测，结果海尔一下子得了 8 个加号，得分最高，超过了德国利勃海尔。仅仅 6 年的时间，海尔就消化并吸收了 2000 余项国外冰箱生产技术，并将其转化为“海尔标准”，实现了海尔强大技术基础。对海尔实现自我技术创新打下了坚实根基。海尔根据中国市场的需求，研制生产出第一台完全国产化的冰箱产品。此后，国内第一台分体组合式冰箱、世界第一台无氟、节能、大冷冻力三合一的抗菌冰箱等等相继问世，使海尔技术创新步入新的台阶。

于是，“海尔－中国造”响彻大江南北。海尔一发不可收，从东南亚海尔、中东海尔到欧洲海尔……海尔拥有几十个海外制造基地和海外贸易公司，海尔出口创汇和海外生产、海外销售都同比前期有大幅增长。2004 年，海尔实现出口创汇突破 10 亿美元，海外生产、海外销售突破 10 亿美元；在美国 200 升以下冰箱市场中海尔占 30% 以上的份额，居第一位。在中国家电业此起彼伏的价格大战和你争我夺的利润追逐战中，张瑞敏冷静地提出“不打价格战，要打价值战”的独到的观点。他所说的价值战，就是以自己独特的追求自主创新技术的方式，实现企业、产品和市场价值，实现自主技术的扩张。这是海尔能够成为世界级品牌和世界级公司的核心基础。

综观海尔发展的历史，技术创新一直是其成长和壮大的主要动力，其成长轨迹对中国企业技术创新国际化进程有重要的启示作用。海尔技术创新国际化的过程大体经历了下列三个阶段：合资引进技术——建立自己的技术研究中心和发展体系——输出技术或在国外建立自己的研究与发展分支机构。如今，海尔每年的自主技术投入已经达到了年销售收入的6%。

问题思考：

1. 你如何看待海尔的自主创新？

2. 海尔的技术创新是哪一种战略类型？

5.2 产品创新

【引入案例5-2】

1986年春兰集团只是一家总资产为280万元、净资产与利润均为负数（即负债经营）的小型企业，通过15年的技术创新，特别是产品创新，逐渐发展成为集电子、电动车、电器、商务和海外等五大支柱产业集群为一身的跨国集团。

问题思考：

1. 什么是产品创新？

2. 产品创新的类型？

一、产品创新的概念、创新方式与分类

产品创新是企业创造市场需求的主要途径，其本质是不断推出不同内涵与外延的新产品。企业开发新产品离不开创新，并需要对其开发过程进行有效的创新管理。实施企业产品创新管理是提高企业市场竞争力的有效途径。

1. 产品创新的概念

产品创新就是要开发出市场需求的新产品。新产品一词的意义很广泛，从不同的角度理解，可以得出不同的概念。但一般而言，新产品应在产品性能、结构、材质、用途或技术性能等一方面或几方面有先进性或独创性。

任何一种产品在市场中被接纳的程度和销售状况都是动态变化的。所谓的新产品是相对于老产品而言的。不论新老产品都有自身的生命周期，都要随着时间的推移由新变旧，更新换代。因此，新产品开发与创新对企业的生存和发展非常重要。

2. 企业产品创新的方式

企业产品创新的方式大体上有两种：一种是全新产品研制式创新，另一种是已有

产品改进式创新。

(1)全新产品研制式创新

全新产品研制式创新,是指采用科学新知识、新原理和新技术对未曾有过的新产品进行的研究开发和制造生产。全新产品研制式创新一般有以下两条途径:

一是瞄准国内外市场新潮流,充分运用高新技术成果转化为实用性强、结构新颖、与众不同的创新产品,例如最初出现的手机、摄像机、电磁炉等实用性产品。

二是从现实市场和日常生活中发现普遍存在的、却又往往被人忽视的需求中去研究开发新产品,例如,人们都知道使用燃气存在着安全问题,如果创造一种能避免漏气的新炉具,那么这种产品一定能走俏市场,取得客观的效益,因而安全炉具随之诞生。

(2)已有产品改进式创新

全新产品研制式创新一般都是领先开辟新市场,率先获得高额垄断利润,但要长期稳定地占领市场,吸引用户,保持自身的竞争地位,还必须注重对已有产品性能的改进和产品系列的不断完善,以满足广大用户对提高产品品质、增加产品品种的要求,以及不同层次消费者的需求。已有产品改进式创新一般有以下几种途径:

技术融合式创新。是指由若干现有技术巧妙融合而获得不平凡的技术产品。

功能变换式创新。指的是运用价值工程的方法对现有产品的功能与价值进行分析,作出如功能追加、功能替代、功能压缩、功能综合等某一具体方式的改变,进而产生具有更新功能的新产品。

品种拓展式创新。是指产品在品种和规格上的不断延伸,使之多样化、个性化和高技术化,形成各色各样的新型产品。

产品剔弊式创新。就是以现有产品为基础,解决其本身存在的缺陷而使之成为新产品的一种创新方式。

设计改型式创新。指的是对现有产品的外形、结构、材料、设备等方面进行改进而生产的新产品。

3. 产品创新的分类

(1)全新型产品

全新型产品主要指采用科学技术的新发明所生产的产品,一般具有新原理、新结构、新技术、新材料等特征,与现有的产品比较在某些方面没有任何共同之处,具有独创性。全新型产品往往是由于一种科学技术的突破而形成的。如汽车、飞机、计算机、半导体、电视机等,都是在某个时代开发出的全新产品。

(2)改进型新产品

改进型新产品主要是指对老产品采用各种改进技术,使产品在功能、性能、质量、外观、型号上有一定改进和提高的产品。如增加电视机的遥控功能、增加电风扇定时功能等。

(3)换代型新产品

换代型新产品主要是指产品的基本原理不变,部分采用了新技术、新材料、新的元器件,使产品性能有重大突破的产品。如计算机问世几十年来,从电子管、晶体管、集成电路到大规模集成电路,已进入到研制第五代具有人工智能的新产品。换代新产品的技术或经济指标往往有显著提高,具有新的用途,可以满足新的需要。

(4)仿制型新产品

仿制型新产品是指企业模仿生产市场上已有的产品,是企业根据自身条件和市场需要模仿生产某些有竞争力的新产品。但仿制新产品不能完全照搬照抄,而应对原有产品的缺陷进行尽可能的改进,以提高产品的竞争力。

二、产品创新的方向

随着市场经济的不断发展,消费者的需求日益多样化、个性化和高档化,消费领域也不断扩大,因此中小企业产品创新必须注重市场发展趋势。产品创新一般沿着以下几个方向:

1. 高能化和多能化。即提高产品的性能,扩大产品的用途,达到一物多用、一机多能。

2. 多样化。即产品的品种、形式多样,规格多,花色多,以满足不同层次用户的需求。

3. 复合化。即把功能上相互关联的不同单一产品发展为复合产品。

4. 微型化。即通过改革产品结构,减少零部件数量,使产品小巧轻便,表现为功能不变、体积缩小、质量减轻,便于操作、携带、运输、安装和使用。

5. 智能化。即把比较复杂、一般人难以很快掌握的专业技术知识转化到产品中去,把专业产品变成用户易学、易懂、易用的大众产品,扩大市场,增加消费。

6. 艺术化。即使产品在造型、色彩、质感和包装等方面具有新颖的款式、独特的风格和有强烈的美感及艺术品位,增加产品的魅力。

三、产品创新的原则

1. 面向市场,以市场需求为导向。企业产品创新的目的是为了满足消费者尚未得到充分满足的需求,企业开发的新产品能否适应市场需求是产品创新成功与否的关键。因此,中小企业必须进行深入的市场调研和科学的预测,分析消费者需求变化的趋势以及对产品的品质、性能、款式、包装等方面的要求,研制开发市场需求的新产品。

2. 依据企业资源和实力确定产品创新的方向。中小企业要根据自身的资源、设备条件和技术实力来确定产品的开发方向。有的产品,尽管市场需求相当大,但如果企业缺乏研制开发和市场开发能力,也不能盲目跟风,必须量力而行。

3. 扬长避短，展现企业特色。产品创新贵在与众不同，新颖别致，一定要形成自己的特色优势。这种特色可以表现在功能、造型方面，也可以表现在其他方面，以满足不同消费者的特殊爱好，激发其购买欲望。

4. 讲求经济效益。产品创新必须以经济效益为中心，企业对拟创新的产品项目，必须进行技术经济分析和可行性研究，以保证产品开发的投资回报率，获得预期利润。

四、产品创新的过程

产品创新是一个复杂的过程，一般要经过几个阶段，对于中小企业来说，产品创新的程序包括以下方面：

1. 构思。所谓构思，就是对满足一种新需要的产品的设想。一个好的构思等于新产品成功的一半。构思的主要来源：消费者和用户、各种专业情报资料、竞争产品、各种博览会和展览会及企业内部职工。

2. 筛选。在新产品构思阶段，往往有很多设想，要通过筛选把没有必要或没有可能的设想删除，留下适合本企业发展的新产品方案。企业筛选构思时要考虑：新产品潜在市场的大小、需要的投资和企业的财务能力、原材料和能源的供应状况、所需设备和人力资源状况、新产品的销售渠道和储运能力及获利能力等。

3. 产品设想。产品设想就是对产品构思的具体化和形象化。

4. 可行性分析。可行性分析是对产品创新方案从技术、经济、所处的生产条件、市场条件和社会环境等方面进行全面的调查研究和分析比较，最终判断是否开发这一新产品的过程。

5. 产品研制和试销。企业选定最佳产品设想以后，就要创作样品，包括产品设计、工艺准备、样品试制和小批量试生产。样品经过用户试用之后，通常要制造少量正式产品，投入到一定范围的市场进行试销，以检验在正式销售条件下的市场反应。

6. 投入市场。新产品经过试销，若获取的资料证明是成功的，就可以进行大批量生产，投入市场。

按照以上的程序进行新产品开发可以确保每一开发步骤都得到执行，所冒风险也比较小，比较适合新产品开发能力低、开发不确定性高的中小企业。

【业务链接 5－2】

宝洁公司的产品创新途径

在全世界各类日用品生产企业中，宝洁公司在产品研究与开发方面的投入首屈一指。公司每年投入资金 17 亿美元，有 8300 多名科学家，其中有 2000 名是具有博士学位的研究员，在全球范围内 18 个大型研究中心专门从事基础研究、产品开发、工艺设计、工程与设备研制等工作，平均每年申请专利达 20000 余项。宝洁进入中国后，与清华大学合作,于1998年4月在北京成立了大型的技术研究中心,专门研究适合中国市场的产品。

宝洁公司进入其他国家市场时,除在少数国家采取新建企业外,大部分采取收购与兼并的方法。20世纪70年代,宝洁公司在进入加拿大、英国、菲律宾、沙特阿拉伯后,收购日本太阳屋公司,建立宝洁太阳公司,开始在日本生产和销售宝洁产品;80年代在中国成立合资公司,在德国推出可重复灌装的液体保洁产品;90年代,收购捷克斯洛伐克的RAKONA公司,并迅速推广到匈牙利、波兰和俄罗斯;90年代后期进入墨西哥等拉丁美洲市场。在多元化经营方面,宝洁公司在1982年收购NorwichEaton药品公司,进入非处方和处方药品市场和健康护理领域;1987年收购Blendax系列产品生产线;1989年收购Noxell公司和其著名化妆品牌Clarion产品,由此进入化妆品和香水市场;1990年收购Shulton的产品线,拓展了男性个人护理市场;1991年收购著名的化妆品品牌MaxFactor和Beatrice,进一步在国际范围内拓展其化妆品市场;1996年收购著名的美国婴儿尿片品牌BabyFresh,巩固了其在婴儿保洁用品市场上的地位;1997年收购Tambrands公司,拓展其在女用保洁用品领域的全球业务。

问题思考:宝洁公司的产品创新途径有哪些?

五、产品创新途径

1. 内部研发

内部研发是指企业主要通过自己的力量来研制新技术,开发新产品。内部研发绝对不是闭门造车。实际上,企业的科技能力是通过与相关方合作而长期积累的结果。

(1)自主创新

自主创新是由企业自己的研究与开发部门发明新产品或对老产品进行改良。不少大企业都有自己的科研部门,从事有关产品的基础研究和应用开发,能够积极参与市场的新潮流。诺基亚一贯认为,要在高科技领域、在激烈的市场竞争中生存下去,唯一途径就是永远走在别人的前面。为此,公司第一个打破了每两年发布一个新产品的业界规律,而代之以平均一个多月就有一个新品种问世。它的系列移动电话在优化基本功能的同时,从小处着眼不断创新,填补了一个又一个市场空白,并且总是比竞争对手做得更好。因而掀起了一轮轮手机销售的热潮,在市场竞争中占尽先机。诺基亚公司犹如一个极富天赋的创造者,总是生气勃勃且不断创新。它的技术和产品代表的是创新和未来,领导了整个行业界的潮流。例如,它研制的用于提高话音质量的增强型话音编码器被GSM移动通信行业采用,成为行业的规范;将红外线装置内置于手机,无需联线即可完成手机与传真机、电脑等设备的联系;诺基亚公司积极参与第三代无线通信技术的开发和研制,在整个第三代无线通信技术的规范制定中扮演着举足轻重的角色。诺基亚公司与日本DoCoMo公司达成协议,共同开发第三代无线通讯的终端产品，并且成功进行了首次 WCD－MA（宽带 CDMA，第三代移动通信标准）终端通话试验。

(2)逆向研制

逆向研制也属于内部研制的一种形式，也称作技术破解，是指企业对其他公司的产品就性能、构造等内容进行研究，从中破解其制造工艺和技术配方，以期仿制和改进。之所以称之为逆向研制，是因为正常的产品创新是将新的配方和工艺转化为新产品，而技术破解是反其道而行之——从现有的产品中探索其内含的技术成分。技术破解涉及到商业伦理和法律问题，但是它仍然被作为企业间在市场之外进行竞争的一种途径。

(3)委托创新

委托创新是指企业把开发新产品的工作通过契约的形式交由企业外部的人员或机构去完成。产学研相结合，是国家大力提倡的科技创新方式。许多企业将某一新产品项目或课题委托给高校或专门的科研机构进行研究开发。例如，黑龙江省涌现了大批富有实力的中医药企业，与该省企业积极委托高校和科研机构创新有直接关系。像肝脾康、排石饮液、前列闭尔通、珍芪降糖胶囊、刺丹冲剂、脑供氧含片等就是中龙医药集团、地王药业、济仁药业、世一堂药业、威格药业、康宁药业等企业委托黑龙江中医药大学研制成功的新药品。对于那些内部科研人员不足、研究基础薄弱或资源能力较差的中小企业，委托创新是最佳新产品开发途径。

(4)联合创新

联合创新是指企业之间将资金、技术力量等资源联合起来，共同攻克技术难关，共同分享研发成果。对于大型的研发项目，联合创新可以解决单一企业无法实现的技术突破。包括索尼、NEC 等十多家日本公司曾计划成立一个社团，共同出资 200 亿日元，联合研制新一代半导体芯片生产设备，目标是推出联合研制的新设备上市。此举旨在与在开发芯片生产设备方面都走在前沿的美国因特尔、国际商业机器和德国 Infineon 等美欧企业展开竞争。日本公司希望通过联合能够在全世界 250 亿美元的先进芯片生产设备市场上占据最大的份额。

为了提高国内信息应用产品的研发能力，应对国际竞争，中国的信息产业，包括研究院所及计算机、信息服务、通信、网络、家电、微电子及软件企业开始联合起来，于 2003 年 6 月份共同组建中国信息产业商会数字化(3C 产品)产业联盟，该联盟将按照不同的产品将硬件、软件等相关厂商联系在一起，组成不同的开发群体。这样可以避免国内厂商单枪匹马地在市场上竞争的局面，做到“产学研”优势互补。

2. 外部获取

外部获取是指企业不通过自己的研究和开发，而直接从企业外部获取某种新技术、新工艺的使用权或某种新产品的生产权和销售权。其形式有三：

(1)创新引进

创新引进是指企业直接购买新技术或者购买新产品的生产和销售权。我国在引进技术方面提倡“一学、二用、三改、四创”的原则,即在学习和运用的基础上,对引进的技术进行改造,使之更适应本国的生产和市场条件,在积累了足够的技术经验之后,实现技术和产品创新,创造独立自主的知识产权。

(2)企业购并

企业购并是指企业收购或兼并其他公司的股权,这样就可以顺理成章地取得对该公司的新技术和新产品的占有权、使用权或控制权。日本三菱化工公司收购了美国最大的媒介产品制造商沃玻梯姆公司,利用其技术优势于2003年初推出了第四代可存储DVD。

(3)授权许可

授权许可是指企业从其他企业那里获得生产和销售某种产品的许可,这种方式不涉及技术所有权的易手。授权协议通常规定授权的范围和期限,在此之外,授权方仍然有权利对其他企业发放同样的授权许可。外部获取策略的好处在于,企业不必花费巨大资金开发新产品,省却了研制开发资金,并争取了时间迅速参与新的市场。其次,新产品开发的失败率极高,许多新产品的概念在实验室阶段就被否定了,此策略可以避免新产品开发的风险。再次,企业通过购并目标市场的同类企业,可以将竞争对手转换成自身的力量,从而维护了企业的市场份额。但企业必须时刻关注科技发展动态,以便了解国际最新的科技发展水平。

【同步阅读5-2】

王安和惠普

王安实验室(WangLaboratories)以年销售额超过30亿美元名列1989年《幸福》500家大公司的第146名。这一文字处理计算机的先驱者,在全世界范围雇有2.7万名员工。可就在3年之后,王安公司申请了《破产法》保护。这时,王安公司的销售额已下降到19亿美元,员工人数为8000人左右。公司遭受巨大的损失,其亏损额1990年达到7.16亿美元;1991年为3.86亿美元;1992年为3.57亿美。一度达到56亿美元的公司股票市场价值竟跌落到0.7亿美元。

再来看看惠普公司。这家计算机与电器企业在1989年出现了销售额锐减并多年来第一次经历了盈利下降局面。但是,惠普公司没有像王安公司那样步入大规模衰退时期,而是迅速走向引人注目的复苏。在员工队伍从9.2万人减到8.9万人(并没有实行强制性的解雇裁员)的情况下,公司实现了销售额的大幅回升。1992年第一、二季度的盈利分别增长了49%和40%。公司的市场价值剧增到190亿美元以上。惠普公司到底采取了什么措施,使其取得与王安公司截然相反的结果呢?

20世纪80年代后期以来，计算机行业成了面临环境急剧变化的典型例子。它对像国际商用机器公司、数据设备公司和优利系统公司（Unisys）这样的大企业都造成了不利的影响。顾客需要已经从大型计算机转为小型机乃至更小的多用途的个人计算机（PCs）。许多硬件成了日用品一样的商品，无论是低价的供货者，还是提供优质服务或持续创新的厂家，都可以加入争夺市场份额的行列。在这一时刻，王安公司管理当局的行动仍像他们是在一个稳定的环境中运营似的。公司的创建者王安博士本人也没有意识到变革的需要。他自以为使办公室职员们从打字机时代中解放出来，就已经完成了办公室的革命。他和他的整个管理队伍没能看到，飞速发展的个人计算机已远远超过了王安的单功能文字处理机和价格昂贵的微型机。

惠普公司则走了另一条路子。其管理当局看到了环境的变化并全力推进公司的变革。他们给员工授予了充分的权力，简化了决策制定过程，并大幅度削减了成本。虽然惠普公司仍然是一家大公司，但它的管理当局已经决定，绝不能使惠普公司成为行动缓慢者。高层经理们视察了全国的生产基地，收集了生产和销售第一线员工的意见和建议。他们所到之处听到的是对于公司官僚行政机构的普遍抱怨，以及新项目得到批准的重重困难。于是，管理当局对组织进行了重组。他们撤销了两个高层管理委员会，取而代之的是一种跨职能领域和组织界限的团队结构。工作团队被给予前所未有的从新产品设计到分销全过程的充分自主权。高层管理当局投入了大量的时间向员工们宣传，他们需要有一种高度的紧迫意识，勇于采取冒风险的行动。同时，需要认识到，在竞争者不断削价的新形势下，仅靠提供优质的产品是不够的。管理当局鼓励员工们寻找全新的方法，使公司从研究开发到行政管理和销售各领域都到达到低成本。这些措施的结果，使惠普公司在其大部分产品的毛利都下降的情况下，得以取得了较高的盈利性。

【同步思考5-2】

CT技术诞生

在英国，有位叫赫斯菲尔德的科学家，将X光技术与电脑技术进行组合而发明出CT技术，他不仅荣获1979年的诺贝尔医学奖，而且使他供职的英国科艺百代公司（EMI）从这项发明的商品化中受益匪浅。

赫斯菲尔德在EMI公司工作期间，他长期思考着有关人体透视方面的问题。在这个领域，X光技术日益表现出来的诸多缺陷促使他寻找一条创新之路。他设想，如果利用射线将人体的纵向拍成一张张的“照片”，然后把这些射线“照片”输入计算机，由计算机对这些由数据组成的信息进行处理和转化，就可以得到人体内部组织的完整图像，这将对医学透视和诊断大有裨益。

EMI公司于1968年拨出了一笔数额不大的经费资助赫斯菲尔德的CT计划，但公司同时要求,赫斯菲尔德必须证明 CT 机具有商业化的可能性,否则他必须停止这项研究。这使赫斯菲尔德非常为难,因为在那时,没有几个医生愿意使用这种看起来还不成熟的技术,而同时,赫斯菲尔德自己也说不清楚 CT 技术到底能帮助医学界做些什么具体事情。他曾沮丧地说,医生肯定需要这项技术,但他们却不了解它;物理学家虽然了解这项技术,却不需要它。

1970 年,赫斯菲尔德不断地改善扫描机的原型,并将伽马射线换成 x 光。扫描机拍摄的物体已包括各种动物的脑部,甚至拍摄过一个 CT 处理的人脑,清楚的影像十分吓人。此时剩下的唯一问题就是:CT 机可否成功地应用于活人。

活人实验安排在阿金森·默利斯医院进行。第一位接受扫描的患者是名被诊断患有脑瘤的女士。实验中,那位女士躺在平坦的长沙发上,扫描机绕着她的头部扫描。她的头部则以水袋固定,x 光可以穿过这水袋而不受影响。

扫描的过程只持续了几分钟,但事后的处理工作却一直延续到当天晚上。工作人员先把 x 光射线转到磁带上,从磁带再转到电脑,再回到磁带,然后把磁带放映在示波器荧幕上,最后照在拍立得底片上。实验非常成功,那组照片显示,女患者的左脑前叶有个囊状肿瘤。而以前,如果不动手术的话,根本无法得知这种瘤的存在。此时的赫斯菲尔德充满了胜利的喜悦,高兴得又蹦又跳。

1972 年 4 月,赫斯菲尔德在英国放射学会举行了关于 CT 技术的说明会,这次会议在放射学界引起了强烈的震撼。

北美、日本、德国和其他许多国家向 EMI 发来了大批 CT 机的订单。EMI 的工厂里日夜加班也无法满足这来自全世界的需求。但客户们还是心甘情愿地预付大笔订金,再排上至少 6 个月的队,最后欢天喜地来提货。CT 机一跃成为 EMI 公司的一棵最大的摇钱树。

从 1972 年到 1977 年的 5 年间,EMI 共卖出 704 台 CT 扫描机,每台售价在 30 万至 100 万美元之间。而到 1977 年为止,全世界才总计拥有 1 130 台扫描机。仅 1977 年,EMI 从 CT 机上获得的利润,就占全公司利润的 1/5。赫斯菲尔德不无感慨地说:“本来只是觉得应该不至于会赔钱,但是当时要是有人预测我们会像今天这么成功,是不会有人相信的。”

问题思考:

1. 实施产品创新有哪些风险?这些风险应如何克服?

2. CT 技术是如何克服产品创新中的风险的?对你有何启示?

3. 赫斯菲尔德发明 CT 技术并创造第一台 CT 机的经历,对创业者有何启示?

4. EMI 公司对开发 CT 机的做法是否正确?

5.3 服务创新

【引入案例5-3】

随着有车族逐渐增多,去商场购物时停车难变成了突出的问题。尤其像北京、广州等大城市,这一矛盾更为突出。北京赛特购物中心为了解决这一矛盾,从1996年8月开始,便推出了一项名为"代客泊车"的服务方式,顾客来此购物,无需再为停车难发愁,只要将车交给泊车员,便可以放心地去购物。泊车员把顾客的车安全地停放在地下车库内,待顾客购物以后再凭牌取车,且手续简便,而顾客只需付一元钱的存车费。赛特购物中心实行这项服务已有两年的时间,完全不是为了赚钱,而是要更好地树立企业形象。可以说,在国内提供此项服务的商家中,赛特是第一家。

问题思考:

1. 代客泊车属于什么类型的服务创新?

2. 从代客泊车的推出,分析赛特的服务理念和服务创新战略?

一、服务创新的概念和特点

1. 服务创新的概念

服务创新是一个相当宽泛的概念,所谓宽泛是指服务创新活动发生的范畴不只局限于服务业本身,其他产业和部门中同样大量出现。服务创新发生的范畴可以划分为三个层次:服务业;制造业;非营利性的公共部门。因此,服务创新的概念可以从广义和狭义两个方面进行界定。从广义上讲,服务创新是指一切与服务相关或针对服务的创新行为与活动;从狭义上讲,服务创新是指发生在服务业中的创新行为与活动。概括说,服务创新就是使潜在用户感受到不同于从前的崭新内容,是指新的设想、新的技术手段转变成新的或者改进的服务方式。

【同步阅读5-3】

从经济角度看,服务创新是指通过非物质制造手段所进行的增加有形或无形"产品"之附加价值的经济活动。这种活动在信息产业表现得尤为突出。信息技术飞速发展,使得产品技术和功能的同质化水平越来越高,通过提高产品质量、降低产品生产成本来竞争的空间越来越狭窄,因而服务成为企业进行市场竞争的重要武器。

从社会角度看,服务创新是创造和开发人类自身价值,提高和完善生存质量,改善社会生态环境的活动。因此,服务创新通过满足物质需求、精神和心理需求,并提供解决问题的能力,保障人们的精神和心理上的健康,得到满足感和成就感。传统的技术一直把"人心"排除在外,随着物质文明程度的提高,人们更在乎生活的感觉(视觉、听觉、味觉、嗅觉、触觉、直觉），更希望自己的心情、情绪、感情、伦理道德和人的尊严得到尊重。这就要求未来的技术不能单纯强调“效率第一”、“效益第一”，还要研究和发展那些牺牲一点效率而使我们的生活和工作环境变得更容易、更舒适和方便，尊重人的情绪、感情和道德的技术。即重视人“心”的技术。反过来，人们对人类自身价值和能力的认识也远远不够。这些因素就是使很多硬技术“软化”的动力，是制造业服务化的动力，是提高软技术附加价值的重要内容，因而是服务创新重要课题。这在社会服务业和文化服务业的创新中体现得尤其明显。

从方法论角度看，服务创新是指开发一切有利于创造附加价值的新方法、新途径的活动。这种途径可分为：围绕物质生产部门的管理、组织、设计等的软技术创新活动；围绕文化产业、社会产业的文化娱乐、体育、媒体等丰富精神生活的软技术创新活动；围绕传统服务业和狭义智力服务业的软技术创新活动。即服务创新是指发明、创造或开发、应用新的服务方法、服务途径、服务对象、服务市场的活动。

2. 服务创新的特点

（1）无形性。服务创新是一种无形活动，其最终表现形式也以无形为主，同时融合了部分有形性（如实现无形创新的是有形载体）。

（2）顾客参与性。服务创新的“顾客导向性”非常明显，顾客作为“合作生产者”积极参与进整个创新过程，创新更多是一种需求推动现象。

（3）灵活性。企业服务创新过程包含了很多个人和部门的参与，同时还受市场、技术、竞争、社会文化等多种因素的制约与影响，因此，企业服务创新的管理必须具有一定灵活性。

（4）多学科交叉性。服务创新活动本身的性质决定了它是一种综合了各种学科、需要运用多种专业知识的活动，企业的服务创新活动除了要用到自然科学技术以外，还以社会科学为基础，包含多种学科如社会学、管理学、伦理学、人类学、心理学、法律等。

服务创新的无形性、顾客参与性、灵活性和多学科交叉性，要求服务创新的管理者首先应具备多方面的技能和知识，其次应对创新活动的性质有准确的把握，这样才能对服务创新实施有效的管理。

二、服务创新的类型

服务创新的类型包括：全新型服务创新、替代型服务创新、延伸型服务创新、拓展型服务创新、改进型服务创新、包装型服务创新。

1. 全新型服务创新，是指在服务内容和方式上创造新的与原有服务完全不同的服务。如电视直播、快递、移动电话、超级市场、因特网和电子商务等都是全新型服务创新。全新型服务创新具有革命性，他们都给人类生活方式带来巨大的质的变化。全新型服务创新具有技术关联性,他们往往都伴随着技术进步而产生。全新型服务创新还具有行业启动性,它们的产生都意味着一个新的服务行业或子行业的兴起。

2. 替代型服务创新,是指通过服务手段的替代创造新的与原有服务不同的服务。如自动取款机替代银行传统的出纳服务,就是替代型服务创新。新的替代型服务与原有服务相比,服务内容是相同的,不同的是服务手段。替代型服务创新一般不是质的创新,创新程度比全新型低。替代型服务创新与技术的关联度也比较大。替代型服务创新一般不意味着一个新的服务行业或子行业的兴起,而意味着原有行业内部竞争的加剧。如手机可以用来收发短信是对寻呼业的一项替代型服务创新,它的出现加剧了移动通信内部的竞争。

3. 延伸型服务创新,是指在原有服务的延伸领域或相关领域开发不同于原有服务的新服务。如零售商店开设餐饮部,邮政局开设储蓄部,银行推出理财咨询服务等,都是延伸型服务创新。延伸型服务创新在服务业比较普遍,因为服务业各行业(各子行业)之间的交叉、渗透和相互延伸比较容易。服务机构推出的延伸型服务对自己而言是新服务,对市场而言并非新服务,而是其他服务行业或子行业已有的服务。

4. 拓展型服务创新,是指在原有的服务种类里开发新的服务品种。如大学开设新的课程、专业或学位等级,就是拓展型服务创新。又如饭店推出新的菜单、航空公司开设的新航线、银行推出的储蓄品种,都是拓展型服务创新。拓展型服务创新在服务业也十分普遍,是主要的服务创新类型。拓展型服务创新与延伸型服务创新相比,相同点:都是本机构原有服务的拓展;不同点:延伸型服务创新是向不同的服务种类拓展,而拓展型服务是在同一服务种类内部向不同品种拓展。

5. 改进型服务创新,是指对原有服务(品种)的程序、方式、手段、时间、地点、人员等服务要素进行改进。如银行推出的"一米线"就是一种改进型服务创新,这是对等候方式的一种改进,目的是增强服务的安全性、可靠性。改进型服务创新是普遍的服务创新,是"量"的意义上的创新,这是它与前面4种创新的不同之处。从改进型服务到全面型服务创新,是一个从量变到质变的过程。一项全新型服务创新往往建立在大量改进型服务创新的基础上。

6. 包装型服务创新,是指对服务的包装进行创新。服务的包装是指服务机构的环境形象。从严格意义上讲,包装创新不能算服务创新,但包装创新一般能带动服务创新。许多服务机构在对环境重新装修之际进行服务改进,因此顾客在看到新装修的同时也看到新的服务。如沪宁高速公路的贯通和由此而来的高速公路客运车辆的升级、更新,带动了高速公路客运服务的创新。上海沪宁高速公路客运公司开始向服务先进的东方航空公司学习"东方微笑服务",请"东航"按空中小姐的模式培训了一批能提供高质量服务的巴士小姐,受到乘客的好评。因此,从包装创新的带动作用讲,它可以看作服务创新的一种类型。

【业务链接5－3】

服务创新案例——百度PK谷歌

Google风头正劲,但在中国市场,它却遭到百度的强劲挑战。2008年在中国市场,用户使用搜索引擎时首选百度的占76.9%,首选Google的仅有16.6%;网页搜索请求量中,百度占有73.2%的市场份额,Google仅有20.7%。“百度模式”是建立在美国同类互联网公司的成熟商业模式基础之上,但百度恰如其分地抓住了中国互联网搜索服务市场的高增长周期,并针对中国市场特点进行了产品与服务创新,从而先于Google取得中文搜索领域内市场竞争的先发优势。

2000年,Google英文操作界面让大部分文化水平不高的中文用户感觉很麻烦。早期Google中文搜索遇到的另一个问题是,它经常会遭到网址屏蔽、连接不畅,使用户忠诚度不断下降。百度在恰当的时间(2001年)明确提出,专注于提供中文搜索服务,致力于提高中文搜索技术,这与Google服务全球的定位形成明显差异。在中文搜索技术方面,汉字和古老的中国文化同样复杂。百度认为,与Google竞争,自己要做好的就是“理解中文”。李彦宏指出:我们只专注于做中文搜索,而这正是Google在中国的软肋。直到2005年,Google才正式进入中国市场,2006年1月推出针对中国用户的中文搜索网站(www.google.cn)。但在此时,百度已经在中文网络搜索服务市场占据了绝对领导的地位,2006年用户年到达率为80.79%。李彦宏甚至指出,在前两年内,Google的中文服务一直在模仿百度。

通过对网络搜索请求内容的分析,百度发现中国网络用户更喜欢搜索娱乐内容,如MP3、网络游戏和视频等。针对中国市场互联网使用者行为差异,百度通过一系列产品创新,将搜索服务社区化,以挖掘与满足中文网民的需求,提高用户体验度。

百度在2003年推出“贴吧”,2005年,推出“百度知道”互动知识问答分享平台,2006年——“百度百科”,baidu.com首页标题由“全球最大中文搜索引擎——百度”改为“百度一下,你就知道”,搜索社区服务模式为百度培养了大批忠诚用户。

三、服务创新的步骤

1. 了解机构的服务理念

服务创新是贯彻顾客导向的服务理念的一项措施,因此,进行服务创新首先需要了解本机构的服务理念,包括服务宗旨、服务使命、服务目标、服务政策、服务原则和服务精神等。顾客导向的服务理念是服务创新的方向和指导思想,服务创新的每一步都应符合服务理念。

2. 建立服务创新战略

服务机构根据服务理念、机构的优势和利润计划建立服务创新战略。服务创新战略的内容包括服务创新的市场目标、服务创新的类型、服务创新的时间计划、利润目标等。例如，服务机构可以考虑两类战略：一类是针对原有市场进行服务创新；一类是针对新的市场进行服务创新。针对原有市场进行的服务创新，可以不必要求很高的创新度，以延伸型、拓展型、改进型和包装型的服务创新为主。针对新的市场进行的服务创新，可能要求较高的创新程度，否则不足以吸引新的顾客。

3. 产生新服务的构想

产生服务的构想是服务创新的关键一步。新服务构想的来源主要是员工、服务中间商和竞争对手等。例如，员工是服务创新构想的一个主要来源。沃尔玛零售公司（Wal－Mart）的领导人山姆沃顿说过，“我们最好的构想都是来自服务人员”。服务机构可以通过合理化建议活动等鼓励员工推出服务创新的构想。新服务构想应当符合机构服务理念和服务创新战略，这是筛选新服务构想的主要标准。

4. 定义和评估新服务

由于服务的无形性和不可分性，定义一项新服务是困难的。不同的员工之间、服务机构与顾客之间对新服务会有不同的定义，需要通过反复地征求各方面的意见，才能达成共识和形成大家比较认同的定义。在给新服务定义时，还需说明：新服务的特征和特性；新服务所针对的问题；推出新服务的理由；新服务的程序及其作用；新服务购买的规则。新服务定义后，需要员工和顾客对它加以评估：新服务是否被员工和顾客理解；新服务是否被员工和顾客喜欢；新服务是否被员工和顾客认为是满足不适当的需要。

5. 新服务的商业性分析

它是指可行性分析和盈利性分析，其中包括新服务的需求分析、收益分析、成本分析和操作可行性分析等。由于新服务与服务机构的操作系统关系密切，因此新服务的成本中包括人员招聘和培训、服务系统加强、设备更换等操作系统关系密切的前期成本。

6. 新服务蓝图设计

新服务通过商业性分析后就需要设计具体的服务蓝图。由于服务的无形性和不可分性，新服务用一般语言很难表述，可以采用服务蓝图加以表述。服务蓝图可以形象地表述参与新服务的各部门、各人员之间的互动关系。新服务的蓝图设计后，需要将它变成服务部门和人员的执行计划。

7. 新服务的市场试销

由于新服务常常是插入原有服务中进行的，因此较难单独测量新服务的市场效果。克服的办法可以是实验法，即在服务机构两家服务种类（或品种）相同、服务水平接近的网点中进行对比实验：一家推出新服务，是实验网点；另一家维持原有服务，是对比网点。在一定时间期限内考察两个网点的服务实绩和运营实绩,并进行对比分析,从中考察新服务的市场试销的效果。

8. 新服务的市场导入

它主要有两个任务:一个是让服务人员接受新服务,另一个是让服务对象接受新服务。事实上,要让顾客接受一项新服务,首先要让服务人员接受。服务人员对新服务接受的途径可以是:鼓励服务人员参与新服务的构想和设计;加强服务机构的内部营销;对新服务的全过程和各方面加以监督,以发现需要进一步改进的问题。

四、服务创新应注意的问题

企业服务创新应把握好以下几个方面:

1. 把注意力集中在对顾客期望的把握上

在竞争对手云集的市场中,不必轻易改变产品本身,而应该把注意力集中在对顾客期望的把握上,认真听取顾客的反映以及修改的建议。一般80%的服务概念来源于顾客。

2. 善待顾客的抱怨

顾客的抱怨往往表明服务有缺陷或服务方式应当改进,这正是服务创新的机会。对待顾客的抱怨,均应立即妥善处理,设法改善。以耐心、关怀来巧妙解决顾客的问题,这是服务创新的基本策略。

3. 服务要有弹性

服务的对象相当广泛,有不同期望及需要,因此良好服务需要保持一种弹性。服务有许多难以衡量的东西,一味追求精确,非但难以做到,反而易作茧自缚。

4. 企业员工比规则更重要

创新就是打碎一种格局以创造一种新的格局,最有效的策略就是向现有的规则挑战,挑战的主题是人。通常,顾客对服务品质好坏的评价是根据他们同服务人员打交道的经验来判断。

5. 用超前的眼光进行推测创新

服务是靠顾客推动的。当人们生活水平低于或等于生存线时,其需求模式是比较统－的。随着富裕程度的提高,消费需求由低层次向高层次递进,由简单稳定向复杂多变转化。这种消费需求的多样化意味着人的价值观念演变。

6. 在产品设计中体现的服务要与建立一揽子服务体系结合起来

产品创新从设计开始,服务也从设计开始。要在产品中体现服务,就必须把顾客的需要体现在产品设计上。在产品设计中体现服务,是一种未雨绸缪的创新策略。要使顾客满意，企业必须建立售前、售中、售后的服务体系，并对体系中的服务项目不断更新。服务的品质是一个动态的变量，只有不断地更新才能维持其品质不下降。售前的咨询、售中的指导、售后的培训等内容会随着时间的推移使其性质发生变化，原来属于服务的部分被产品吸收，创新的部分才是服务。所以，企业不创新，就没有服务。

7. 把“有求必应”与主动服务结合起来

不同的企业对服务的理解不同。其中，很多企业对服务的定义过于狭窄。餐饮企业对服务的理解可能就是笑容可掬；设备销售企业，可能把服务理解为“保修”；银行可能认为服务就是快捷并不出差错；商品零售企业可能认为服务就是存货充足和免费送货。这些理解都只是把服务限定在“有求必应”的范围内，满足于被动地适应顾客的要求。一个企业要在竞争中取胜，仅仅做到“有求必应”是不够的，应不断地创新服务，由被动地适应变为主动地关心、主动地探求顾客的期望。比如国际商用机器公司认为，公司的发展是由顾客和市场推动的，主张把公司的一切交给顾客支配。

虽然许多公司的产品在技术上胜过国际商用机器公司，其软件用起来也很方便，但是，只有国际商用机器公司肯花功夫来了解顾客的需要。他们反复细致地了解顾客的业务需求，所以，顾客愿意选用国际商用机器公司的产品。可见一个企业不去主动地探求顾客需要哪些服务，或仅仅做到符合标准而不去创新，就注定要被消费者所抛弃。

8. 把无条件服务的宗旨与合理约束顾客期望的策略结合起来

企业不遗余力地满足顾客的需要，无条件地服务顾客，是达到一流服务水平的基本原则。但在策略上必须灵活。合理约束顾客的期望常常是必要的。顾客对服务品质的评价，容易受其先入为主的期望所影响。当他们的期望超过企业提供的服务水准时，他们会感到不满；但当服务水准超过他们的期望时，他们会大感满意。企业有必要严格控制广告和推销员对顾客的承诺，以免顾客产生过高的期望。而在实际服务时尽可能超出顾客的期望。正确地处理无条件服务与合理约束两者的关系，是企业在服务创新中面临的挑战。

9. 把企业硬件建设与企业文化结合起来

服务行业应用现代科技，对企业的基础设施进行大规模的投资，不仅能极大地扩大服务种类、提高服务效率，而且还能够带来显著的竞争优势。

【同步阅读5－4】

服务认识的误区

(1)服务概念被异化的误区

尽管我们已告别了短缺经济时代，进入了买方市场时代，但是短缺经济时代对商品质量的关心成为一种思维惯性，被带到了买方市场时代，商家能够及时处理质量投诉,提供周到维修服务,成了媒体表扬某个厂家服务做得好的不老话题。在舆论的误导之下,消费者对服务的认识步入了一个误区,将"售后维修"当成服务的唯一或主要内容。一些很有实力的厂家也不在提高产品质量上下功夫,而在如何保证售后维修服务上花力气,且美其名曰"打服务牌",这样服务的概念被异化了,离开了它的本来意义。无论如何,由质量问题引起的维修从本质上说,不是"服务",而是"干扰"。尽管我们还不能够完全杜绝这种"维修",但它既不是消费者所需要的真正服务,也不是厂家所追求的正确的服务方向。所以服务创新应走出这一误区,树立"大服务"概念。

(2)只为顾客提供服务的误区

为顾客提供服务的是企业的员工,而优质的服务来源于企业的员工对顾客的尊重及恰如其分的个性化服务等因素的综合。对于企业来说,为内部顾客提供优质的服务是促使员工向顾客提供优质服务的基础,让他们舒心满意,才更有可能让他们为顾客提供优质服务。优质的服务可以提高顾客感觉中的消费价值和满意程度,增加回头的可能性,并争取到顾客。现在的企业片面地强调员工为顾客提供优质服务是不够的,员工是企业的主人,是企业最宝贵的资产,是企业的内部顾客,为内部员工提供优质服务,可提高员工的服务意识、态度、知识和技能,相应地就提高了顾客感觉中的服务质量,并提高企业的市场声誉和经济效益。

【自测与训练】

一、实训题

海尔家电下乡服务创新案例:大品牌更要做好服务

海尔冰箱家电下乡产品市场占有率达到25.8%,海尔冰箱之所以能获得持续领先的优势,与其世界第一品牌、领先的技术和完善的渠道网络优势密不可分。

伴随着生活水平的逐步提高,三四级市场的消费者品牌意识日渐觉醒,越来越多的消费者倾向于选择大品牌的冰箱产品。根据调研数据显示,品牌的知名度是三四级市场消费者判断产品质量的最重要标准,他们认为,大品牌就意味着优质的产品和服务,同时购买知名品牌的产品也会给自己带来"面子"。海尔冰箱是世界第一品牌,同时在全球销量已经过亿台,庞大的全球用户群给消费者带来自豪感与荣誉感,因此,在家电下乡中,海尔冰箱已经成为三四级市场消费者的首选。

海尔冰箱在抢占农村市场时,并没有采取价格战,而是精心分析农村市场特性,并且恰当调整了产品结构,是第一个将三门冰箱投放给农村市场的品牌。这一做法,使得海尔三门冰箱产品销售赢得了那些希望和城市人一样购买到时尚产品消费者的青睐。根据中怡康数据显示:海尔三门冰箱以"时尚"、"节能"的特点,成为农村消费者选购2500元价格段冰箱产品的首选机型。海尔冰箱除了要为农村消费者提供针对中国农村现状的技术含量极高的产品以外,还要为农村消费者提供了生活问题的解决方案:比如:增加防鼠板可以防止老鼠咬坏冰箱上的电源线;软冷冻功能可以为农民提供7天的肉类食品的保鲜期;节能方面,海尔冰箱更胜一筹。据报道,有村民拿着电表测量每月冰箱耗电情况后发现,还是海尔冰箱最省电。

此外,在三四级市场,服务和物流与销售脱节是家电下乡发展的瓶颈。不少消费者对下乡产品存在送货、服务等顾虑。而依托于集团营销网、物流网、服务网的优势,在三四级市场,海尔冰箱不仅仅产品好,而且送货服务更快,为广大消费者吃了一颗定心丸。"即买即送、服务到家"的口碑也为海尔冰箱争取众多三四级市场的拥趸。

早在1996年,专门针对三四级农村市场建立了专卖店渠道就开始下乡,农村消费者可以在就近的乡镇专卖店选购自己喜欢的家电产品。同时,从2000年开始,一套完整的物流体系配送的触角已经延伸到全国的城市和乡镇,能实现24小时送到每一个家庭的门口。全国县城1000多家星级服务中心和2000多家专卖店资源,建立了6000多个服务联络站,在全国有18000多个服务人员,一个县里有2个以上的维修点,更是能够24小时为农村消费者提供优质服务。

在"三网合一模式"基础上,依靠标准化和模块化实现产品快速制造的海尔"即需即供"模式更是为海尔冰箱推进家电下乡工作如虎添翼。海尔家电下乡冰箱产品在青岛、贵州、武汉、大连等全国9大制造基地中生产,就近配送的订单生产安排,依靠产品创新与物流配送网络,从2008年8月开始,海尔冰箱库存周转天数已经降为1.5天,最短的时间、快捷、方便的服务,才使海尔冰箱赢得了农村消费者的心,成为消费者的首选品牌。甚至还出现了一个村共同选择同一个冰箱品牌的现象——山东省莱西市店埠镇前张官寨村共有200户人家,村民在购买下乡冰箱时,几乎都选择了海尔冰箱,成为一个地道的海尔村,道出了中国农村消费者对于海尔冰箱的认可。

问题:

1. 海尔的服务创新属于哪种类型?
2. 你如何看待海尔的服务创新?
3. 中小企业如何通过服务创新提高市场竞争力?

二、自测题

1. 什么是服务创新?服务创新有哪些特点?
2. 中小企业服务创新应注意哪些问题?
3. 什么叫技术创新?技术创新有哪些特征?
4. 中小企业如何选择技术创新的目标?
5. 中小企业技术创新的战略类型有哪些?
6. 什么是产品创新?产品创新的方式有哪些?
7. 产品创新要经过哪些过程?

第 6 章　中小企业文化

■ 学习内容

■ 学习目标

通过本章学习，应该达到以下目标：

- □ 学习和把握企业文化的定义、内涵、特征和企业文化建设的意义、原则、内容等陈述性知识，能用其指导相关认知活动。
- □ 学习和把握企业形象设计和企业形象优化等程序性知识，能用所学实务知识设计企业形象和优化企业形象。
- □ 运用理论与实务知识研究相关案例，培养和提高在特定业务情境中分析问题与决策设计的能力。

6.1 企业文化建设

【引入案例6-1】

在华为,市场就是核心竞争力,而市场是前线冲锋陷阵的战士争夺过来的。在本土,华为用三流的技术卖出了一流的市场,并且华为铁骑已跨越过亚洲、非洲和欧洲,把战火烧到太平洋彼岸的美国。技术不是华为公司的核心竞争力,营销才是华为公司的核心竞争力,而华为营销的核心的核心就是华为营销铁军。华为的营销铁军是如何锻造出来的呢?塑造"狼性"与"做实"的企业文化就是答案。华为的活力来自其团队精神——狼性。华为团队精神的核心就是互助。华为非常崇尚"狼",而狼有三种特性:其一,有良好的嗅觉;其二,反应敏捷;其三,发现猎物集体攻击。华为认为狼是企业学习的榜样,狼性永远不会过时。"胜则举杯相庆,败则拼死相救"是华为狼性的体现。华为销售人员在相互配合方面效率之高让客户惊叹,让对手寒心,因为华为从签合同到实际供货只要四天的时间。华为的企业文化可以用这样的几个词语来概括:团结、奉献、学习、创新、获益与公平。华为的企业文化还有一个特点就是:做实。企业文化在华为不单单是口号,而且是实际的行动。

问题思考:

1. 什么是企业文化?

2. 企业文化的功能是什么?

资料来源:企业文化案例精选精析[M].北京:中国社会科学出版社,2008。

一、企业文化的定义

第二次世界大战之后日本经济高速增长时期,日本企业的国际竞争力迅速提高。到20世纪80年代初,日本企业大量进入美国市场,并抢走了美国企业在本土的市场份额。为了应对日本企业的挑战,美国企业界开始研究日本企业的管理方式。美国的管理学家威廉·大内(William Ouchi)最早提出企业文化概念,他于1981年出版了自己对日本企业的研究成果,书名为《Z理论——美国企业如何迎接日本的挑战》。在这本书里,威廉·大内提出:独特的企业文化是日本企业成功的关键因素。这一观点引起了管理学界的广泛重视,更多的人开始从事企业文化的研究。

企业文化是企业在经营活动中形成的经营理念、经营目的、经营方针、价值观念、经营行为、社会责任、经营形象等的总和。它是企业个性化的根本体现，是企业生存、竞争、发展的灵魂。如果一个企业只有财富，没有积极向上的精神和良好的文化氛围，这个企业就会萎靡不振，绝不可能成为一流企业。

关于企业文化的定义，国内外的学者有各种不同的表述。据统计，国内外关于企业文化的定义大概有180多种，几乎每个管理学家都有企业文化的定义。我国学者魏杰在《企业文化塑造——企业生命常青藤》中这样总结企业文化的定义："所谓企业文化就是企业信奉并付诸实践的价值理念，也就是说，企业信奉和倡导并在实践中真正实行的价值理念。"分析定义可以看出，企业文化现象都是以人为载体的现象，而不是以物质为中心的现象，由一个企业的全体成员共同接受、普遍享用，而不是企业某些人特有，并且是企业发展过程中逐渐积累形成的。

二、企业文化的内涵

本书中企业文化的真正内涵，引用魏杰先生的理论。魏杰先生对于企业文化的内涵从以下几个角度进行了阐述，这是国内关于企业文化内涵最全面的解释。

1. 企业文化从形式上看是属于思想范畴的概念

企业文化属于人的思想范畴，是人的价值理念。这种价值理念和社会道德属于同一种范畴。治理社会，首先提出要依法治国，人们要遵守法律，但是完善的法律也有失效的时候。法律失效了可以靠社会道德约束，所以既要依法治国，同时也要以德治国。管理企业也是一样，首先依靠企业制度，但制度再完善也会有失效的时候，企业制度失效了可以靠文化约束。

由此可见，企业文化是和社会道德一样，都是一种内在价值理念，都是一种内在约束，即人们在思想理念上的自我约束，因而都是对外在约束的一种补充，只不过社会道德是对社会有作用，而企业文化是对企业有作用，两者发生作用的领域不同而已。因此，从形式上看，企业文化是属于思想范畴的概念。正因为如此，企业文化是极为重要的。例如，财务制度有漏洞，但一个人如果有"不是我的钱就不拿"的价值理念，那么即使企业制度对他没有了约束，他也不会拿不属于自己的钱。相反，如果一个人有着"不拿白不拿"的价值理念，那么财务制度一旦失效，他就会犯错误。

2. 企业文化从内容上看是反映企业行为的价值理念

从内容上讲，企业文化是与企业的活动有关的价值理念，而不是别的方面的价值理念。它反映了企业现实运行过程的全部活动的价值理念，是企业制度安排和战略选择在人的价值理念上的反映。例如，一个企业如果在制度安排上要拉开员工的收入差距，那么这个企业在企业文化上就应该有等级差别的理念；又如，一个企业要在经营战略上扩大自己的经营范围，那么这个企业就要在企业文化上有诚信的理念等。

3. **企业文化从性质上看是属于付诸实践的价值理念**

价值理念实际上可以分为两大类:一类是信奉和倡导的价值理念,一类是必须付诸实践的价值理念。企业文化既属于企业信奉和倡导的价值理念,又属于必须付诸实践的价值理念。企业文化真正的约束员工的行为,是真正的在企业运行过程中起作用的价值理念。因此,人们在谈到企业文化的时候,就应该明白,它其实已经对企业发生作用了。企业文化没有付诸实践就失去了它应有的作用,就是一纸空文。

4. **企业文化从属性上看是属于企业性质的价值理念**

文化可以说是与物质相对应的范畴,因而文化的内容是极其丰富的。也就是说,对于价值理念来说,如果从其拥有的主体上划分类别的话,可以分为自然人的价值理念、民族的价值理念、国家的价值理念、法人的价值理念和企业的价值理念,而企业文化则是属于企业的价值理念,是企业的灵魂。

5. **企业文化从作用上看是属于规范企业行为的价值理念**

企业文化作为企业的价值理念,是对企业真正发挥作用的价值理念。企业文化对企业的行为,以及员工的行为起到非常好的规范作用。例如,企业文化中关于责、权、利对称性管理理念,规范着员工的责权利关系;企业中的共享、共担理念,规范着企业与员工在风险承担及利益享受上的相互关系。

总之,企业文化的核心是企业的价值理念,其核心要素是企业共同的价值观念。

三、企业文化的特点

企业文化不是企业领导者和策划者设定和策划出来的,而是企业在自身发展过程中形成的以价值观为核心的独特的文化,它是一种通过凝聚人心来实现员工自我价值、提升企业竞争力的无形力量。

企业文化的主要内容包括企业的价值观、企业精神、经营宗旨、道德风尚以及企业员工共同遵守的道德行为规范等,是一个系统管理工程。它不是一个标语,或一个口号,更不是谁想导入谁就能导入的,它一定要有一个实践和认同过程。成功的企业文化对外具有一定的引力作用,对内要具有一定的凝聚力。总体而言,优秀的企业文化应具备以下六大特征。

1. **员工广泛认同的价值观**

员工认同的企业文化才是真正的文化。在实际企业管理工作中,很多企业老板或负责人连自己都不认同的东西,还要员工去执行。例如,某家民营企业,老板口口声声讲民主决策,实事求是,要员工讲实话,可事实上老板在民主决策之前自己早已专断,民主只是走走形式,大事小事都要老板亲自决定,否则,什么都干不成。老板的这种主张能得到认同吗?答案是否定的,最后得到认同的是员工在老板面前都学会了说一套做一套的工作行为。

2. **有价值观指导并能成功的实践与验证**

有一家企业价值观是这样的:实实在在做人,认认真真做事。但在这个企业运营的时候就完全变了。企业经常拖欠工资,对员工的承诺不兑现,于是老板忽悠员工,员工骗老板、骗客户,这种做法与其"实实在在做人,认认真真做事"的企业价值观大相径庭。

3. **让企业员工有使命感,使企业有积极的工作氛围**

优秀的企业文化不仅能使员工产生使命感和责任感,而且能激励员工积极地工作,使员工对未来充满憧憬,反之,则会使员工变得消极,悲观厌世,甚至自杀。富士康公司接二连三的跳楼事件,就证明了这一点。造成富士康员工跳楼的原因主要有三个:一是个人职场情商低;二是社会竞争压力大;三是企业管理有严重的问题,这是最主要最直接的原因,也就是说富士康的企业文化建设和管理不到位,才引发了一些员工产生消极厌世心理和行为。

4. **核心主张简洁明了**

企业文化的核心主张一定要简洁明了,国内外著名的企业文化,都可以精简为一句话或一个词,如海尔集团的诚信文化——真诚到永远,飞利浦公司的进取文化——我们一直在努力。这些沟通语都很简洁易懂。又如,一个策划咨询公司在给一家企业提交企业文化方案,其中有这一理念"精进更进阶",看起来也很简洁,但进行测试时,很多员工不明白什么意思。

5. **使企业产生不可复制的竞争力**

一位管理学家说过:在企业的不同发展阶段,企业文化再造是推动企业前进的原动力,企业文化就是核心竞争力。如果说企业文化是企业的核心竞争力,那么企业文化建设就是企业核心竞争力的关键因素。事实上,企业文化已经超越了管理范畴,其实质是一种不可复制的竞争文化。而现代企业的竞争,归根结底是企业文化的竞争,或者说是品牌文化的竞争。优秀的企业文化就是企业最有竞争力的武器,而且是不可复制的。

6. **使员工对企业产生深厚的感情**

企业文化不仅能提高员工主人翁意识、培养员工高尚的情操,而且能使员工对企业产生深厚感情。无论走到哪里员工对企业的一草一木总是充满怀念,听到或看到企业代表人物、标志、广告、产品等总是有一种亲切感。

【业务链接6-1】

"山姆可以称得上是本世纪最伟大的企业家。他所建立起来的沃尔玛企业文化是一切成功的关键,是无人可以比拟的。"美国凯马特(Kmart)连锁店创始人哈里·康宁汉这样评论他的竞争对手——山姆·沃尔顿。

顾客就是上帝。在沃尔玛公司看来顾客就是上帝。为了给消费者提供物美价廉的商品，沃尔玛公司不仅通过连锁经营的组织形式、高新技术的管理手段，努力降低经营费用，让利于消费者，而且从各个方面千方百计地节约开支。美国大公司拥有专机是常事，但沃尔玛公司的十几架专机都是二手货；美国大公司一般都拥有豪华的办公楼，但沃尔玛公司总部一直设在偏僻小镇的平房中；沃尔玛公司创始人虽然家财万贯，但理发只去廉价理发店；现任董事长现在已是世界首富，但他的办公室只有12平方米，而且陈设十分简单，公司总裁办公室也不到20平方米。这些做法传达给消费者的信息是，沃尔玛时刻为顾客节省每一分钱。为了给消费者超值服务，沃尔玛想尽了一切办法，沃尔玛要求其员工要遵守"三米微笑"原则、尽量直呼顾客名字、微笑只能露出八颗牙等。

尊重个人。沃尔玛公司不只强调尊重顾客，提供一流的服务，而且还强调尊重公司的每一个人，坚持一切要以人为本的原则。在沃尔玛公司里，员工是最大的财富，他们有一套特殊的对待员工的政策，不称员工为雇员，而称之为合作者、同事，一线员工可以直接与主管以至总裁对话，而不必担心报复。员工以佩带"我们的员工与众不同"的胸牌而自豪，充分体现了沃尔玛公司的独特营销内涵。沃尔玛公司重视对员工的精神鼓励，重视对员工潜能的开发，重视对员工的素质的培养，重视每一位员工的建议，重视在企业内部建立一种和谐的气氛，正是这些重视使得员工感到自己是公司的重要一员，在公司就像是在一个大家庭里。也正是这样沃尔玛公司才能把员工团结起来，发挥集体的力量，使员工愿意为公司这个大家庭贡献自己的一分光、一分热。

激励员工。沃尔玛公司在处理员工关系方面运用最多的方法是激励而不是批评或处罚。如果员工把事情做好了，他们就会对其良好的表现进行褒扬："你做得很好！"如果员工做错了，他们会对员工说："换种方法你会做得更好！"沃尔玛公司规定对下属一律称"合伙人"而不称"雇员"。沃尔玛公司制定了与员工分享经营成果、分担经营责任的政策，如利润分享、员工购股、低耗奖励等计划使员工产生责任感和参与感，调动了员工的积极性。

问题思考：

沃尔玛的企业文化对企业的成功有何影响？

资料来源：企业管理实务[M]. 北京：北京大学出版社，2012。

四、现代企业文化建设的意义

1. 扩大企业的影响

企业是社会的一个组成部分，必须同社会各方面发生联系和交往，优秀的企业文化能以良好的职业道德、精湛的产品、优质的服务赢得客户的信赖，在联系与交往中必然给人们带来深远的影响。企业在客户心目中留有美好的形象,会形成取之不尽的无形资源。它能刺激客户,使其对企业产生有益的行为,使企业比较容易得到社会及人民群众的理解、信任和支持,从而促进企业发展。

2. 增强企业的向心力和凝聚力

优秀的企业文化是促进企业进步与发展的内在动力,它能使绝大多数企业员工具有正确的价值取向,从而易于对企业各项重大决策取得共识,激发使命感和责任感。

3. 实现管理模式的转变

企业文化是企业管理理论的崭新成果,是现代企业管理逻辑发展的必然结果,也是对原有企业管理理论的总结创新的结果。因此,要把企业文化建设放在现代化管理的新模式角度上思考。发达国家的企业普遍经历了经验管理——科学管理——现代管理这样三个阶段的管理进程。经验管理属于能人模式,凭感觉和经验管理,靠个人的能力、素质、经验和风格发挥作用,结果使大部分企业长期停留在粗放管理水平。

4. 提高企业竞争力

企业文化是打造企业品牌的重要途径,优秀的企业文化是企业的"名片"、"无形资产",也是企业在激烈的市场竞争中取得成功的关键。企业文化强大的内涵,是用之不竭的财富和智慧之源。建设企业文化是塑造企业品牌、拴心留才、精心育才、吸引客户、吸引人才,也是博得社会认可的有效途径。在新的世纪,哪家企业拥有文化优势,哪家企业就拥有竞争优势。

5. 企业发展的动力引擎

现在,企业的竞争是企业文化的竞争。企业文化对企业的生存和发展具有十分重要的作用。技术对企业来说只是发展的平台,而文化建设却决定了企业的生命力和持续竞争力。

五、现代企业文化建设的原则

1. 强化以人为本

文化应以人为载体,人是文化生成与承载的第一要素。企业文化中的人不仅仅是指企业家、管理者,也体现于企业的全体职工。企业文化建设中要强调尊重人、理解人、关心人和信任人。企业团体意识的形成,首先是企业的全体成员有共同的价值观念,有一致的奋斗目标,才能形成向心力,才能成为一个具有战斗力的整体。

2. 内外一致,切忌形式主义

企业文化属于意识形态的范畴,但它又要通过企业或职工的行为和外部形态表现出来,这就容易形成表里不一致的现象。建设企业文化必须首先从职工的思想观念入手,树立正确的价值观念和哲学思想，在此基础上形成企业精神和企业形象，防止搞形式主义、言行不一。形式主义不仅不能建设好企业文化，而且是对企业文化概念的歪曲。

3. 不能忽视经济性

企业是一个经济组织，企业文化是一个微观经济组织文化，应具有经济性。所谓经济性，是指企业文化必须为企业的经济活动服务，要有利于提高企业生产力和经济效益，有利于企业的生存和发展。但建设和实施企业文化的最终目的都不会离开企业经济目标的实现和谋求企业的生存和发展。因此，企业文化建设实际是一个企业战略问题，对企业的发展起到深远的影响。

4. 注重个性差异

个性差异是企业文化的一个重要特征。文化本来就是在本身组织发展的历史过程中形成的。每个企业都有自己独特的历史传统和经营特点，企业文化建设要充分利用这一点，建设具有自己特色的文化。企业有了自己的特色，而且被顾客所公认，才能在企业之林中独树一帜，才有竞争的优势。

5. 继承传统文化的精神

中国民本思想自古以来就相当强烈，并在一定程度上制约着专制行为。现代企业文化建设自然要以民本思想为重要的思想来源，并通过这一思想的开发利用，使职工群众产生强烈的主人翁意识，自觉地参与企业的民主管理。现代企业文化建设还应为企业职工提供平等竞争的机会，倡导按劳分配、同工同酬的运行机制，激发职工的务实精神。

六、现代企业文化建设的基本内容

1. 确立企业价值观是基础

举例来说，对于一个制造企业的企业目标而言，要保障制造产线步调一致，有效提升组织工作效率，迟到现象是绝对禁止的。准时上班是员工职业素质的体现，是企业价值观的要求。但是，对于有个性的员工而言，就会有人认为，“我需要足够的睡眠时间，我要在早上吃丰盛的早饭以供给营养，我要每天穿戴漂亮才出门”，这些都与上班准时一样重要，这就是员工个人价值观的体现。企业精神文化建设工作正是这样的工作——解决两种价值观的冲突问题。人们的内在价值观可以通过行为展现出来，但是人们往往却不能清楚地描述和辨别自己真正的精神需求。马斯洛理论把需求分成生理需求、安全需求、社交需求、尊重需求和自我实现需求五类，依次由较低层次到较高层次。企业的精神文明建设就是要在满足员工基本生理、安全需求的同时，促使员工的需求向更高层次的需求发展。

从表面上看，员工要足够的睡眠、要吃早饭是保障健康的需要，属于基本生理需求层次。但是，企业管理层方面通过与员工沟通了解到，之所以不能早点睡觉是因为前一天晚上和朋友出去喝酒或者去卡拉 OK 唱歌等一些原因,是源自社交的需求。那么,企业可以在公司内部开展一些积极健康的体育或文化活动,让员工感受到健康的生活方式可以引申为以“健康”为主题的企业文化。

因此,企业文化建设的第一步就是确立企业的核心价值观。企业核心价值观的确立必须以保障并带动合理的员工的精神需求为基础,设计与企业目的相一致的价值观。

2. 企业价值观的有效性

任何一个企业都可以想出 8 个字或 16 个字的标语挂在墙上,但能否在企业推行需要依据一定的判断准则。

(1)企业价值观必须符合社会伦理道德的基本法则,这是企业价值观、企业利益和社会责任统一性的要求。如某品牌火腿肠爆出使用猪肉精牟利的新闻,被工商部门查处。尽管该公司利润不菲,但其行为说明了企业的价值观违背了社会基本的伦理道德。

(2)企业价值观的确立必须以保障并拉动合理的员工的精神需求为基础。企业价值观必须以对人的价值关怀为目标,并且是能够满足所有企业相关利益人的复合价值系统。长虹集团本着“以产业报国,振兴民族工业为己任”的宗旨,成为“中国制造”的代言人。长虹集团发展初期阶段的企业文化归结为以拉动员工自我实现的需求为主题,现在长虹集团公开提出的“员工满意第一”、“快乐创造 C 生活”,不但代表了长虹品牌策略的调整,也代表了长虹集团为了跟上这个高科技时代的步伐,对企业文化策略的调整。这是因为随着时代的发展,企业员工对自身的职业环境的关注不断增强,依靠企业家“民族工业”的自我实现需求的口号无法再拉动员工的需求。

(3)企业价值观必须是企业领导者真正信奉并能够用行为表现出来的价值观,这是企业价值观的约束性的特征表现。企业文化不是管理层用来约束基层员工的,而是整个组织的价值准则。企业文化是企业中所有员工应该百分之百相信的企业精神。如果企业的最高领导者都不能百分之百地相信并且表现在自己的一言一行中,那么就根本不可能成为整个组织所共同认同的价值观。

企业领导层作为企业文化的塑造者,一方面,要对企业已有的文化进行总结和提炼,保留其积极成分,去除消极因素,即所谓的去粗取精;另一方面,要对提炼后的文化进行加工,加入自己的信念和主张,再通过一系列活动,将其内化为员工的价值观、外化为员工的行动。在这点上,要想让员工表现出企业希望的行为,领导者的示范作用是必不可少的。儒家思想强调人性关怀,所谓“己所不欲,勿施于人”。如果领导层不以实际行动带头履行企业文化准则,员工会认为只要求他们做没道理。抵触情绪一旦产生,再好的企业文化设计也会失效。企业文化的形成是一个学习的过程,在这一过程中,领导层的一言一行,都将被员工有意或无意地效仿。这时,领导层的言行就不再是个人的言行,而具有了示范性、引导性。

3. 企业文化建设的有效途径

(1)规范的管理制度体系

良好的组织保障环境是规范的管理制度体系。在管理科学中,制度被定义为要求成员共同遵守的、按一定程序办事的规程。企业管理制度的表现形式或组成包括企业组织机构的设计、职能部门划分及职能分工、岗位工作说明、专业管理制度、工作或流程、管理表单等管理制度文件。各种办法、细则、规定、注意事项、纲要等可统称为管理制度。

制度的设计以企业价值观为根本原则,以保障企业经营运作目标的达成为目标。在保证制度框架的完善性的同时,要关注制度与企业价值观的吻合性。例如,从事制造业的企业要求时间严格统一,高科技企业要求人性化,那么企业必须做出一定的选择:是强制的规定统一上下班时间,杜绝迟到,还是人性化地根据职能人才的类型制定不同的考勤办法。前者可能以牺牲高科技员工的引进为代价去提升了企业的生产效率,后者则会增加管理成本。但是,不论如何选择,企业高层领导者必须在价值观的基础上对类似问题保持一致,并能够让员工理解和认同。

企业在对待这些问题的时候会犯这样的错误,制度规范不够完善,不能充分反应组织价值观。例如,某企业的考勤制度很严格,但是当领导发现研发的骨干员工经常加班或者习惯夜间上班的时候就睁一只眼、闭一只眼地纵容迟到或者休假。这样的现象一旦被认同,制度就失去了刚性和存在的价值。因此,制度的设计过程不是从网上下载照抄照搬的过程,而是高层亲自参与的对制度的梳理和统一价值观的过程,毕竟制度是企业的第一宪法,要能用并且好用。

(2)企业行为文化的塑造

企业领导人的行为表率在文化建设初期可以发挥巨大的促进作用,尤其是民营企业,企业领导者的行为像一座灯塔,发挥着对员工心灵与行为的影响力。从客观上看,人都是受利益驱动的,下属一定会从其上司的行为表现去了解其潜在的价值观,并且表现出对应的行为以投其所好。

【同步阅读6-1】

中国著名品牌“老干妈”麻辣酱的创始人陶华碧用“感情投资”使得企业拥有超强的凝聚力。陶华碧总在员工想不到的地方关心人、体谅人。每当有员工出差,她还总是像老妈妈送儿女远行一样,亲手为她们煮上几个鸡蛋,一直把他们送到厂门口,直到看到他们坐上公交车后,她这才回去。陶华碧明白这样一个道理:帮一个人,感动一群人;关心一群人,肯定能感动整个集体。果然,这种亲情化的“感情投资”,使陶华碧和“老干妈”公司的凝聚力一直只增不减,员工团队合作能力极强。

又如,柳传志率领的联想集团是国内关注行为文化建设的典范。为了保证会议的有效性,联想集团出台了迟到罚站的制度。第一次让开会迟到者罚站,被罚的员工一身汗,柳传志对他说:“老吴,今天你在这儿站一分钟,今晚我到你家,给你站一分钟。但现在你必须罚站,不这样,今后会议没法开,所有的人都忙,都有理由迟到。”柳传志承认自己被罚站过三次,在记者采访的时候曾说过这样的话:"其实不算多,我开会最多,迟到机会最多。有一次,电梯坏了,我被困在里面,我拼命敲门,叫人请假,可周围没人。"当企业认为强化执行力是关键的时候,高层领导应该成为制度的第一拥戴者,在制度面前不能找任何借口。

资料来源:企业管理实务[M].北京:北京大学出版社,2012。

英雄人物的塑造也是树立企业行为文化的最好的方式,企业需要发现那些实践了企业精神的代言人,通过宣传其事迹和表彰其行为,表现出对其的鼓励和欣赏,成为全体员工效仿的楷模,如我国最成功的一些英雄人物的塑造:雷锋、王进喜等。在树立英雄人物的时候,企业必须清楚的是没有完美的人,英雄人物也是人而不是神,很多企业在塑造英雄人物的时候缩手缩脚,这是因为企业缺乏有效的沟通环境保障和文化宣传机制。也有一些企业只树立反面典型,通过处罚通告来说明什么样的行为是不符合企业价值观的,结果也只会导致员工产生抵触情绪,使组织的凝聚力下降。

案例宣传可以作为企业行为文化塑造的一种手段,但是它仅仅是一种手段。案例宣传必须要依据企业的核心价值观即精神文化,在制度文化的保障下,去宣传那些企业认同的行为文化的表现,通过案例传达出什么是企业核心价值观提倡的、为什么要提倡,什么是企业核心价值观反对的、为什么要反对。案例宣传作为一种手段,其文字技巧和宣导技巧是非常重要的。在文字阐述中必须要考虑到员工可能产生的各种想法,通过文字体现出合理的逻辑解释,将结果指向企业需要宣传的精神和行为。如果案例宣传的时候不能清楚地表达出为什么要提倡、为什么要反对,结果将会是非常糟糕的,有可能引起负面的影响。企业正式沟通信息的不充分或不符合逻辑,只会促成非正式组织的流言蜚语。

(3)企业物质文化的塑造

物质文化是企业文化最外在和浅层的表现。企业生产的产品和提供的服务是企业生产经营的成果,是企业物质文化的首要内容。此外,企业创造的生产环境、企业建筑、广告、产品和包装都是企业物质文化的主要内容。物质文化建设往往是消耗利润增加成本的投入,但是它潜在地影响着客户的忠诚和员工的认同,也是不能忽略的环节。例如,为员工配置美观统一的工作环境与服装会提升员工的职业意识和以公司为荣的认同感,但也曾发生新入职的员工发现企业没有提供饮用水愤而离职的情况。

优秀企业价值观的共有特征是,追求卓越、尊重每个员工、支持创新、全员参与、相信利润的重要性、质量和服务的意识、坚持不懈。企业文化应以人为本,尊重员工的感情,通过在企业中建立相互信任的人文氛围,强化团体意识,使企业相关人之间形成强大的凝聚力和向心力。企业要高度重视企业相关人,特别是企业员工在企业管理过程中的知情权、参与权和建议权,员工只有把为企业效力看成一种幸福和自愿参与的行动,把企业的事当成自己的事,才能真正发挥人的能动性,企业才能拥有源源不断的发展动力。

4. 企业文化建设的实施

(1)企业文化的诊断

诊断的方法和原理是,把企业中层及以上干部集中起来,主持人把企业的理念逐句念出来,请大家把听到理念所想到的能代表这种理念的人物、事件说出来或写出来。如果大部分人都能联想到代表人物或事件,且事件相对统一,就说明企业的文化得到了大家的认同;相反,如果大部分人不能说出或写出代表性的人物或事件,就说明企业文化和企业理念没有得到员工的认同,就更谈不上对员工行为的指导作用。

(2)企业文化的提炼与设计

第一步,让企业找十位从创业到发展全过程都参加的人,让他们每一个人讲三个故事。

第二步,把重复率最高的故事整理出来,进行初步加工,形成完整的故事。

第三步,找十个刚来企业一年左右的员工,把整理好的故事讲给他们听。

第四步,把专家和有关企业领导集中封闭起来,对记录的内容进行研究、加工,从中提炼出使用率最高的代表故事精神的词或句。这些词句经过加工,就是企业精神或企业理念。

第五步,按照提炼出来的反映精神或理念的核心词,重新改编故事,在尊重历史的前提下,进行文学创作,写出集中反映核心词的专属企业自己的故事。

(3)企业文化的强化与培训

首先,对全体员工进行企业文化培训。

其次,树立和培养典型人物并进行宣传。

再次,以企业文化理念与价值观为导向,制定管理制度。

5. 企业文化建设的具体方法

第一,开晨会、夕会、总结会。在每天的上班前和下班前用一定的时间宣讲公司的价值观念。总结会是月度、季度、年度部门和全公司的例会,这些会议应该固定下来,成为公司的制度及公司企业文化的一部分。

第二,做思想小结。思想小结就是定期让员工按照企业文化的内容对照自己的行为,自我评判是否做到了企业要求,以及如何改进。

第三,树先进典型。给员工树立一种形象化的行为标准和观念标志,通过典型员工形象可具体地感知"什么是工作积极"、"什么是工作主动"、"什么是敬业精神"、"什么是成本观念"、"什么是效率高"等,从而提升员工的行为。上述的这些行为都是很难量化描述的,只有具体形象才可以使员工充分理解。

第四,张贴宣传企业文化的标语。把企业文化的核心观念写成标语,张贴于企业显要位置,使企业成员可自然而然地熟记。

第五,进行权威宣讲。引入外部的权威或企业文化专家进行宣讲是建设企业文化的好方法。

第六,外出参观学习。外出参观学习也是建设企业文化的好方法,这可以向员工暗示:企业管理层对员工所提出的要求是有道理的,因为其他企业已经做到了这一点,而我们没有做到这些是因为我们努力不够,我们应该改进工作向别人学习。

第七,讲故事。有关企业的故事在企业内部流传,会起到企业文化建设的作用。

第八,进行网站建设。网站上进行及时的方针、思想、文化宣传。企业网站建设专家米粒文化的CEO指出,寻找专业的跟企业文化相关的网站建设公司进行网站设计,可以更符合、更贴近公司的企业文化。

第九,引进新人,引进新文化。引进新的员工,必然会带来些新的文化,新文化与旧文化融合就形成另一种新文化。

第十,开展互评活动。互评活动是员工对照企业文化要求当众评价同事工作状态,也当众评价自己做得如何,并由同事评价自己做得如何,通过互评运动,摆明矛盾、消除分歧,改正缺点、发扬优点,以达到工作状态的优化。

第十一,发挥领导人的榜样作用。在企业文化形成的过程当中,领导人的榜样作用产生至关重要的影响。

第十二,创办企业报刊。企业报刊是企业文化建设的重要组成部分,也是企业文化的重要载体。企业报刊更是向企业内部及外部所有与企业相关的公众和顾客宣传企业的窗口。

第十三,举办文体活动。文体活动指唱歌、跳舞、体育比赛、国庆晚会、元旦晚会等文化活动与体育活动,在这些活动中可以把企业文化的价值观贯穿进行。

第十四,建立企业创业、发展史陈列室。陈列一切与企业发展相关的资料、物品。

一个没有企业文化的企业是没有前途的企业,一个没有信念的企业是没有希望的企业。企业文化建设是一项系统工程,是现代企业发展必不可少的竞争利器。从这个意义上说,企业文化建设既是企业在市场经济条件下生存发展的内在需要,又是实现管理现代化的重要方面。因此,应从建立现代企业发展的实际出发,讲究经营之道,培养企业精神,塑造企业形象,优化企业内外环境,全力打造具有自身特色的企业文化,为企业快速发展提供动力。

【业务链接6-2】

新员工进公司,老总亲自培训,要求员工洗马桶,直到敢于喝下一杯自己洗干净的马桶中的水才算合格。相信很多人对这个故事并不陌生,不错!日本内阁大臣野田内子就曾经做过同样的事。正是凭着喝下自己洗的马桶里的水,她从一名酒店白领当上了日本内阁大臣。如今,这种近乎苛刻的训练方式却在南京一家玉器公司真实上演了。

老总喝过五次冲厕水。用洗厕所的方式训练新员工,在南京恐怕只有一家玉器公司敢这么做。据该公司的主任林枫(化名)介绍:“他们老总不喜欢别人称呼他‘总经理’、‘董事长’,而是偏爱别人称他为‘创始人’或‘领路人’。提及“老大”,林枫不禁竖起大拇指。“新员工进来,基本上都是倪总亲自培训”,林枫称,“老总培训员工的方式在南京堪称独一无二。就说这洗厕所吧,老总不许员工戴手套,而且每次他都会亲自示范一遍:自己洗干净马桶,然后自信地从马桶里取一杯水喝下”。林枫说,平时他们还叫“倪总”,不过背后会叫“老大”。看着老总将一杯马桶水坦然喝下,员工们都觉得不可思议。“设计院新来的女孩曾对我说过,‘要不是亲眼所见,简直不敢相信’。”林枫回忆到。对此,该公司的张主任解释:“倪总是要求将厕所洗干净,干净并不意味着要喝下冲厕水,或者用冲厕水洗脸,而是指边边角角都不要放过,倪总是从细节上考验大家。”当然,也有部分新员工做不到而离开公司的。“留下和离开的比例约是6:4。”林枫感慨地表示留下来的都是优秀的。

员工到小区内免费擦鞋。除了洗厕所,该公司老总训练新员工的绝招还很多。“我刚进公司时,倪总让我们身无分文地去小区给人免费擦鞋,看能不能吃上饭。”想起当年的情形,林枫很有感触。那年最热的一天,他们四人一组到卫岗附近的小区,擦鞋挣饭吃。起初,很多人都不愿擦鞋,他们怀疑林枫等人是推销鞋油的。经过一遍遍诚恳的解释,人们渐渐接受了他们的免费服务。“我第一个服务对象是个中年男子,他的皮鞋很旧,我帮他擦完后,他看了很满意,还让我上门服务,将家中的皮鞋、皮手套、皮夹克都拿了出来。”说起当年的经历,林枫很有感慨。据悉,那次擦鞋,有的员工受邀吃了一顿午饭,有的“顾客”则给他们买了面包,也有人什么都没得到。对此,公司老总表示,员工悟出的道理虽不同,但都真真切切,这就够了。

问题思考:

1. 案例中提到的南京某玉器公司是否有企业文化?

2. 该玉器公司存在的问题及解决的对策有哪些?

资料来源:企业管理实务[M].北京:北京大学出版社,2012。

6.2 企业形象塑造

【引入案例6-2】

集团彩铃以文化之名树企业形象

“我们从2004年9月开始就使用了深圳移动公司的集团彩铃业务,目的就是要通过彩铃文化来推广我们的产品,同时强化公司品牌在客户心中的印象。”深圳比亚迪股份有限公司的罗工程师在接受记者采访时说。他还表示,比亚迪公司的销售人员全都使用了专门制定的集团彩铃。

深圳移动公司面对集团客户推出的“集团彩铃”业务又赋予了员工这一企业广告“载体”更新的内容,成为一种新的非常强大的宣传阵地。不仅员工是企业的广告,而且员工所持有的移动终端(手机)也是企业传播推广的方式和路径之一,运用得当,会收到意想不到的良好效果。

比亚迪公司在“集团彩铃”的应用上就颇有心得。比亚迪公司的相关负责人罗工程师说,比亚迪公司负责汽车销售的人员都在使用“集团彩铃”,公司特别定做了5首不同的“集团彩铃”,设置为轮流播放,让来电的客户可以听到有趣彩铃,同时也能从中了解到比亚迪公司的产品和最新动向。

据了解,全深圳已经有近800家企业已经开通了深圳移动公司的“集团彩铃”业务,可见,该业务在市场上已经逐渐得到了企业用户的认可,正呈现迅速上升的发展势头。

在不久前召开的“手机传媒——面向未来的商业传播之道”专题沙龙上,深圳移动公司的“集团彩铃”业务成为了资深传媒人和企业代表讨论的热点。会上,有业内人士说:“集团彩铃已经渐渐担负起企业文化传播、企业品牌传播、服务营销手段等多方面的职责。”

记者在采访中了解到,许多公司都表示已经或将要把企业文化融入到“集团彩铃”中去,比亚迪公司正是其中之一。比亚迪公司的罗工程师表示,他们最近正在对已有的“集团彩铃”进行调整,希望在集团彩铃内容中加入更多企业文化的精髓,将集团彩铃与公司形象结合起来,让打电话来的人一听到手机回铃声就可以立即联想到比亚迪的品牌形象。

罗工程师说:“我们公司的集团彩铃主要是重在推广产品,因此只限于销售部门使用。不过,现在我们希望设计新的集团彩铃内容,融入比亚迪的企业文化和品牌内涵,然后在公司内推广开来。”他还表示,深圳移动公司内部使用的集团彩铃被他作为一个参考的典范。“人们听到‘沟通从心开始’就会想到深圳移动公司,甚至联想到移动有优质网络的服务,我们也希望新做出来的集团彩铃可以达到同样的效果,强化比亚迪在人们心中的品牌形象。”

问题思考:

企业形象的概念与作用?

资料来源:现代企业管理[M].北京:人民邮电出版社,2011。

一、企业形象设计的内容

企业形象设计(CI)是20世纪60年代由美国首先提出,70年代在日本得以广泛推广和应用,它是现代企业走向整体化、形象化和系统管理的一种全新的概念。其定义是:将企业经营理念与精神文化,运用整体传达系统(特别是视觉传达系统),传达给企业内部与大众，并使其对企业产生一致的认同感或价值观，从而实现形成良好的企业形象和促销产品的设计系统。CI（Corporate Identity）主要由企业理念 MI（Mind Identity）、企业行为（Behaviour Identity）、企业视觉（Visual Identity）识别系统三大部分组成。企业形象设计是一种形象文化战略，是企业对自身的理念识别、行为识别、视觉识别进行的深化实践，使之更具有独特性、鲜明性，同时，借助各种宣传手段和载体传送企业文化，以产生强大的品牌认知力和认同力。

1. **理念识别**

理念识别就是一个企业由于具有独特的经营哲学、宗旨、目标、精神、道德、作风等等而区别于其他企业。MI 是 CI 的灵魂和整体系统的原动力，它对 BI 和 VI 具有决定作用并通过 BI、VI 表现出来，就好比一个人具有的内在独特气质只能通过他的行为和外表才能感受得到。理念识别的要素中，企业的群体价值观是核心要素。MI 的主要内容包括企业精神、企业价值观、企业文化、企业信条、经营理念、经营方针、市场定位、产业构成、组织体制、管理原则、社会责任和发展规划等。

2. **行为识别**

行为识别指企业理念统帅下企业组织及全体员工的言行和各项活动所表现出来的一个企业与其他企业的区别。BI 是企业形象策划的动态识别形式，而有别于企业名称、标志等静态识别形式。从 BI 实施的对象来看，它包括内部活动识别和外部活动识别。由于员工及其群体的行为（包括语言）本身就是一种传播媒介，受众可以不借助其他传播媒介而直接产生对企业的认知，从而形成对企业形象的认识；而员工的言行无不是在企业价值观等理念要素的作用下表现出来的，因而行为识别实际上是理念识别的最主要载体。BI 对内的内容包括：组织制度、管理规范、行为规范、干部教育、职工教育、工作环境、生产设备、福利制度等；对外的内容包括：市场调查、公共关系、营销活动、流通对策、产品研发、公益性、文化性活动等。

3. **视觉识别**

视觉识别指一个企业由于独特的名称、标志、标准字、标准色等视觉要素而区别于其他企业。VI 的表达必须借助某种物质载体，如厂房、店铺、广告牌、产品外观及其包装等等。根据人体工程学的研究，人们获取信息的最主要途径是视觉，约占 80%，因此 VI 是整个企业形象识别系统中最形象直观、最具有冲击力的部分。人们对 CI 的认识是从 VI 开始的，早期的 CI 策划也主要是 VI 策划。VI 虽然比 MI、BI 容易实施、效果显示度高，但它对企业形象的影响并不持久和深入，而且有时也难以完全反映 MI，也就难以完全反映 CI 的内容，因此脱离了理念识别和行为识别的视觉识别本身是缺乏生命力的。

【同步阅读6-2】

一套VI设计的主要内容

(1)基本要素系统

它是标志、标准字、标准色、标志和标准字的组合。

(2)应用系统

①办公用品:信封、信纸、便笺、名片、徽章、工作证、请柬、文件夹、介绍信、账票、备忘录、资料袋、公文表格等。

②企业外部建筑环境:建筑造型、公司旗帜、企业门面、企业招牌、公共标识牌、路标指示牌、广告塔、霓虹灯广告、庭院美化等。

③企业内部建筑环境:企业内部各部门标识牌、常用标识牌、楼层标识牌、企业形象牌、旗帜、广告牌、POP广告、货架标牌等。

④交通工具:轿车、面包车、大巴士、货车、工具车、油罐车、轮船、飞机等。

⑤服装服饰:经理制服、管理人员制服、员工制服、礼仪制服、文化衫、领带、工作帽、钮扣、肩章、胸卡等。

⑥广告媒体:电视广告、杂志广告、报纸广告、网络广告、路牌广告、招贴广告等。

⑦产品包装:纸盒包装、纸袋包装、木箱包装、玻璃容器包装、塑料袋包装、金属包装、陶瓷包装、包装纸。

⑧公务礼品:T恤衫、领带、领带夹、打火机、钥匙牌、雨伞、纪念章、礼品袋等。

⑨陈列展示:橱窗展示、展览展示、货架商品展示、陈列商品展示等。

⑩印刷品:企业简介、商品说明书、产品简介、年历等。

资料来源:现代企业管理[M].北京:人民邮电出版社,2011。

二、企业形象优化的方法

通过企业文化建设,达到优化企业形象的目的,是企业的一项重要任务,也是现代企业经营管理的重要组成部分。一个企业,其生产经营的成功与否,在一定程度上依赖于企业形象是否优化。在市场竞争激烈的情况下,消费者往往愿意接受有良好企业形象的企业的产品和服务,优秀的企业形象能给人一种安全和信赖感,这就是建设企业文化的意义所在。优化企业的形象有以下方法。

1. 以美为企业形象的境界

企业形象优化应当追求的境界是美。对于企业形象而言,美是建立在真、善基础上的一种境界。在追求美的过程中还要注意认识上的几种误区。一是企业形象原生状。这种模糊认识是将企业形象与企业的现状划等号,认为企业本来是什么样就应当是什么样,不必进行所谓的"形象塑造"。在市场经济条件下,只有那些具有优秀形象的企业生产的产品或提供的服务才能够更多地受到消费者的青睐，即要根据企业专业特点塑造消费者喜欢的形象。二是企业形象强化灌输。这种模糊认识是将企业优秀形象建设与铺天盖地的大规模、高频率宣传划等号。企业要谋求建立优秀形象，必须经过深思熟虑、精心策划，并认真组织好形象设计，万不可匆忙上阵，否则，即使有利于提高知名度，也不利于提高美誉度，而一个美誉度很低的企业，是难以在社会公众心目中建立优秀形象的。三是企业形象盲目自吹。这种模糊认识是将企业优秀形象建设与言过其实的宣传划等号。在当前社会上出现某些欺诈行为和某些广告宣传言过其实的情况下，相当一部分社会公众有着逆反心理，企业形象建设要充分考虑这些因素。

2. 以厚为企业形象的内涵

从构造方面分析，企业形象是企业的人、事、物在社会公众心目中的印象总和，是一个完整的、立体的概念，而不仅仅是一个空壳、一张皮。一般而言，企业形象是由如下三大要素构成的综合体。一是人员形象：人员形象是企业形象的首要构成要素，主要表现为企业领导人形象、专业人才形象和员工形象。二是产品形象。企业是社会上的经济组织，产品是连接企业与社会的纽带和桥梁，企业优秀形象建树在相当程度上依托其产品形象。三是实力形象。企业实力形象是企业在文化建设、内部管理、技术、经济、环境条件等方面实力的综合体现。企业内部管理水平表现为各项综合管理、专业管理和管理基础工作规范有序，其中很重要的一个方面是企业销售服务的质量水平。总而言之，塑造优秀的企业形象，是一项复杂的系统工程，要特别注意确立整体概念，以利于塑造的企业形象具有厚感。

3. 以信为企业形象的精髓

从现实意义上讲，企业形象的关键是一个“信”字，即在生产经营中讲求信誉至高无上，取信于民，这是一个企业能够在社会公众心目中拥有立足之地并能保持优美形象长盛不衰的法宝。坚持“信誉至上取信于民”，是企业优秀形象的安身立命之本。

【自测与训练】

一、实训题

深入调查当地一家知名企业，结合实践活动，理解企业文化的作用以及如何在实际工作中去践行企业的使命。

二、自测题

1. 简述企业文化的内涵与特点。
2. 简述企业文化建设的内容。
3. 简述企业形象设计的内容与方法。

第 7 章　中小企业产业集聚和国际化

■ 学习内容

■ 学习目标

通过本章学习，应该达到以下目标：

- □ 学习和把握产业集群的含义、特征和企业国际化的概念、特点等陈述性知识，能用其指导相关认知活动。
- □ 学习和把握产业集群发展模式和企业国际化战略等程序性知识，能用所学实务知识分析产业集群模式和制定企业国际化战略。
- □ 运用理论与实务知识研究相关案例，培养和提高在特定业务情境中分析问题与决策设计的能力。

7.1 中小企业产业集聚

【引入案例7-1】

美国的硅谷地区被称为世界上最具创新能力的高技术产业集群。自1965年以来,美国成立的100家最大的技术公司,有1/3在硅谷,仅1990年,硅谷的企业就出口了超过110亿美元的电子产品,相当于美国电子产品出口额的1/3。硅谷地区的众多高科技企业对美国经济做出了前所未有的贡献,其发展速度和效率更成为各国企业、政府效仿的榜样。然而进入21世纪后,硅谷经历了其历史上最长最严重的衰退。据《旧金山纪事报》报道,2001年硅谷湾区200家大科技企业的经营损失高达913亿美元,中心区的失业率更是从2000年的2.2%攀升到2001年的7.4%。不过,在美国经济开始恢复的2002年,硅谷也开始走出低谷。值得一提的是,在又一轮经济发展高潮中,推动经济高速增长的两大科技主题,不但信息网络技术的大规模普及与利用是硅谷的绝对优势项目,而且硅谷在生物工程方面也有着不俗的表现。硅谷有着美国最大的生物科技企业群,上市公司有近80家。统计显示,近200家生物工程公司不但已经为硅谷提供了近6万个工作机会,而且正在追赶网络信息技术,成为带动经济增长的另一个火车头。虽然硅谷经历过几次大起大落,但总是能够引领世界的潮流、保持不变的上升态势。

问题思考:

1. 什么是产业集群?

2. 产业集群是如何产生的,有什么作用?

资料来源:中小企业管理概论[M].合肥:合肥工业大学出版社,2007。

一、产业集群的概念与特征

1. 产业集群的概念

对产业集群或产业集聚的研究最早可以追溯到马歇尔(Marshal),马歇尔在研究基于外部经济的企业在同一区位集中的现象时,发现外部经济与产业集群有密切关系,并认为产业集群是外部性所导致的。韦伯(Alfred Weber)随后提出聚集经济的概念,他在分析单个产业的区位分布时,首次使用聚集因素。随后,罗煦(August Losh)、佛罗伦斯(P. Sargant Florence)对聚集经济进行了进一步的阐述。

首次提出产业集群的概念并进行深入研究的则是迈克·波特(Michael Port)教授。他认为,产业集群是在某一特定领域内互相联系的、在地理位置上集中的公司和机构的集合。产业集群包括一批对竞争起重要作用的、相互联系的产业和其他实体。产业集群经常向下延伸至销售渠道和客户,并从侧面扩展到辅助性产品的制造商,以及与技能技术的投入相关的产业公司。产业集群包括提供专业化培训、教育、信息研究和技术支持的政府和其他机构。之后,在全球引起了产业集群研究热,对产业集群的概念也有不同的阐释。以下是几个较有代表性的定义或认识。

罗拉兰特(Rolelandt)和赫特哥(Pim den Hertog)对产业集群的定义:为了获取新的互补技术,从互补资产和知识联盟中获得收益,加快学习过程,降低交易成本,克服或构筑市场壁垒,取得协作经济效益,分散创新风险,相互依赖性很强的企业(包括专业供应商)、知识生产机构(大学、研究机构和工程设计公司)、中介机构(经纪人和咨询顾问)和客户通过增值链相互联系形成的网络,这种网络就是群。

中国台湾有一本权威杂志对产业集群的定义是:产业集群是相互依赖性很强的企业(包括供应商)、知识生产机构(包括大学、研究机构和工程设计公司)、中介机构(包括经纪人和咨询顾问)和客户通过产业链相互联系形成的网络。

国家发改委中小企业司出版的《中国民营经济发展前沿问题研究》中的定义:所谓产业集群,是指在特定产业领域里,同时具有竞争与合作关系的若干企业及相关法人机构(如大学、指定标准的机构、同业工会等),由于相互具有某种共同性和互补性而联结在一起,并且集聚于一个约定地理空间的经济社会发展现象,专业化是这种现象的一个重要特征。

我国学者王缉慈教授认为:产业集群是一个综合性的概念,它是企业在某一种特定的产业领域里的与之相关的机构之间,通过非常紧密的联系,达到降低成本,促进创新的目的。这些企业在地理上非常接近,与其相关的机构也不仅仅局限于这些产业,他们利用距离的优势,提高产业、区域的竞争力。

这些概念虽有不同,但都有一些共同的内容,主要是:地缘上的临近;企业之间的相互依存与联系;企业之间,企业与各种机构、组织之间的互动;良好的公用基础环境设施;知识的快速扩散;价值链上的相互需求;外向型的投入产出;资源的共享(包括政策资源)。

2. 产业集群的基本特征

产业集群是产业发展演化过程中的一种地缘现象,即某个领域内相互关联(互补、竞争)的企业与机构在一定的地域内集中连片,形成上、中、下游结构完整(从原材料供应到销售渠道甚至最终用户),外围支持,产业体系健全,具有灵活机动等特性的有机体系,集群内企业之间建立了密切的合作关系。通过深度的专业化分工,促进了每个企业效率的提高。产业集群的核心是企业之间及企业与其他机构之间的联系以及互补性，这种关系既有利于规模经济的形成，同时又比垂直一体化的大型企业具有更大的灵活性，而且有利于互动式学习的进行，从而加速了创新过程的实现。产业集群具有以下三个基本特征：

（1）地域化集聚。产业相对集中的地方，自然会形成地域优势，根据地域优势进行科学分工是工业化发展的规律。企业集群最显著的特征之一，是相当数量的中小企业在一定的区域内集中布局，由一个或几个关键性企业带动，配套企业跟进，构成自发性企业群落，通过衍生、扩张，拓展为更大范围、更大影响的区域布局，从而集聚生产要素和释放规模效应。由于众多关联企业同在一地，学习效应和竞争效应明显。企业数量的集聚，一方面带来了产品的集聚，实现了生产的规模效应；另一方面还带来了信息的集聚、人才的集聚，甚至竞争的集聚，大大加快了企业技术创新的步伐。

（2）专业化分工。产业集群的生产经营具有很强的专业化特征，这正是其能够不断成长的重要原因。专业化分工形成的社会化分工网络，把人员的培训、销售网络的建立、运输成本的降低、原材料的供应全部纳入到专业化的分工里。这种专业化和社会化的高度发展，就有可能形成地区性的新产品、新技术孵化器，国内外最新的技术就会向该地区聚集，从而形成企业集群发展壮大的良性循环机制。由于高度的专业化分工，大量的劳动力得以就业，不仅缓解了当地的就业压力，还能使生产效率成倍提高。

（3）社会化协作。随着产业集群的发展，生产服务社会化程度不断提高，推动服务性工种逐步从企业内部转移到企业外部，一批专门从事服务的企业就会出现，专业提供产前、产中、产后服务。同时，产业集群发展所集聚的人流、物流、资金流以及信息流，还会带动运输、仓储、电信、餐饮、旅馆、娱乐、教育、卫生、中介服务、金融保险、房地产等行业的发展。

二、中小企业产业集群的基本模式

1. 按产业性质分类

按照集群的产业性质，可以将产业集群分为三种类型。一是传统产业集群。它以传统的手工业或劳动密集型的传统工业部门为主，如纺织、服装、制鞋、家具、五金制品等行业，大量的中小企业在空间上相当集中，形成一个有机联系的市场组织网络。在这种产业集群内，劳动分工比较精细，专业化程度较高，市场组织网络发达。典型的例子是意大利的特色产业区。二是高新技术产业集群。它主要依靠当地的科研力量，如著名大学和科研机构，发展高新技术产业，企业间相互紧密合作，具有强烈的创新氛围。美国的硅谷和印度的班加罗尔软件产业集群是这方面的典型代表。三是资本与技术结合型产业集群。如日本的大田、德国南部的巴登——符腾堡等。一般说来，由于存在着不确定性以及研发与生产的日益分离，高新技术企业比传统产业企业更倾向于集聚。研究表明，在美国像电脑、制药等高新技术产业的创新活动明显多于传统产业,与此相对应,高新技术产业的企业更加倾向于以集群的形式存在。

2. 按组织结构分类

从产业组织结构看,大体可以把产业集群分为两种类型,即大中小企业共生型和小型企业群生型。前者是不同规模企业形成的综合体,既有一些规模较大、创新和竞争能力较强、与外界联系较大的大企业,也有一大批进行专业化生产和配套服务的中小企业,二者有机地构成一个大中小企业共生互助、协调发展的产业群落。后者则是由众多的中小企业按照专业化分工和产业联系,共同形成一个互动互补、竞争力较强的有机的产业群落。

3. 按功能分类

从集群的功能角度,产业集群可分为三种基本模式:一是传统的纯集聚模式;二是产业综合体模式;三是社会网络(俱乐部)模式。由于前两种模式早就存在,并进行了较多的理论探讨,为了区别的需要,学术界通常把新出现的社会网络型模式称为新产业集群或新企业集群。这种新型产业集群具有三个主要特点:第一是同业和相关产业的很多企业在地理上集聚。第二是有支撑的制度结构。第三是企业在地方网络中密集地交易、交流和互动。在这种集群中,通过市场网络联结起来的专业化中小企业起到了主导作用,这与产业综合体模式刚好相反。在产业综合体中,一般拥有一个或多个规模较大、竞争和创新能力较强的大企业,起着支配性或主导性作用。

三、产业集群发展的原因

随着社会经济的发展,全球经济一体化程度的提高,产品交易成本越来越低。由于运输费用下降、交易的便利程度提高等原因,企业逐渐面向全球进行生产,其产品的辐射范围越来越广,使得某地产品的市场需求大大增加,从而使得该地大规模生产某类产品,取得丰厚利润成为可能。

大规模的生产,可以细化分工,使用大型设备,促进创新等等,具有小规模生产无可比拟的优势。它使得某类产品的生产越来越集中在少数区域,可能导致两种发展模式:一是该区域的大型企业的规模越来越大,其生产的产品越来越多;二是该区域内的企业(中小企业为主)越来越多,形成一个产业集群,同一类产品的生产越来越多。在过去的一段时间,大规模生产以第一种模式为主。然而,随着社会经济的发展,人们生活水平越来越高,对产品的需求越来越具有个性化的特征,比如,人们不再像“文革”时期统一热衷于“绿军装”,而选择自己喜好的五颜六色的、各式各样的服饰。与之相适应,社会生产方式也逐渐由传统的“福特制”生产方式向柔性专业化(或“弹性专精”)生产方式转变,从而使得后一种模式比前一种模式更具发展优势。后一种发展模式,即产业集群发展模式也就逐渐处于领导地位。

动荡的市场环境和现代柔性技术的发展，使单个企业规模的重要性减弱，垂直一体化容易低效和僵化，而高度专业化的小企业可以获得更多的发展机会。它们可以从网络中得到信息与技术，应用小型数控设备，有效地攻占迅速变化的市场空隙，满足日益增多且易变的消费需求，成功与与那些靠规模支配市场的大公司竞争。在发达的地区，以使用数控设备和灵活调度劳动力为特征的柔性生产逐渐取代刚性的“福特制”，大企业垂直分离，中小企业繁衍，转包、战略联盟等关系得到发展，并相应出现了能够处理劳动关系、开展劳动力培训、制定竞争法规和规范金融市场的大量新机构，这些企业和机构在地理上集聚，产品开发、生产和营销一体化，形成了紧密联系的极具活力的产业集群。

总的来说，地方产业集群是在经济、技术、组织、社会等一系列结构变化的国际背景下应运而生的。其中包括政府对国土治理的自治权的分散和下放；国家支持主导产业的政策；大规模工业化与泰勒主义的结合；网络生产组织的产生；全球竞争和提高国家竞争力对地方化合作的需求；发展知识经济和创新、提高生产力的需求；城乡社区提高就业率的需求；区域竞争对新的区域治理结构的需求；提高生活水平和可持续发展的社会追求，等等。

【同步阅读7-1】

我国产业集群的类型

我国产业集群的形成有5种类型。

1. 依靠当地企业家精神和工商业传统，在农村或乡镇工业基础上建立的特色集群（在浙江称为专业化特色产业区），形成专业化小城镇。例如，浙江温州的劳动密集型专业化产业区。在浙江可以找到百余个这样的例子。

2. 在科技实业家创业基础上出现的高科技企业集群。在北京中关村的IT产业群中，新企业的衍生和中小企业的发展、企业家的成长和产业文化的变迁等现象十分明显。

3. 在“三来一补”的基础上发展起来的中小企业集群。例如广东东莞的劳动密集型专业镇。改革开放之初，港台地区的制造业面临着劳动力和土地价格飞涨、成本上升的压力，东莞以优惠的政策、丰富廉价的劳动力和土地资源，以及临近港澳、连接广深的区位优势，迅速发展成港台制造业的“工厂”，进入全球产业链。清溪镇的PC集群就是在此基础上形成的。

4. 外资带来多个配套企业发展起来的集群。如北京亦庄的诺基亚星网工业园那样的技术密集型集群，以北京首信、诺基亚为龙头企业，吸引了包括IBM和长城计算机公司合资的北京金长科国际电子公司、三洋能源有限公司、台湾富士康等公司在内的15家配套企业入住。

5. 在改制后的国有企业基础上经过企业繁衍和集聚而形成的集群。例如山东青岛的海尔、重庆的嘉陵摩托、辽宁营口的东北钢琴等集团附近，都有相关企业的繁殖和衍生。这些企业的存在，又促进了它们的配套产业发展，并在相关行业企业的竞争中创新和升级。

资料来源：中小企业管理概论[M]. 合肥：合肥工业大学出版社，2007。

四、产业集群的竞争优势

1. 产业集群对经济增长具有重要的促进作用，有助于形成和扩展专业化的区域市场。由于产业群能够在一定区域内集中形成核心产业，通常以一个主导产业为核心，众多企业又围绕核心产业在区域内聚集，相互之间的分工与合作，组成一个上下游企业相互连接的产业链条，同时催生营销企业和其他中介服务机构在产业集群区域内聚集，从而实现生产、营销、售后服务的相互衔接，并最终形成专业化的区域市场。这种专业化的区域市场成为区域经济发展的核心载体，在我国也不乏成功的案例。如浙江海宁的中国皮革城，皮革服装产量、交易量及出口量居全国第一，毛皮经营量占世界毛皮经营总量的1/4；温州的金属打火机市场生产销售量占全国的90%，现在已成为地区经济发展的核心力量。

2. 产业集群有助于形成和维持集群整体的竞争优势。众多企业在适当大的区域范围内，在特定的领域中，通过地理集中和专业分工的不断细化，各自围绕核心产业，发挥各自优势和群体协同效应，不断推进产业组织方式提升，并浓缩和提炼众多企业的品牌形成“区域品牌”，这就比单个企业的品牌具有更广泛、更持久的效应。同时，产业集群还可以获得外部规模经济。一方面，企业在地域上的集聚，通过产业关联与专业分工，借助区域市场降低了原材料、中间产品的采购成本和产品销售成本以及交易费用；另一方面，通过共享市场信息、基础设施、劳动力市场、中介服务机构、技术创新成果及集群整体形象等无形资产，所获得的外部规模经济是单个企业无法比拟的。

3. 产业集群有助于实现集群式创新。在集群区域内，企业与企业、企业与相关支撑机构的集聚，由供应商、客户群、垂直和水平联系的众多企业以及支撑机构的共同作用，形成了一个技术创新和有效扩散的区域创新系统。信息的集中、传递与扩散，企业与企业之间的相互竞争、学习和借鉴，企业与研究机构之间信息的充分交流等，不断地促进新成果、新工艺、新技术的产生与应用，促进区域创新能力的不断提高。美国硅谷之所以具有源源不断的技术创新能力，一个重要的原因就在于，以企业和相关机构之间的交流、信任与合作为基础的集群化，为集群区域营造了特殊的创新环境。

【同步阅读7-2】

国际成功高技术产业集群的共同特征

1. 集群内的产业集中、专业化分工与协作程度相对较高。各产业集群的支柱产业一般都集中为2~3个方面的高技术领域。

2. 产业集群内的协作配套体系完善。无论是集群内的中小企业之间,还是大企业与小企业之间的分包关系,都表现出高度灵活的合作关系。这就说明了成功的高新技术产业集群其组织基础都介于市场和等级制之间的网络关系。

3. 当地大学或研究开发机构的集中,且自主开发能力强大,高新技术成果的转化率高。不同的研究都表明,在推动高技术发展中,需要的是那些特殊的大学,那种与工商业发展有着一整套特定联系的大学或研究机构。需要注意的是,大学或研究机构要成为高技术经济发展的核心力量并不是由它的科研实力直接决定的。

4. 虽然地方化的智力资本是新产业发展的关键性因素,但是新产业与地方化智力资本并不存在必然的地理锁定效应。而突破这种地理锁定性的唯一途径就是与这些地方化的智力资本之间形成有效的外部网络联系。

5. 那种建立在共同基础科学之上的不同产业,在同一地点的集聚所形成的交叉性产业集群,才是地方保证持续发展和获取更高竞争优势的根本所在。

6. 当地政府部门对于产业集群的发展给予大力扶持,提供良好的政策环境,但政府部门严格遵循市场竞争规则,并不参与企业具体的生产经营活动。

7. 比较完善的社会服务体系,特别是金融、中介服务、劳动力教育和技术培训等体系比较完善。

8. 比较充裕和自由开放的当地劳动力市场,特别是高素质的管理者和高技能的工程师的可获得性十分重要。

9. 有一个鼓励创新、创业精神和新企业形成的商业环境,区域内信任度较高,集群内企业之间的交易成本低。

10. 区域内拥有现代化的基础设施,特别是完善的信息通讯设施,即地方产业集群发展的硬环境建设完善。

资料来源:中小企业管理概论[M].合肥:合肥工业大学出版社,2007。

7.2 中小企业国际化

【引入案例7-2】

温州东艺鞋业有限公司(以下简称东艺)的前身,是成立于1986年6月的温州东风工艺皮鞋厂。当年的东艺,注册资本只有4.6万元,十来个职工,日生产皮鞋20多双,产品无名无牌,仅是一个小小的作坊式的企业。时至今日,东艺已发展成为年销售额超过3亿元的制鞋大企业,产品畅销俄罗斯、东欧各国、日本、韩国、东南亚数国,少量出口美国、约旦、西欧等国,并远销中非、南非等国,成为浙江制鞋行业的最大企业之一,是全国制鞋业的出口大户和创汇大户。当时的东艺鞋业还打算在260亩的规划土地上建立起新的东艺工业园区,以构筑中国的"鞋都"。东艺的发展目标是:做鞋业巨匠,创世界名牌。

问题思考:

1. 什么是跨国经营?

2. 中小企业如何实现跨国经营?

资料来源:http://www.wx128.com。

中小企业在全球经济以及中国经济和社会发中扮演着重要角色。随着经济全球化的进一步发展和中国加入世界贸易组织,发展国际化经营已成为中国中小企业在新形势下的必然选择。

一、中小企业国际化的概念及特点

所谓的中小企业国际化,是指中小企业从事国际经营的外向型活动以及不断增加国际经营涉入程度的过程。其主要方式有:商品出口、许可贸易、特许经营、管理合同、项目运作、建立子公司等。当前的国际化企业主要有这样一些特点:

(1)多元化的产权主体。突飞猛进的技术和日益全球化的市场造就了一个新的全球竞争环境,在这个日益激烈的竞争环境中,企业想依赖自身单一的资源能力参与竞争,是难以在国际市场中取得更大的优势的。因此,实施国际化战略的中小企业必须开放思维,通过引进外来战略投资者、组建战略联盟、购并参股等多种方式,实现多元化的产权主体,将自身的利益与多个股东的利益捆绑在一起,以提升企业自身在资金、营销网络、制度、管理、技术创新等领域的竞争力。

(2)专业化程度提高。许多中小企业不断加大研发力度,提升自身经营的专业化水平,采用专业化或高度相关的多元化策略,加大对企业主营业务的投入,以提高中小企业所处行业的进入门槛,应对潜在竞争者的进入,保持企业主营业务的绝对优势和可持续发展,提高企业的核心竞争力,形成以效益为根本、以核心业务和客户为中心的经营战略。

(3)激励机制不断升华。新世纪各企业之间的竞争焦点是人力资源的竞争,越来越多重视资本设备的中小企业已经转为重视人力资源的引进和开发,将对员工成本的关心转移到员工产出的关心上来,在传统的物质激励制度、精神激励制度、人才开发制度、竞争激励制度基础上,创新了产权激励制度,通过给予高管、研发人员以及营销人员期权和持股,进一步启动人力资本的效能。

(4)积极完善研发创新机制。创新经济在新世纪中发挥着重要作用,人类社会从工业经济时代已经步入知识经济时代,一个企业在市场上胜负的决定因素和竞争原则已经发生了重大变化,仅仅靠降低生产成本的规模生产已经不能跟上市场需求的变化,而以创新为核心的柔性化生产模式则能在旧产品的饱和市场中开发出新的市场,保持企业在市场中的活力。中小企业的技术研发能力在很大程度上决定着企业未来的发展方向和前途,只有具备一定的技术研发和创新能力的企业,才能在市场竞争中长期立于不败之地,因此,中小企业应该将培养技术研发和创新能力纳入企业在国际化过程中的核心战略。

(5)不断加强信息化建设。随着信息时代的来临,有效的信息已成为财富增长的重要源泉之一。中小企业要走出国门,实施国际化战略,就必须对海外市场了如指掌,因此中小企业的信息化建设应该得到高度重视,并作为企业国际化战略中的一项重要议程。比如,管理信息系统的广泛应用,使中小企业普遍应用企业资源规划、客户资源管理等管理系统成为可能,中小企业的信息化建设对于我国商业经营管理水平的提高,将发挥不可估量的作用。

(6)全面推进产品标准及质量体系。在我国进入知识经济和信息时代的同时,我们不应忽视这也是一个质量经济时代。在这个质量经济时代,标准是衡量质量经济的一个标志。所有技术研发和创新都以产品和服务为载体而实现,消费者选择产品同时也选择了标准,产品和服务的质量已不再是一个独立的名词,从强化认证到主动要求权威认证再到全员全过程,可持续发展质量体系将掀起质量经济的热潮。

(7)规模经营和品牌经营同步突破。企业依靠经营获取名誉和利润,经营的好坏反映企业的发展是否健康。对所有企业而言,经营的好坏都是企业航行最重要的风向标。经营规模越大,并不代表企业的生产能力越强。中小企业应该在进行商品经营的同时,逐步实现资产经营和资本经营,提升商品经济规模,而这一经营过程中的重要载体就是产品和服务的品牌。每一个品牌都是一个系列的产品门类。中小企业应该把品牌作为一种资产来投资和经营,发挥其扩散力和增值力,使其成为一种企业规模扩张强有力的利器。

(8)良好的市场机制和产品营销体系。当今社会,竞争日益白热化,市场机制的作用进一步显现,竞争游戏规则也越来越透明化和规范化。中小企业在国际化战略的过程中是否会成功,取决于是否符合市场经济的规律。市场的有限性、客观性、强制性、信息不对称性决定企业必须建立产品营销体系。通过对市场信息的有效获取,对市场产品和服务的定位与细分,企业应该进行全方位的网络建设和电子商务平台建设,建立适应国际市场发展的国际化战略,用价格、质量、效用等各种因素争取消费者市场,提高市场占有率。

二、中小企业国际化的动因

中小企业国际化的最终目的是获得企业自身的发展，赚取更多的利润。在国际化经营方针的指导下，中小企业应充分利用现代科技进步的成果，通过在世界范围内合理配置自己所拥有的资源，积极参与国际竞争，以提升自身的竞争力，使企业能够发展壮大。中小企业实施国际化经营主要是出于以下动因：

1. **开拓更广阔的产品市场**

在经济全球化的背景下，确立企业竞争地位的必要条件，是能够占据足够的国际市场份额。通过国际化经营，中小企业可以开拓新的国际市场。因此，中小企业想要提高竞争力，实现可持续发展，必须开拓占领海外市场，通过进行跨国经营，克服国内市场的局限，扩大产品的销售额。实施跨国经营还可以绕过贸易壁垒，实现就地生产和销售，保护产品的市场份额，延长企业产品的生命周期。

2. **充分获取各种资源**

企业的发展离不开各种资源，企业要想不断地发展壮大，必须加大各种资源的投入，因此企业对各种资源，包括原料和燃料、人力资源等投资要素的需求都在迅速增长。在人口众多、人均资源占有率低的情况下，企业之间为开拓发展空间而相互竞争能源、原料的矛盾日益加剧。中小企业可以通过国际贸易的形式进口生产资源，也可以到国外原材料产地投资、销售，以方便获取资源。中小企业也可以在国外市场上寻找和创造需求，以拓展新的发展空间，进而增强企业的竞争力。

3. **吸收先进技术**

中小企业的技术能力相对较弱，再加上企业的生产和管理规模相对较小、资金不充分等原因，中小企业在市场上的竞争力也就显得较为有限，很难长期持续地与大企业开展竞争。因此，在实施国际化经营时，中小企业可以尽量引进国外的先进技术，吸收先进的管理理念，改造相对落后的设施设备，在升级技术的同时，全面提高生产管理、销售管理水平。工业化国家的企业很多是技术密集型或技术先进型，因此，我国中小企业可以在工业发达国家的技术先进地区积极寻求合作机会，争取直接参与到生产管理中，吸收一些先进技术和工艺，提高我国中小企业的技术能力。

4. **培养国际型管理人才**

我国中小企业与国际市场联系不够紧密，这使中小企业有时对国际环境中遇到的问题很难找到合理正确的解决方式，因此在国际化经营的过程中，它们就难以在竞争中把握住市场需求的动态，难以及时形成正确的应对机制和竞争机制，同时也缺乏既懂外语又懂专业的合适人才。我国中小企业可以尝试培养符合国际环境要求的具备专业素质的国际市场投资、营销、管理人才，在实施国际化经营的同时，也要勇于尝试和实践，大力培养国际型管理人才。

三、中小企业国际化的演变过程及战略选择

1. 中小企业国际化的演变过程

企业的国际化发展过程可分为四个阶段。

第一阶段：间接的、被动的非经常性进出口阶段。在这一阶段，企业经营活动主要局限于国内市场，甚至是地方市场，经营者认为企业没有在国际上发展的实力，首先集中力量把传统市场做好。在这一阶段，企业国际化业务不够充分，因此，没有设立专门的进出口部，而且是委托或依附企业内部原有部门来处理进出口业务，企业保持原有的组织结构。

第二阶段：直接或主动的经常性的进出口阶段。通过国内外的中间商销售产品外，还在国外市场拥有自己的销售力量或销售子公司，企业能更加积极、主动直接地到国际市场寻找供货者或者客户，与他们建立长期的合作和联系，可见企业的营销计划不仅着眼于国内市场，而且着眼于国外市场，通过积极开拓国际市场，满足国外市场的需要。总的来说，进出口贸易在这类企业全部业务中比重逐步上升，国际关系也在日益增长，但企业的贸易仍以国内为基础，基本上是一种国内企业。

第三阶段：设立海外分支机构。企业全面参与国际营销活动，在全球范围内寻找市场，不仅有计划地将产品销往许多国外市场，或进行许可贸易，而且还同时进行对外投资，特别是对外直接投资，即在国外建立生产经营基地，利用东道国的各种资源和销售网络，就地生产销售产品，并通过国外市场提供技术、服务和管理经验。但此时企业的营销在各个国家内分别进行，强调国家市场的差异性和特殊性，进行多国国内竞争。

第四阶段：全球导向型阶段。企业把全球市场作为一个整体来考虑，没有国际市场和国内市场之分，企业资源在全球范围内合理配置，通过经营活动的全球标准化，保证收益最大化，如麦当劳、可口可乐、微软等，事实上，要达到国际化经营的第四阶段是极不容易的。

尽管企业国际化的发展阶段，由低到高按照线性顺序排列，但是不应由此认为一个企业的国际化经营总是从一个阶段依次发展到另一个阶段。在实际经济生活中，各个企业的国际化进程是有差异的，有的企业在成长过程中，由于这个或那个原因，可能会跳过某个阶段，直接进入较高一级的阶段。因此，一个企业的国际化经营可以从任何阶段开始，或者同时处于几个阶段，而且，从管理的角度看，对企业国际化四个阶段的划分应该以性质而不是以数量为依据。这就是说，我们不能根据企业在国际化经营中销售额或销售利润的多少来划分和判断其在国际化进程中所处的位置。

2. 中小企业国际化的战略选择

成本压力和当地市场压力是进行国际化经营的企业不可避免地要面临的两种相

反的压力。一方面,企业进行生产必须遵循的原则之一就是成本最小化。成本压力导致制造业企业把产生经营活动安排在劳动力密集地区,并开发多个国家通用的高度标准化产品。另一方面,当地市场的压力却从相反方向起作用,增加企业的成本。针对当地市场制定差异化产品和服务战略可能涉及额外的费用,企业的成本将趋于上升。在成本压力和当地市场压力的两个条件约束下,公司在国际市场中根据自己发展的需要和具体的市场环境,可以采用四种基本的国际化战略。

(1)全球战略

全球战略是指当降低成本的压力很高而当地市场压力较低时,企业提供标准化产品和服务,并在少数地区从事集中化经营,通过全球规模的集权管理和规模经济来建立成本优势。

全球战略的优势表现为:

第一,公司高层在很大程度上集中控制着公司的战略规划。公司高层通过努力在不同的事业部门之间保证强有力的协作和整合的顺利实施,重点是有效控制公司的经营成本。因此,事业部或公司高层的努力所带来的创新应用可以更容易地从一个地区转移到另一个地区。

第二,标准化导致规模经济和低成本。当企业面临降低成本的压力非常大,且适应当地市场的压力相对较小时,最适合采取全球战略。采用全球化战略,要求企业将资源和能力都集中在组织中心,保证高度集中的权利。公司主要依靠在其所有的价值链活动中通过潜在的规模效应来获取高效率。大规模的、集中的标准化产品生产带来了规模经济,同时也必然会在一定程度上降低了成本。当然,为了增大规模效益带来的优势,企业不仅要扩展生产车间或扩大生产过程,还要建立更有效率的物流系统和更强大的分销网络。

第三,在全球范围内创造统一的质量标准。这是企业实施全球战略的另一个重要优势。不管在全球什么地方开展商业活动,企业都希望能够提供同样甚至更高水平的服务和更高质量的产品,并且能够得到相同的授权政策。公司应该将当地的文化因素融入其提供的产品和服务理念中,人事部门和法律部门应该帮助公司建立起尊重当地文化的政策,并满足全球的需求,同时维持产品和服务所能达到的最高程度的标准化水平。实施全球化战略经营的公司在全球任何地方都只有唯一的品牌、独特的形象、自己的公司文化和唯一的广告。企业为了将产品标准化并避免意外的发生,需要集中进行质量控制。

全球战略的风险是:

第一,单一区位可能导致较高的关税和运输成本。企业实现规模经济的要件是在少数几个地区集中价格相对敏感和重要的资源进行生产活动。但同时,这种集中方式也是一把双刃剑。比如,如果企业只在一个地区拥有生产制造设备,那么它必须出口其产品到其他地区的市场,而有些市场可能距离生产地很远,出口的运输成本会很高。因此,企业在制定关于转移这些设备的决策时,必须对集中化的潜在收益和较高的运输成本与交通成本进行权衡。

第二,活动集中化可能增加对单一设备的依赖。任何活动在地理上的集中可能使那种活动与目标市场隔绝。这种隔绝具有风险性。因为它可能阻碍生产设备对市场条件和需求的变化做出快速反应。

第三,适应当地市场的能力有限。产品或服务标准化能够带来低成本,但缺乏灵活性,无法根据不同的市场特征实施产品的差异化。实施全球战略的公司在不同国家或地区的子公司可能只有很少的资源去适应当地市场情况。通常,创新高度集中于公司高层,往往缺少对国外市场环境变化的准确理解和把握,也就难以满足市场中变化的需求,也难以达到满意的生产要求。所以,全球战略适应当地市场的能力有限。

(2)国际战略

国际战略是指当降低成本的压力和当地市场压力都比较低时,企业将其具有价值的产品与技能转移到国外市场,以创造价值。在实施国际战略时,企业把产品开发的职能留在母国以集中控制核心技术,而在东道国建立制造和营销职能。在大多数的国际化企业中,企业总部一般都严格控制产品与市场战略的决策权。

国际战略的优势是,采用这种战略,可以把差别化的产品转移到海外市场,可以利用企业在母国的专利优势技术与技术研发和创新能力在全球范围内进行技术扩散和适应性调整。

国际战略的劣势是,它要求企业在国外各个生产基地都投入生产建设,因此形成重复成本,加大经营成本。所以,国际战略缺乏因地制宜性,无法实现区位经济性,也很难充分利用经验曲线效应。当企业在国外市场上降低成本的压力较小,且核心竞争力在国外市场上拥有竞争优势时,采取国际化战略是非常合理的。但是,如果企业有能力根据当地的市场要求情况选择提供特殊的产品和服务,应该采取其他更合适的战略。

(3)多国本土化战略

多国本土化战略又称多国战略,是根据不同国家的不同市场,提供更能满足当地市场需要的产品和服务。实施多国本土化战略的公司首先在自己的国内市场开发产品,其次把产品提供给国外的子公司进行销售或改造。

多国本土化战略具有以下优势:

第一,能够使产品和服务适应当地市场条件。在全球战略中,决策者高度集中在公司高层。与之相比,多国本土化战略对国外企业分权管理,子企业自主性强,有权调整产品和快速应对需求变化,因为具有通过因地制宜实现产品和营销定制化的能力,能够满足不同市场的差异性需求,提高子企业经营的灵活性、适应性和开拓力。

第二，便于发现既定市场中潜在的有吸引力的市场空位。实行差异化战略，企业必然时刻密切关注影响目标市场需求的相关因素，语言、文化、收入水平、顾客偏好和分销体系方面的差异只是企业必须考虑的众多因素中的一小部分。一旦掌握了既定市场需求因素变化的动向，就容易发现得到满足或未被充分满足的需求。

多国本土化战略的风险有：

第一，缺乏利用规模经济以实现成本节约的能力。如果企业强调产品和服务的本地化适应性，也就是产品和服务的差异化，无疑会增加公司的经营成本，这与规模经济降低成本正好相反。在很多近乎完全竞争的产业中，竞争已经十分激烈，多数中小企业都难以承担起成本方面任何一点点的增加。企业的管理者必须在本地化产品或服务与成本最小化之间做出权衡取舍，这已经成为管理者面临的一个重大挑战。

第二，无法向国外市场转移独特竞争能力。由于不同的市场环境特征各异，因此多国本土化战略难以开发和直接利用已有的经验曲线效应。企业在多个国家从事商业活动，资源分散在很多国家，这种分裂难免会带来管理上的成本增加和效率降低。企业的学习也会受到影响，因为知识没有在一个中心地区得到合并，也无法在公司不同国家地区的不同部门之间流动，因此跨国传递知识的困难很大。

第三，由于环境变化可能导致“过度适应”或“适应不足”。在很多产业细分市场中，全球性或国家间收入不平等趋于下降等各种不同因素都可能导致全球标准化的增加。而在另一些产业细分市场中，尤其是在产品和服务能够通过互联网传递的领域，对更高程度的顾客定制和本地化适应的需求不断增加。企业必须基于现实基础重新调整对本地化适应的需求，过度适应和适应不足都必将付出代价。

(4)跨国战略

跨国战略是指当降低成本压力和当地市场压力都很大时，企业对各地市场划分大类，为不同大类市场提供不同的产品和服务，采取不同的策略，以满足不同的市场需求。

跨国战略的优势有：

首先，能够实现规模经济并适应当地市场。实施跨国战略的公司，要满足两方面的要求：一是要努力保持低成本，二是要以不同的产品和营销满足不同市场的需求。有一个一般性的方法可以决定是否集中化或分散化价值链中的活动：为了适应当地市场条件，“下游”的主要活动需要更多的分散化，如市场营销、销售和服务等；“上游”的主要活动则趋于集中化，如物流和生产作业等。这是因为企业可以从规模经济中获益，很少需要这些活动以适应当地市场；信息系统和采购等许多活动更有利于集中化的操作，这样可以提高规模经济的效益。

其次，能增加知识流动和学习。实行跨国战略的跨国公司努力权衡效率、本地化和学习三者之间的联系，并做出最佳决策，建立全球效率、经营差异性和世界范围的学习能力。企业把这种权衡视为实现国际经营灵活性的一种手段,而不仅仅是为了追求效率来获取自身利益。创新被看作是国际公司内部组织之间学习过程的结果,这种学习包括企业中每个成员的贡献。

第三,能将活动定位于最优区位。企业实施跨国战略的核心原则是按照在最佳区位开展每一种特定活动,因为企业包括资产和能力等各种资源都是分散的。因此,管理者要不仅避免把活动集中在一个中心地区,也不能为了提高适应性把活动分散在很多地区。

跨国战略存在的挑战有:

第一,在决定活动的最优区位时面临独特的挑战。实施跨国战略的企业在决定最优区位时,应当遵循成本最小化和质量最优化的原则,它们会面临独特的挑战。选择一种看似最优的定位并不能保证要素投入的质量和成本是最优的,管理者必须确保区位的相对优势能真正实现,不要因为生产率和内部运营质量方面的弱点而被浪费。

第二,在培育知识传递时面临的独特的管理挑战。虽然知识传递可能成为竞争优势的一个重要源泉,但这不会自发地形成。因为传递只是发生在子公司之间,但更重要的是知识源泉、目标企业和公司总部认识到这种独特技能知识的潜在价值。企业必须创造出一些机制,去系统地揭示知识的传递。

三、中小企业国际化经营的具体方式

1. 内向型国际化经营

内向型国际化经营包括:

(1)进口

进入国际市场是依靠企业的高质量产品和优质服务,这是打开国际市场的钥匙。高质量的产品除了需要高素质的工人外,还需要高质量的原料和高质量的机器设备。例如,改革开放以来,中国的许多中小企业在小家电产品的生产制造上都具有了一定的成本优势,但国内企业只有宝钢集团一家能生产制造小家电所需的高质量钢材和高精度的电镀锌,如果这些材料不进口,那么宝钢集团就占据了垄断地位,并有可能实现卖家垄断一方定价的局面,结果是中小企业或者继续从宝钢集团购买,承担高额生产成本,或者用劣质钢材替代。最终的结果肯定是中小企业在消费者市场中失去信誉,难以长期生存。因此,通过进口,中小企业可以摆脱由于某些原料或机器设备被国内企业垄断而被迫承受高价或者使用劣质材料而使自身信誉受损的局面;通过进口,中小企业可以提升自身产品质量,从而为下一步将自己的产品打入国际市场奠定坚实的基础。

(2)引进技术

中小企业在国内和国际竞争中,增强其自身的竞争力是比引进先进设备更为关键的因素,但是引进先进技术本身也属于提升竞争力的一部分。引进技术可采用两种具体方式:一是聘请经验丰富的高层管理者,人力资本是规模效应递增的资本,因此通过这种“引智”,实现达到技术引进的目的,如江苏沙钢聘请了长期从事电炉炼钢工艺和装备的研究、在电炉冶炼技术方面具有丰富的理论知识和实践经验的炼钢连铸法国专家米歇尔博士,从而大幅度地提高了其炼钢技术水准。二是直接引进技术。中小企业的技术引进应遵循先进性原则、适用性原则、引进与消化吸收及创新相结合的原则。

(3)与外商举办合资、合作企业

这是指在未来较长的时期内,我国中小企业实施国际化战略的重要途径是参与外资在华的投资活动,与外资在华举办合资、合作企业。数据显示,最近20年来,跨国公司正在加大对华投资的力度,其对华投资增速每年平均都在10%以上。跨国公司的投资领域主要有三大领域:制造业、研究与开发及零售业。对零部件产业进行投资表现在对制造业领域的投资,外商会外包一些项目的资源,以减少自己生产的成本,这给中国诸多中小企业提供了与之合作、向之学习的良好机会。在中国投资研究开发,不仅为跨国公司提升技术水准提供了机遇,还能培养大量中国企业发展所需要的科技人才。

2. 外向型国际化经营外向型国际化经营包括:

(1)出口

出口是中小企业实施外向型国际化战略的最简单的一种方式,这种方式使拥有者具有最小成本的优势。中国加入WTO、外经贸经营权逐步下放,中国的出口已经成为拉动经济增长的一项重要源泉,直接出口已经成为中小企业国际化经营最常用的方式。中小企业应做好以下四项工作保证成功地出口:

第一,树立长远的战略目标。实践表明,中小企业在获得进出口权之前,长期受到进出口制约,一旦授权,其活力突然释放出来,短期内进出口贸易额有了极大的提高。但从长远来看,中小企业应该重视产品开发和技术创新,并且及时对世界市场的需求变化做出快速反应,改革创新以继续维持并增强其出口产品的竞争力。然而,部分企业由于缺乏长远的战略规划,导致企业在经过短期增长后,产品出口大幅下降,甚至有的中小企业因此而被市场淘汰。

第二,确定出口产品的设计原则。一是实事求是原则。中小企业应根据自身的生产研发能力和市场需求情况生产供应其产品和服务。二是差异化原则。即出口的产品应该根据不同的国际消费市场特征而生产研发的,应该有一定的特殊性和专门性,以满足顾客某种特定的需要。与大型企业相比,中小企业最大的优势在于能对市场上出现的各种特殊需求迅速做出反应。三是市场需求原则。需求决定供给,在生产产品或提供服务时,应当满足进口国顾客的需要。四是低售后服务或零售后服务原则。对中小企业而言,及时向国外消费者提供优质的售后服务不仅非常困难,且代价十分高昂。因此,选择出口的产品应是对企业售后服务要求不高的产品,比如鞋、服饰、打火机等产品。

第三,选择出口市场。由于中小企业自身经济实力相对较弱,因此,在选择出口市场时,应选择其产品具有竞争优势的重点市场进入,先获得一定的国际市场并稳定发展,再逐步创造和开拓其他国际市场。西欧、北美及东南亚国家和地区的市场容量较大、发育较成熟,这些地区的国家绝大多数是 WTO 成员,虽然进入这些市场可享受到关税及其他方面的优惠,但也不能忽视这些市场竞争激烈、市场趋于饱和的现实。而拉美、非洲、东欧和独联体等国家和地区的市场,尤其是其中一些 WTO 成员国的市场不如发达国家和地区成熟,竞争环境也相对缓和,在这些地区实施出口国际化战略容易获得较高利润。当然,出口也要注意控制新兴市场的风险,掌握当地市场需求动态,这样才能稳妥地进行商业活动。

第四,选择出口方式。中小企业应该正确处理自营出口和代理出口之间的关系。中小企业在短期内不宜完全脱离代理出口。原因有两个:其一,中小企业普遍缺乏专业外贸人才和国际营销经验,这种状况在短期内很难彻底改变。其二,短期内中小企业难以形成广泛的国际营销网络,而这正是专业外贸公司的优势所在。因此中小企业还需依赖外贸公司的代理以保持出口的稳定增长。即使有些中小企业已经获得自营进出口权,但由于经营的品种繁多,且每种产品都有其自身的特点和需求层次,此时选择外贸公司代理出口亦可减少其自身一定的市场研究成本。所以中小企业在进出口经营初期,在未能完全在国际市场上占据主动、未能完全打响自己品牌时,走自营与代理相结合的道路是一种明智之举。

(2)对外直接投资

第一,在投资区位选择上,中小企业应采取逐步推进的战略。选择按照先发展中国家后发达国家、先周边国家后相距较远的国家的顺序逐步推进,这样的区位战略是符合中小企业特点的,且是可行的。这主要是基于以下事实:一是随着发展中国家经济的迅速发展和发达国家跨国公司战略的调整,跨国公司对发展中国家的资本输出已出现了逐步减少的趋势。这既为中国诸多中小企业在地区决策方面提供了依据,也为中小企业的投资提供了难得的契机。二是限制发中国家经济发展的两个关键因素一直是资金稀缺和先进技术缺乏。三是中国的中小企业为了发展,不断地开发了很多新技术与机器设备,这些都能适应发展中国家的经济发展,因此非常受其他发展中国家和地区的欢迎。

第二,在投资产业的选择上,一是要以商务部颁布的《中国企业对外投资产业指导目录》为准绳;二是要从中小企业实际出发。由于我国中小企业比较适合投资于生产规模经济程度低、进入壁垒低、完全竞争的行业,因此不需要大量投入与复杂的技术研发创新活动,也不需要太多的固定资产投资。当然,对于一些已具备一定技术实力和资金实力的中小企业可以走高新技术道路，投资于高新技术产业。

第三，在投资市场选择上，中小企业避开跨国公司的强势领域，选择市场缝隙实施经营活动。实力雄厚的跨国公司已渗透到很多领域，中国中小企业尚属"弱者"，如果不自量力，在跨国公司已经进入的领域参与竞争，结果必然会碰得头破血流，被市场淘汰。相反，如果我们选择那些跨国公司不愿进入或跨国公司薄弱的领域入手，则成功的概率将会增加很多。

【同步阅读7－3】

一位一年成交230架飞机的跨国推销

"空中客车"公司是法国、联邦德国和英国等国家合营的飞机制造公司，总厂设在法国的图卢兹。该公司生产的客机性能优良，但是，由于它是20世纪70年代新办的企业，外销业务一时难以打开。为了改变这种被动局面，公司决定招聘能人，以求打入国际市场。

拉弟埃正是在这一背景下于1975年被该公司聘用的。他懂得这次应聘，主要是靠他为该公司打开销路。可是，他应聘之日，正是世界经济衰退、各大航空公司都处于不景气之时。但是，他还是挺身而出，一展身手。

拉弟埃走马到任时遇到的第一个棘手问题是和印度航空公司的一笔交易。当时这笔生意未被印度政府批准，大有落空之势。他得此情报，便匆忙赶赴新德里。他的谈判对手就是印度航空主席拉尔少将。在拉尔接见时，拉弟埃对他说："因为是您使我有机会在我的生日这一天回到了我的出生地。"随后，他向对方介绍了身世，说他于1929年3月4日出生于加尔各答，当时他父亲任法国米歇林公司驻印代表，拉尔听后大为感动，当即请他共进午餐。万事开头难。拉弟埃见首招管用，便趁热打铁，于是他从公文包里取出一张相片呈给拉尔，并问："少将先生，您看这照片上的人是谁？""这不是圣雄甘地吗？"拉尔回答。"请您再看旁边的小孩是谁？""就是我本人呀，那时我才3岁半，随父母离开贵国回欧洲的途中，有幸和圣雄甘地同乘一条船。"这笔生意就此成交。事后拉尔说："带着圣雄甘地的照片前来向我兜售飞机，这还是破天荒第一次，我不能再拒绝了。"1979年，拉弟埃又创纪录地为该公司推销了230架飞机，价值420亿法郎，使该公司继美国波音公司之后，成为西方第二大民用飞机公司。

资料来源：中小企业管理教程案例集[M]. 上海：上海财经大学出版社，2006。

3. 联合经营

联合经营包括：

(1)跟随战略指跟随大企业在国外建立工业园区、在国外进行紧密协作、在国外组成合资企业等。在海外建立工业园区的模式是中小企业以国内大企业为核心，在实施国际化战略时将整个或大部分产业链转移到国外，从而解决大企业在投资目标国或地区面临的产业链前向和后向联系脱节的问题。此外，这种集团式海外直接投资也省去了在当地重新寻找配套企业，与之建立协作关系的时间与成本。实际上，国外大跨国公司已经采取这一形式，如大众汽车公司在上海建立的生产基地、诺基亚公司在中国建立的星网工业园等。

(2)在国外进行紧密协作。中小企业的投资目标国和地区不一定要和大企业完全一致，中小企业还可以在第三国建立生产基地和经营实体，同时保持与大企业海外机构间的紧密协作关系；另外，也给中小企业一定的独立发展空间，从而更好地发挥自身优势，提高海外直接投资的效益。

(3)在国外组成合资企业。合资企业形式是指虽然在国内中小企业与大企业之间是相互独立的，但在国际化时，双方可以根据各自的优势组成合资企业，或者某种形式的联营体，以达到资源的最佳配置，如大企业出资金、出技术，中小企业出熟练工人等。因此，中小企业就必须甘心做“配角”，同时，中小企业和大企业也不能再维持“大而全”和“小而全”的局面。

4. 共享品牌

共享品牌需要一定的实现条件。一是产品存在关联性。共享品牌的中小企业，其产品应该具有某种关联性，适宜使用同一个品牌。如各共享企业的产品同属婴儿卫生用品，则可以考虑统一共享使用品牌。二是具备整体品牌运作的能力。共享品牌后，品牌共享联合体要具备整体品牌运作的能力。虽然共享品牌之前，各企业“各自为战”独立开展品牌运作，但共享品牌后，品牌共享联合体要能够通过某种方式有效地整合各共享企业的力量，进行整体品牌运作。

品牌共享战略对中小企业国际化具有重要意义。第一，有利于中小企业力量的整合。实际上，品牌共享战略可以看作是中小企业集群战略在品牌上的体现。通过共享品牌和整体品牌运作，品牌共享联合体可以有效地整合起各共享企业分散的力量，有利于开展整体品牌运作。这对于中小企业集群进入国际市场，迅速树立自己的品牌形象非常重要。第二，品牌共享战略有利于塑造中国企业的良好形象。通过品牌共享和整体品牌运作，不仅可以帮助中小企业树立自己的品牌，在国外市场站住脚，而且还有利于塑造中国企业的良好形象。因为开展海外直接投资的中小企业同时也是中国企业，在国外它们代表的就不仅仅是它们本身，也代表着整个中国企业的形象。因此，中小企业品牌共享战略的成功实施也有利于后续中国企业的海外直接投资。

【同步阅读7-4】

法国白兰地长征到美国

把自己的形象推入一个崭新而陌生的领域，只有出奇制胜。20世纪50年代，法国白兰地开拓性地打入美国市场就是一个很好的例子。白兰地在法国早已享有盛誉，畅销不衰。厂商的目标转向美国市场，如何打入美国市场？采用什么方式、利用什么时机效果最好呢？营销专业人员通过调查，搜集有关美国的大量信息，经过详细策划，决定抓住法、美两国人民的友谊做文章，选择美国总统艾森豪威尔67岁寿辰作为宣传时机，赠送两桶极名贵、窖藏67年之久的白兰地作为贺礼。贺礼由专机送往美国，并向保险公司支付了巨额保险。酒桶特邀法国著名艺术家特别设计制作。总统寿辰之时，在白宫的花园里举行隆重的赠送仪式，由身穿法国传统宫廷侍卫服装的青年抬着两桶白兰地正步进入白宫。这项计划得到法国政府的赞赏和支持。美国公众在总统寿辰1个月前就分别从不同的渠道获得了有关信息，一时间，法国白兰地即刻成了新闻报道、街谈巷议的热门话题。那天，白宫周围人山人海，人们笑容满面，挥动着手中的法国国旗，千百万人翘首盼望着这两桶名贵的白兰地的光临。于是，出现了万人空巷的盛况。当这两桶仪态非凡的美酒登场亮相时，群情沸腾，欢声四起，有些人甚至大声唱起了法国国歌《马赛曲》。此刻的美国公众，似乎已经闻到了醇清芬芳的酒香，品尝到了友谊佳酿的美味。关于名酒驾到的新闻报道、专题特写、新闻照片占了当天各大报的大量版面。法国名酒圆满地完成了企业品牌宣传的计划目标，成功地进入了美国市场。

资料来源：中小企业管理教程案例集[M]．上海：上海财经大学出版社，2006。

四、影响中小企业国际化经营方式择的因素

影响企业进入国际市场模式选择的因素很多，总体上可以分为外部因素和内部因素两大类。

1. 外部因素

它主要包括市场因素、环境因素、生产因素和国内因素四个部分。

(1)市场因素。如果东道国的市场规模较大，或者市场潜力较大，则企业可以考虑以投资模式进入，反之则可以考虑以出口方式进入，以保证企业资源的有效利用。如果东道国的市场竞争结构属于自由竞争，则以出口方式为宜；如果是垄断竞争或寡头竞争型竞争结构，则应以投资方式进入。

环境因素。如果东道国的政局稳定、法制健全、贸易与投资政策较为宽松，则可以考虑以投资模式进入；反之，则以出口模式或契约模式进入为宜。如果东道国的国民生产总值和人均国民(2)收入较高，国际收支保持平衡，汇率稳定，则可以考虑以直接投资模式进入；反之，则以出口模式和契约模式进入为宜。如果东道国的社会文化与公司母国的社会文化差异较大，则应对投资持谨慎态度，以出口方式进入为宜；反之，则可以考虑直接投资。如果东道国和公司母国距离较远，则可以考虑投资方式，以避免长途运输所带来的高成本。

(3)生产因素。指企业组织生产所必需的各项生产要素的可获得性和价格。如

果企业在母国的生产成本加上运至东道国的运费低于在东道国生产所需花费的成本，则应采取出口模式。否则，应考虑契约模式的投资模式。

(4)国内因素。如果本国市场竞争结构属于垄断竞争或寡头垄断，则企业可以考虑以契约模式或投资模式进入外国市场；如果本国市场竞争结构属于自由竞争，则企业可以采用出口方式。如果本国的生产要素价格便宜且容易得到，则企业可以采用出口方式进入外国市场；反之则应采用直接投资方式进入外国市场。如果公司母国政府对出口采取鼓励和扶持的政策，或者对企业向境外投资有严格的约束，则可以采用出口方式；反之，则可以考虑直接投资方式。

2. 内部因素

它包括产品因素、资源和投入因素两个部分。(1)产品因素。如果企业生产的产品附加价值高、技术复杂，则以出口方式为宜，因为高附加价值的产品在国外市场上可能需求不足，同时还可能由于当地技术基础无法满足要求而难以在当地生产。如果企业生产的产品属低值易耗品，则可以在许多国家生产。另外，如果企业所生产的产品的用户对售后服务要求较高，则一般以直接投资方式为宜，以保证让用户满意。

(2)资源和投入因素。如果企业实力雄厚，具有一定的竞争优势，并能承担较大风险，技术较为先进，且积累了较丰富的国际市场营销经验，则可以采用直接投资方式进入外国市场。相反，竞争实力薄弱、风险承受能力有限的企业则以出口方式为宜，待企业实力增强，积累了一定经验后再采取直接投资模式。

【业务链接 7－1】

上海埃通电气股份有限公司的国际化经营战略

1997 年 1 月 18 日，埃通电器有限责任公司在一家破产企业的基础上成立了。公司专门从事工业自动化和输配电产品的开发、生产和应用，被上海市科委认定为高新技术企业。公司当时有在册员工 97 人。1997～2000 年公司连续保持盈利，每年销售收入都保持在 3500 万元左右，人均销售收入近 50 万元，平均每年的利润为 260 多万元，名列同行业前茅。投资回报率每年都在 10% 以上。

成立之初的埃通电器希望能够快速发展起来，但是企业在产品和技术方面又与国际先进水平有较大差距。为了有一个高的起点，公司需要借助“巨大的肩膀”，于是选择了与美国罗克韦尔公司进行合作。从此企业走上了国际化经营的道路。

1. 设计活动分析。这里所说的设计活动主要是指产品的二次设计，即将设计院的原理设计转变为生产设计。因为熟悉国内客户的需要和国内电力设施和设备的现状，埃通电器在这方面有优势。因此，产品设计是在企业内部由企业自己的研究人员完成的。

但是，在与罗克韦尔公司合作的过程中，该公司负责免费提供技术支持和技术培训,免费为埃通电器培养了一大批技术骨干。因此,埃通电器的设计活动是国际化的。其结果是,埃通电器的设计活动既保持了先进性,又能够满足国内市场的需要。

2. 生产活动分析。埃通电器在国内外市场上组织各种产品,组装成最终产品提供给客户。其中的关键部件是由罗克韦尔公司提供的。也就是说,埃通电器的生产活动也是国际化 的。主要产品从罗克韦尔公司购买,其他产品从国内企业购买,埃通电气自身只承担有限的生产活动。这种生产活动的组织方式,提高了质量,降低了成本,减少了企业在固定资产方面的投资。

3. 销售活动分析。考虑对市场的熟悉程度以及产品的特点,企业的目标市场定位在国内市场上。埃通电器有过生产电气产品的背景,对国内客户的需要比较熟悉。另外,公司电气产品的销售是一个与技术活动密切联系的过程,需要技术人员、销售工程人员到实地进行考察。因此,企业的市场定位还是以国内市场为主。

虽然埃通电器的主要市场在国内,但是企业已经开始融入全球经济,体现了国际化经营的优势。通过与罗克韦尔公司合作,埃通电器产品的性能价格比提高了。在产品达到原装的性能和质量的同时,价格下降了约1/3。企业在国内市场上的竞争力提高了。

问题思考:

1. 中小企业国际化经营的关键是什么?

2. 埃通电器的国际化经营有什么特点?

资料来源:http://www.chinapower.com.cn。

【自测与训练】

一、实训题

1990年前,江苏帝奥集团公司的前身是一个名不见经传的小型服装厂,虽经几年拼搏,但总是形不成外贸出口的“大气候”。有一次,日商下达了500多万美元的服装货单,经济效益可观,但时间要求紧,本厂吃不了这么大的“蛋糕”,请兄弟厂帮忙,又不能配套,结果到嘴的“肥肉”只有放弃。实践使他们认识到,要想在国际市场上占有一席之地,没有一定的规模,不把“蛋糕”做大就形不成规模效益。1992年,他们兼并了亏损大户市针织总厂,1993年、1994年又与外商办起了合资企业,1995年又吸收了几个服装厂作为公司的附属厂,并及时成立了南通市市级外贸服装集团。1996年被升格为省级外贸服装集团。之后,他们按照国际惯例和国外先进的管理经验管理企业,从计划下达到成品出口,公司根据每个成员企业的技术力量进行分工合作,前后工序互相监督,因此,最大限度地减少了上手、落手的时间,大大提高了劳动效率。当时,其年外贸生产能力达到3000万件(套)、针织品500多吨。由于各成员企业优势互补,对外承接货单的能力大大加强,交货及时,质量可靠。日本、美国、中国香港地区的许多客户总愿把货单交给他们做。即使在服装淡季,公司内还是热气腾腾。

国际市场瞬息万变,只有提高产品的档次才能生存发展,而提高产品档次就要进行技术改造,投入巨额资金。但是在国家宏观调控的背景下,贷款十分困难。利用外资对企业进行嫁接改造,这是他们选择的一条发展之路。首先,他们专门成立了对外项目洽谈组,在对外贸易的合作伙伴中寻找合作对象。在洽谈之前,他们先统一思想,破除"合资办企业是向外商拱手送利润"的糊涂观念。公司总经理王进飞列举了利用外资嫁接改造老企业的好处,使大家认识到,合资后不仅利用了外资,而且引进了科学的管理经验,提高了产品档次,与合作外方一起增加了利润。同时,办了合资企业,有了进出口经营权,从某种意义上说又降低了生产成本。思想一通,公司领导层利用外资的积极性提高了。其次,组织得力班子进行招商,总经理亲自挂帅,经过两年多的努力和考察,最后与日本的创作、创进株式会社等3家外商达成了协议,创办南通创作时装有限公司、南通创进时装有限公司、南通金晋时装有限公司,总投资514万美元,实际利用外资100多万美元,对工厂的老设备进行了更新,全部配备了具有20世纪90年代先进水平的电脑平缝机、整汤机、检针机等,使几个公司全部能生产高档服装,服装质量在省同行业抽检中获"金质奖",产品销往日本、美国、英国、中国香港等十几个国家和地区。

问题:

1. 江苏帝奥服装集团有限公司的国际化处于什么阶段?
2. 我国中小企业国际化经营的方向是什么?

二、自测题

1. 简述产业集群的概念与特征。
2. 简述产业集群的竞争优势。
3. 中小企业国际化的含义与特点。
4. 中小企业国际化的一般战略。

附1：习　题

第1章　中小企业组织

一、单项选择题

1. 以下属于企业的是____。（　　）

A. 一人有限责任公司　　B. 无锡市人民政府

C. 无锡市第一人民医院　　D. 个体工商户

2. 一般来说，以下哪种类型企业属于____劳动密集型企业。（　　）

A. 汽车　　B. 飞机制造　　C. 生物工程　　D. 纺织

3. 不属于按占用资源的集约程度不同划分的企业类型是____。（　　）

A. 劳动密集　　B. 小型微利　　C. 技术密集　　D. 知识密集

4. 最新型的组织结构，也叫虚拟组织的是____。（　　）

A. 直线型　　B. 职能型　　C. 网络型　　D. 矩阵型

5. 合伙企业____的，为合伙企业的成立日期。（　　）

A. 营业执照签发之日　　B. 合伙协议签订之日

C. 收到合伙人出资之日　　D. 办理税务登记之日

二、多项选择题

1. 属于企业基本特征的有____。（　　）

A. 是一种经济组织　　B. 以营利为目的

C. 实行独立核算　　D. 依法设立

2. 按企业在法律上的不同地位，可以将企业分为____。（　　）

A. 独资企业　　B. 合伙企业　　C. 大型企业　　D. 中小企业

3. 属于中小企业优点的有____。（　　）

A. 经营风险和财务风险小　　B. 可以聚拢社会的优秀人才

C. 经营决策机制简单灵活　　D. 可以灵活地改变经营方向，应变力强

4. 中小企业组织结构有哪些类型____。（　　）

A. 直线型　　B. 职能型　　C. 矩阵型　　D. 直线职能型

5. 企业名称一般由哪个部分构成____。（　　）

A. 企业登记注册机关的行政级别和行政管理范围　B. 商号
C. 企业的行业或经营特点　D. 企业的法律性质

三、填空题

1. 按占用资源的集约程度不同,可将企业分为劳动密集型企业、____、技术密集型企业和知识密集型企业。
2. 中小企业组织结构有多种类型,包括____、____、直线职能型、矩阵型、网络型。
3. 合伙企业的合伙人____、共同经营、____、共担风险,并对合伙组织承担连带无限责任。
4. 按股东所承担责任的不同及公司企业成长发展历程,可将公司分为无限公司、两合公司(包括股份两合公司)、____与____。
5. 设立股份有限公司,应当有____为发起人,其中须有____的发起人在中国境内有住所。

四、判断题

1. 企业一定具备法人资格。（　）
2. 有限合伙人可以执行合伙事务,并可以对外代表有限合伙企业。（　）
3. 如果从事的是须获得国家特殊许可行业的生产经营或服务活动的,还需事先经过国家有关主管部门的审批批准并获得相应的许可证,才能取得相应的营业执照。（　）
4. 从业人员20人以下或营业收入300万元以下的工业企业为微型企业。（　）
5. 个人独资企业是指依照《中华人民共和国个人独资企业法》在中国境内设立,由一个自然人投资,财产为投资人个人所有,投资人以其个人财产对企业债务承担有限责任的经营实体。（　）

五、简答题

1. 简述企业与法人、公司、工厂的关系。
2. 简述知识密集型企业的特点。
3. 简述中小企业划型主要依据。
4. 简述中小企业的作用。
5. 简述中小企业的优势之处和不足之处。

六、案例题

［案例一］

1976年，当时就职于阿塔利公司的乔布斯和就职于惠普公司的沃茨尼克共同设计出了一快计算机芯片（苹果一号）。他们在斯坦福大学的一个家用计算机俱乐部展示时，许多人表示要买。于是乔布斯卖掉汽车，沃茨尼克卖掉计算机，筹得1300美元，用这些资本，他们建立了合伙制企业，主要开发计算机芯片。1976年6月，乔布斯带着一块芯片去找一家电脑零售商拜特行，拜特行的老板一下子就订购了50块。但是资金短缺成为制约企业发展的一大障碍，乔布斯施展各种手段，如采取赊账方式购买零件。

苹果一号的销售情况出乎意料的好，乔布斯和沃茨尼克开始意识到，他们的小资本根本不足以应付这种快速发展。乔布斯后来回忆说："大约是在1976年秋，我发现市场的增长比我想象的要快，我们需要更多的钱。"为此，他们分头去找自己在阿塔利和惠普的老板，请这些大公司接受他们的苹果电脑原型，但均未受到重视。1976年秋，他们决定设立自己的公司。公关公司总裁麦克纳向一位风险投资家瓦伦丁推荐了乔布斯，瓦伦丁经过考察后决定投资，并介绍给从英特尔公司提前退休的马古拉。

时年38岁的马古拉已是百万富翁，他与乔布斯和沃茨尼克共同讨论，花两个星期的时间拟出一份苹果公司的商业计划书。马古拉自己投资9.1万美元，还争取到美国商业银行25万美元的信用贷款。然后，三人共同带着苹果公司的商业计划书，走访马古拉认识的风险投资家，结果又筹集了60万美元的创业投资。马古拉出任苹果公司的董事长，乔布斯任副董事长，沃茨尼克出任研究与发展的副总经理，总经理则由马古拉推荐的生产专家斯科特担任。

1977年4月，苹果公司在旧金山举行的西岸计算机展览会上，首次公开发表了新产品——苹果2号，1977年销售额为250万美元，1978年为1500万美元，1979年达到7000万美元，1980年达到1.17亿美元，1981年达到3.35亿美元，1982年达5.83亿美元，成为《福布斯》500强之一。这是第一家在五年内，就进入《福布斯》500强排行榜的新企业。

1980年12月12日，苹果公司第一次公开招股上市，以每股22美元的价格，公开发行460万股，集资1.01亿美元。乔布斯、马古拉、沃茨尼克、斯科特四个人拥有苹果公司40%的股份，其中，乔布斯拥有750万股，价值1.65亿美元；马古拉拥有700万股，价值1.54亿美元；沃茨尼克拥有400万股，价值8800万美元；斯科特拥有50万股，价值1100万美元。早先在苹果公司下注的创业投资家，都获得了丰厚的回报。阿瑟·洛克1978年花5.76万美元，以每股9美分的价格买了64万股，公开招股上市时价值达1400万美元，增值243倍。1983年初，乔布斯公开宣称，苹果公司创造了300个百万富翁，此时，乔布斯自己在苹果公司的权益为2.84亿美元。

试问:

1. 结合本案例分析,创立一家企业需要哪些条件?

2. 苹果公司是如何一步一步发展成为上市公司的?

[案例二]

中天纺织服装公司与王某、李某开办的亿龙贸易有限公司签订了一份购销合同,由中天纺织服装公司向亿龙贸易公司供货,贸易公司收到货物后未支付货款30万元。中天纺织服装公司诉至法院,法院判决支持中天纺织服装公司的诉请。中天纺织服装公司申请强制执行,但亿龙贸易公司无财产可供执行。在执行过程中,王某、李某均陈述在开办贸易公司时未有资金投入,50万验资款是长江经济发展中心汇入的。中天纺织服装公司认为三被告采取虚假验资手段,开办空壳的贸易公司,遂将三被告诉至法院,要求三被告共同赔偿中天纺织服装公司的货款。

王某与李某对中天纺织服装公司的诉请无异议,表示当时注册公司时确实没有出资。但长江经济发展中心辩称50万元确系其打入验资单位账号的,但是该50万是王某、李某向其的借款,公司不存在抽逃资金的行为,请求驳回中天纺织服装公司的诉请。

试问:

1. 长江经济发展中心的辩解理由是否成立?

2. 法院应如何判决?

第2章 中小企业生产运作管理

一、单项选择题

1. ____是对企业未来较长一段时间内资源和需求之间的平衡所做的概括性设想。 ( )
   A. 综合计划 B. 主生产计划 C. 物料需求计划 D. 生产作业计划
2. 产品从设计、制造到整个产品使用寿命周期的成本大小,具体表现为设计成本、制造成本、使用成本等,是指产品的____。 ( )
   A. 安全性 B. 可靠性 C. 及时性 D. 经济性
3. ____就是使以顾客为中心的、包括市场营销和客户服务的业务流程自动化并得以重组。 ( )
   A. 客户服务管理 B. 客户关系管理 C. 需求管理 D. 采购管理
4. 不属于库存管理策略的是____。 ( )
   A. 经济订货批量 B. 库存储存期管理
   C. ABC 分类管理 D. 全面管理

5. 不属于供应链特点的是____。 (　　)

A. 复杂性　B. 静态性　C. 增值性　D. 交叉性

二、多项选择题

1. 生产运作计划的构成有____。 (　　)

A. 综合计划　B. 主生产计划　C. 物料需求计划　D. 生产作业计划

2. 供应链中三种“流”指的是____。 (　　)

A. 物流　B. 信息流　C. 资金流　D. 人流

3. 属于供应链管理运营机制的有____。 (　　)

A. 合作机制　B. 决策机制　C. 激励机制　D. 自律机制

4. 质量成本控制是对质量成本发生的全过程的控制，有以下几种控制标准____。

A. 无缺陷标准　B. 实物标准　C. 接受质量水平　D. 废品率 (　　)

5. 预防成本是指为了使损失成本和鉴定成本保持在低限度而支付的费用，包括____。 (　　)

A. 试验检验费　B. 退货损失费　C. 质量评审费　D. 质量培训费

三、填空题

1. 主生产计划所确定的生产总量必须等于总体计划确定的生产总量以及____、人员能力、库存能力、____等资源的约束。
2. 我国产品质量标准可分为四级：国际标准、____、部颁（行业）标准和____。
3. 全面质量管理的基本工作程序——PDCA 循环是指：____、执行、____、处理。
4. ____是指企业为达到和确保所规定的质量水平所支付的费用，包括预防成本、鉴定成本、内部损失成本和外部损失成本。
5. 供应链是围绕核心企业，通过对信息流、物流、资金流的控制，从采购原材料开始，制成中间产品，最后由销售网络把产品送到消费者手中的，将____、____、分销商、零售商、直到最终用户连成一个整体的功能网链结构模式。

四、判断题

1. 质量成本是企业为确保达到满意的质量而导致的费用以及没有获得满意的质量而导致的损失。 (　　)
2. 制定可行的综合计划，需要制定一个初步计划，结合相关关系、约束条件和成本综合考虑，反复进行计划的修改，直至符合要求，该计划被接受。 (　　)
3. 质量认证是由政府出具产品合格的书面证明。 (　　)
4. 供应链的形成、存在、重构，都是基于一定的市场需求而发生的，并且在供应链的运

作过程中,用户需求变动是供应链中信息流、物流、资金流运作的驱动源。( )

5. 增加进货批量,减少进货次数,有利于降低进货费用,但不利于降低缺货成本。( )

五、简答题

1. 简述综合计划制定考虑哪些主要目标。
2. 简述生产作业计划制定的主要依据。
3. 简述供应链管理的关键业务过程。
4. 简述 ISO9000 族标准的核心标准有哪些。
5. 简述供应链管理的特点。

六、案例题

[案例一]

戴尔公司于1984年由迈克尔·戴尔创立。他是计算机行业内任期最长的首席执行官。他的理念非常简单:按照客户要求制造计算机,并向客户直接发货,使戴尔公司能够最有效和明确地了解客户需求,继而迅速做出回应。这个直接的商业模式消除了中间商,减少了不必要的成本和时间,让戴尔公司更好地理解客户的需要。这种直接模式允许戴尔公司能以富有竞争性的价位,为每一位消费者定制并提供具有丰富配置的强大系统。通过平均四天一次的库存更新,戴尔公司能够把最新相关技术带给消费者,而且远远快于那些运转缓慢、采取分销模式的公司。1984 年公司草创时注册资本为1000 美元,是德克萨斯州法律所规定的最低额度。1999 年,戴尔取代康柏电脑(Compaq)成为美国第二大个人电脑销售商。2002 年戴尔的这一地位被刚刚收购了康柏的惠普公司取代。不过到了2003 年第一季度,戴尔再次取得领先地位。当公司逐渐发展到其他非电脑领域后,公司的股东们在2003 年股东大会上批准公司更名为戴尔公司。到2003 年6 月,戴尔的市值已经达到800 亿美元,营业额则达到310 亿美元。

戴尔曾不止一次地宣称过他的"黄金三原则":即"坚持直销"、"摒弃库存"、"与客户结盟"。

"坚持直销"。戴尔的模式习惯被称为直销,在美国一般称为"直接商业模式"(Direct Business Model)。所谓戴尔直销方式,就是由戴尔公司建立一套与客户联系的渠道,由客户直接向戴尔发订单,订单中可以详细列出所需的配置,然后由戴尔"按单生产"。戴尔所称的"直销模式"实质上就是简化、消灭中间商。

"摒弃库存"。一是以信息代替存货,与供应商协调的重点就是精准迅速的信息。二是按单生产可以使戴尔实现"零库存"的目标。而零库存不仅意味着减少资金占用的优势,还意味着减少作为 PC 行业的巨大降价风险。直销的精髓在于速度,优势体现在库存成本的减少。特别是计算机产品更新迅速、价格波动频繁，更使库存成本体现得淋漓尽致。库存成本为PC行业最大的"隐形杀手"。据调研数据，戴尔在全球的平均库存天数可以降到7天之内，但这是有一定下限的，COMPAQ的存货天数为26天。一般PC机厂商的库存时间为2个月，而中国IT巨头联想集团是30天。这使戴尔可以比其他竞争对手以快得多的速度将最新的技术提供给用户。

"与客户结盟"是直销模式的最优势之处。戴尔对客户和竞争对手的看法是："想着顾客，不要总顾着竞争。"许多公司都太在意竞争对手的作为，因而更受牵制，花了太多时间在别人身后努力追赶，却没有时间往前看。在国内的渠道代理群中，过度的竞争已经是一个不争的事实。

试问：

1. 库存管理主要策略有哪些？

2. 如何理解戴尔的"零库存"？

[案例二]

企业运营千头万绪，管理与质量是永远不变的真理。在全球化经济背景下，一项全新的管理模式在美国摩托罗拉和通用电气两大巨头中试行并取得显著的效果后，逐渐引起了欧美各国企业的高度关注，这项管理便是6西格玛模式。

该模式由摩托罗拉公司于1993年率先开发，采取6西格玛模式管理后，该公司平均每年提高生产率12.3%，由于质量缺陷造成的费用消耗减少了84%，运作过程中的失误率降低99.7%。该模式真正名声大振，是在1990年代后期，通用电气全面实施6西格玛模式取得辉煌业绩之后。通用电气首席执行官杰克·韦尔奇指出："6西格玛已经彻底改变了通用电气，决定了公司经营的基因密码(DNA)，它已经成为通用电气现行的最佳运作模式。"通用电气1995年始引入6西格玛模式，此后6西格玛模式所产生的效益呈加速度递增，1998年公司因此节省资金75亿美元，经营率增长4%，达到了16.7%的历史最高纪录；1999年6西格玛模式继续为通用电气节省资金达150亿美元。

1.6西格玛模式的基本概念

西格玛原文为希腊字母sigma，学过概率统计的人都知道其含义为"标准偏差"。6西格玛意为"6倍标准差"，在质量上表示每百万坏品率(parts per million，简称PPM)少于3.4，但是，6西格玛模式的含义并不简单地是指上述这些内容，而是一整套系统的理论和实践方法。应用于生产流程，它着眼于揭示每百万个机会当中有多少缺陷或失误，这些缺陷和失误包括产品本身、产品生产的流程、包装、转运、交货延期、系统故障、不可抗力等等。大多数企业运作在3~4西格玛的水平，这意味着每百万个机会中已经产生6210至66800个缺陷。这些缺陷将要求生产者耗费其销售额的15%~30%进行弥补。而从另一方面看，一个6西格玛模式的公司仅需耗费年销售额的5%来矫正失误。6 西格玛模式的理念要求企业从上至下都必须改变“我一直都这样做,而且做得很好”的惯性思维。也许你确实已经做得很好,但是距6 西格玛模式的目标却差得很远。

6 西格玛模式不仅专注于不断提高,更注重目标,即企业的底线收益。假设某一大企业有1000 个基层单元,每一基层单元用6 西格玛模式每天节约100 美元,一年以300 天计,企业一年将节约3 千万美元。通过该模式企业还可清晰地知道自身的水平、改进提高的额度、离目标的距离差多少。

2. 6 西格玛模式的推动者和无边际合作

在企业集团内部,规范的6 西格玛模式项目一般是由称为“6 西格玛模式精英小组”(Six Sigma Champion)的执行委员会选择的。这个小组的职责之一是选择合适的项目并分配资源。一个公司典型的6 西格玛模式项目可以是矫正关键客户的票据问题,比如在通用电气,减少发票开具过程中的缺陷以争取加快付款;也可以是改变某种工作程序提高生产率。领导小组将任务分派给黑带管理(黑带管理是6 西格玛架构中的中坚力量。黑带“Black Belts”之下是绿带“Green Belts”,这些人构成了一个公司推行6 西格玛模式的动力),黑带管理们再依照6 西格玛模式组织一个小组来执行这个项目。组成员对6 西格玛模式项目进行定期的严密监测。流程图成为项目管理的中心,因为它概括了工作的流程并且界定了一个项目内容。流程图关注特定的问题或环节,比如瓶颈、弱链接以及延误区。对于通用电气的黑带,6 西格玛模式意味着应顾客需求而表现出来的管理行为。一些高层管理人员认为他们学到了宽容失败和奖励成功,并且给予雇员自主决定的权力,无需过多地从上到下的干预。

3. 6 西格玛模式在中国

有些公司,像从事软件生产的希捷技术公司,三年多来,一直在中国使用6 西格玛模式,并且对其大肆赞赏。高级工程师陈明说:“6 西格玛模式提高了我们的产率并削减了巨大的成本。当前它只应用在制造工艺上,但将很快推广到设计程序当中。”人们普遍认为6 西格玛模式将有助于中国参与国际市场竞争,使他们争取更多的市场份额和削减制造成本。

到1992 年,70%的摩托罗拉员工已完成了6 西格玛模式的学习课程。在摩托罗拉(天津),经理们在招募高级职位雇员时,已开始从应聘者中物色那些且有成为黑带潜力的人才。

而位于广东开平的霍尼韦尔工业聚合物有限公司,1996 年8 月与开平涤纶集团合资,1998 年开始推行6 西格玛模式,至2000 年,全公司已培养出4 位黑带、43 位绿带。全厂所有专业人士及管理人员都参加过6 西格玛模式的培训并有各自的革新项目。2000 年一年内6 西格玛模式项目给公司节约费用300 多万美元,占整个销售额的10%。由此可见,它已成为世界一流公司在面临成本压力环境时的管理工具。

资料来源：http://www.jye.edu.cn/caijing/wlkt/glx/6alfx.html

试问：

1. 6西格玛管理的内涵及特点是什么？

2. 你如何理解6西格玛管理和全面质量管理之间的关系？

第3章　中小企业营销管理

一、单项选择题

1. 在以下几种广告媒体中，效果最好，费用最贵的是____。（　　）

A. 报纸　B. 电视　C. 杂志　D. 广播

2. 某种产品在市场上销售迅速增长，利润显著上升，该产品正处在其市场生命周期的____阶段。（　　）

A. 导入期　B. 成长期　C. 成熟期　D. 衰退期

3. 某电子产品企业选择少数几个子市场，分别制订营销方案为之服务，这属于___。（　　）

A. 整体营销策略　B. 无差异性营销策略

C. 差异性营销策略　D. 集中性营销策略

4. 企业把创新产品的价格定得较低，以吸引大量顾客，提高市场占有率，这种定价策略称为____。（　　）

A. 撇脂定价　B. 渗透定价　C. 价值定价　D. 成本加成定价

5. 下列细分标准中，不属于人口细分标准的是____。（　　）

A. 年龄　B. 家庭生命周期　C. 性别　D. 个性

二、多项选择题

1. 企业的外部环境包括____。（　　）

A. 自然环境　B. 经济环境　C. 政治法律环境　D. 社会文化环境

2. 企业文化的要素构成____。（　　）

A. 思维方式　B. 行为习惯　C. 心理预期　D. 信念体系

3. 消费者市场细分的依据是____。（　　）

A. 地理变量　B. 人口变量　C. 心理变量

D. 产品用途　E、行为变量

4. 影响目标市场选择的因素____。（　　）

A. 企业资源　B. 产品特色　C. 市场特性　D. 竞争状况

5. 市场定位策略有____。（　　）

A. 避强定位　　B. 迎头定位　　C. 创新定位　　D. 重新定位

三、填空题

1. 目标市场策略有三种：____、____、____。
2. 市场定位的主要形式有：____、____、____、____。
4. 新产品定位的策略是：____、____、____。
3. 常用的分销策略有：____、____。
5. 企业内部资源评估方法有：____、____、____。

四、判断题

1. 人员推销是指企业利用推销人员直接与消费者面对面的接触，以达到使消费者了解并购买本企业产品的过程。（　　）
2. 企业在定价时不以成本为基础，而是以消费者对产品价值的理解和需求强度为依据，称之为竞争导向定价法。（　　）
3. 当产品进入成长期的时候，企业的营销策略是进一步改进和完善产品，寻求新的细分市场，改变广告宣传点，在适当的时期采取降价策略。（　　）
4. 在市场细分的基础上，企业选择一个细分市场作为企业的目标市场，实行高度专业化的生产和销售，称为无差异市场营销策略。（　　）
5. 市场细分既可以根据产品品种、产品系列来进行，也可以从消费者角度来进行。（　　）

五、简答题

1. 市场细分应遵循哪些原则？
2. 目标市场的选择依据是什么？
3. 常见的促销组合策略有哪几种？
4. 产品组合策略有哪几种？

六、案例题

[案例一]

格兰仕光波炉是一个新型产品，它是在传统光波基础上的创新发明，具有专利的数码光波技术，在烹饪食物、保存营养和瞬间杀灭细菌方面都具有卓越的表现。

当“非典”最初在广东开始有蔓延趋势的时候，市场的调研结果表明：市民的消毒杀菌的健康意识在逐步增强，这是光波炉提升杀菌概念的绝佳机会。于是，格兰仕一场声势浩大的“非典”之战拉开了帷幕，广告只字不提“非典”，只把光波炉定位在消毒杀菌功能上，告之受众光波炉已经超越了普通的微波炉，属于微波炉的升级版，能够杀灭细菌，增强光波炉的杀菌说服力。电视、报纸、网站以及终端海报、单页等形成立体宣传攻势，给人一种格兰仕光波炉专为消毒杀菌设计的专业"杀毒王"形象。

当市民陷入一片"SARS"恐慌的时候，当人们的"健康卫生"意识因SARS而开始萌生的时候，格兰仕光波炉"消毒杀菌"的功能性广告频繁出现在各类媒体上，无疑具有很强的迎合和穿透的功能，直达消费者需求的最顶端，即刻购买立即形成。当购买形成后，格兰仕又把这些购买案例宣传出去，从而形成了"连动效应"。一时间，家中已经有一台微波炉的，再买一台光波炉对口罩、手套、内衣等物件进行消毒。某某外企为员工团购发福利，某某食堂增购光波炉，格兰仕光波炉脱销，国美、苏宁店负责人均喜报格兰仕光波炉热销，各大商场格兰仕专柜发生排队抢购光波炉现象等等，成为街头巷尾谈论的热门话题。

试问：

1. 格兰仕在推出光波概念的时候抓住了什么市场营销策略？

2. 格兰仕的做法对你有何启示？

［案例二］

1969年，美国啤酒业中的"老爸"米勒啤酒公司，被菲力浦·莫里斯公司（PM）收购。这个国际烟草业的巨人PM公司，在20世纪60年代凭借高超的营销技术取得了辉煌的战绩：在美国的市场份额从第四位升到第二，公司的"万宝路"牌香烟销售量成为世界第一。当时的PM公司，一方面有着香烟销售带来的巨大赢利，另一方面又受到日益高涨的"反对吸烟"运动的威胁。为了分散经营风险，他们决定进入啤酒行业，在这个领域一展身手。那时美国啤酒业是一种寡头竞争的态势。市场领导者安修索·布希公司（AB）的主要品牌是"百威"和"麦可龙"，市场份额约占1/4。佩斯特蓝带公司处于市场挑战者的地位，市场份额占15%。米勒公司在第八位，份额仅占6%。啤酒业的竞争虽已很激烈，但啤酒公司营销手段仍很低级，他们在营销中缺乏市场细分和产品定位的意识，把消费者笼统地看成一个没有什么区别的整体需求，用一种包装、一种广告、一个产品向所有的顾客推销。PM公司兼并了米勒公司之后，在营销战略上做了根本性的调整。他们派出烟草营销的一流好手充实到米勒公司，决心再创啤酒中的"万宝路"。在做出营销决策以前，米勒公司进行了认真的市场调查。他们发现，若按使用率对啤酒市场进行细分，啤酒饮用者可细分为轻度使用者和重度使用者两类，轻度使用者人数虽多，但其总的饮用量却只有重度使用者1/8。他们还发现，重度使用者有着下列特征：多是蓝领阶层；年龄多在30岁左右；每天看电视3.5小时以上；爱好体育运动。米勒公司决定把目标市场定位在重度使用者身上，并果断地决定对米勒的"海雷夫"牌啤酒进行重新定位。"海雷夫"牌啤酒是米勒公司的"旗舰"，素有"啤酒中的香槟"之称，在许多消费者心目中是一种价高质优的"精品啤酒"。这种啤酒很受妇女和社会中的高收入者欢迎,但这些人多是轻度使用者。米勒决心把“海雷夫”献给那些“真正爱喝啤酒的人”。

重新定位从广告开始,他们考虑到目标顾客的心理、职业、年龄、习惯等特征,在广告信息、媒体选择、广告目标方面做了很多变化。他们首先在电视台特约了一个“米勒天地”栏目,广告主题变成了“你有多少时间,我们就有多少啤酒”来吸引那些“啤酒坛子”。广告画面中出现的尽是些激动人心的场面:船员们神情专注地在迷雾中驾驶轮船,钻井工人奋力止住井喷,消防队员紧张地灭火,年轻人骑着摩托冲下陡坡。他们甚至请来了当时美国最著名的篮球明星张伯伦来为啤酒客助兴。为了配合广告攻势,米勒又推出了一种容量较小的瓶装“海雷夫”,这种小瓶装啤酒正好能盛满一杯,夏天顾客喝这种啤酒时不用担心剩余的啤酒会变热。这种小瓶子的啤酒还很好地满足了那部分轻度使用者,尤其是妇女和老人,他们啜完一杯,正好不多不少。“海雷夫”的重新定位战略当然非常成功,到了1978年,这个牌子的啤酒年销量达2000万箱,仅次于AB公司的百威啤酒,名列第二。

“海雷夫”的成功,鼓舞了米勒公司,他们决定乘胜追击进入另一个细分市场——低热度啤酒市场。进入20世纪70年代,美国各地的“保护健康运动”方兴未艾,米勒注意到对节食很敏感的顾客群在不断扩大,即使那些很爱喝啤酒的人也在关心喝啤酒会使人发胖的问题。当时美国已有低热啤酒出现,但销路不佳。米勒断定这一情况的出现并不是因为人们不能接受低热啤酒的概念,而是不当的定位所致,他们错误地把这种啤酒向那些注重节食但并不爱喝啤酒的人推销。米勒公司看好这一市场,他们花了一年多的时间来寻找一个新的配方,这种配方能使啤酒的热量降低,但其口感和酒精度与一般啤酒无异。1973年,米勒公司的低热啤酒——“莱特”牌啤酒终于问世。

对“莱特”的推出,米勒可谓小心翼翼。他们找来一家著名的广告商来为“莱特”设计包装,并对设计提出了4条要求:(1)瓶子应给人一种高质量的印象;(2)要有男子气;(3)在销售点一定能夺人眼目;(4)要能使人联想起啤酒的好口味。为了打好这一仗,他们还慎重地选择了4个城市进行试销,这4个地方的竞争环境、价格、口味偏好都不相同。广告攻势自然也很猛烈,电视、电台和整版报纸广告一块上,对目标顾客进行轮番轰炸。米勒用的广告主题是“你所有对啤酒的梦想都在莱特中”。广告信息中强调:(1)低热度啤酒市场喝后不会使你感到腹胀;(2)“莱特”的口感与“海雷夫”一样,味道好极了。米勒还故伎重演,找来了大体育明星拍广告并给出证词:莱特只含普通啤酒1/3的热量,但口味更好,你可以开怀畅饮而不会有腹胀的感觉。瞧,还可以像我一样的健美。试销的效果的确不坏,不但销售额在增加,而且顾客重复购买率很高。

到了1975年,米勒公司才开始全面出击,广告攻势在美国各地展开,当年广告费总额达到了1100万美元(仅“莱特”一项)。公众对“莱特”啤酒的反应之强烈,就连米勒公司也感到意外。各地的“莱特”啤酒供不应求，米勒公司不得不扩大生产规模。起初，许多啤酒商批评米勒公司“十分不慎重地进入一个根本不存在的市场”，但米勒的成功很快堵上了他们的嘴巴，他们也匆匆忙忙地挤进这一市场，不过此时米勒公司已在这个细分市场上稳稳地坐上了第一把金交椅。“莱特”啤酒的市场成长率一直很快。1975 年销量是 200 万箱，1976 年便达 500 万箱，1979 年更达到 1000 多万箱。1980 年，这个牌号的啤酒售量列在“百威”“海雷夫”之后，名列第三位，超过了老牌的“蓝带”啤酒。1974 年底，米勒公司又向 AB 公司盈利最多的产品——“麦可龙”牌发起了挑战。“麦可龙”是 AB 公司啤酒中质量最高、价格最贵、市场成长最快的产品，AB 公司依靠它一直稳稳地占领着最高档啤酒的细分市场。米勒公司岂肯放过，不过这次米勒公司却没有强攻而是用了一招漂亮的“移花接木”之术。它购买了在美国很受欢迎的德国高档啤酒“老温伯”的特许品牌，开始在国内生产。米勒把“老温伯”的价格定得更高，广告中一群西装笔挺、气概不凡的雅皮士举杯同饮，说道：“今晚，来喝老温伯。”很快“麦可龙”在这一市场中的领导地位也开始动摇。

在整个 20 世纪的 70 年代，米勒公司的营销取得巨大的成功。到了 1980 年，米勒公司的市场份额已达 21.1%，总销售收入达 26 亿美元。米勒啤酒被称为“世纪口味”。

试问：

1. 米勒啤酒公司的市场细分标准及市场细分策略是什么？该公司主要占领了哪些细分市场？为了占领这些市场他们采取了哪些策略？

2. 米勒啤酒公司的成功经验是什么？从中可以得到什么启示？

第 4 章　中小企业人力资源管理

一、单项选择题

1. HRD 的核心是____，是组织成员行为的持久改变或某一方式的行为能力的改变。（　　）

A. 组织　　B. 学习　　C. 管理　　D. 激励

2. ____是人的自然价值追求性的反映，是自我意识内力推动的结果，是人力资源的自主运动行为。（　　）

A. 生物性　　B. 社会性　　C. 能动性　　D. 激活性

3. ____是让有发展前途的管理人员到企业自己建立的基地去做实际练习从而进一步开发其管理技能的方法。（　　）

A. 周期性休假　　B. 文件筐技术

C. 企业内部开发中心　　D. 正规教育

4. ____是通过工作设计(使员工对工作感兴趣)和启发诱导(使员工感到工作的重要性和意义)来激发员工的主动精神,使人们的工作热情建立在高度自觉的基础上,以发挥出内在的潜力。 (　　)

A. 物质激励　B. 外激励　C. 精神激励　D. 内激励

5. ____着重研究从动机的产生到采取具体行为的心理过程。 (　　)

A. 过程型激励理论　B. 行为改造型激励理论

C. 综合型激励理论　D. 内容型激励理论

二、多项选择题

1. 下列属于人力资源特征的有____。 (　　)

A. 能动性　B. 两重性　C. 再生性　D. 连续性

2. 下列关于人力资源开发的表述正确的有____。 (　　)

A. 开发的对象是人的智力、才能,即人的聪明才智

B. 人力资源开发要借助于教育培训、激发鼓励、科学管理等手段来进行

C. 人力资源开发活动是无止境的

D. 人力资源开发是一项复杂的系统工程,人既是开发的主体,又是被开发的客体。

3. 实施组织发展的步骤具体包括____。 (　　)

A. 介入、启动　B. 分析和反馈　C. 行动计划、实施　D. 评估、采纳

4. 从激励内容的角度,可以分为____。 (　　)

A. 物质激励　B. 精神激励　C. 正激励　D. 负激励

5. 在激励过程中起作用的关键因素有____等方面。 (　　)

A. 个人的需要　B. 个人的努力　C. 组织目标　D. 社会政策

三、填空题

1. 人力资源的获取是指根据组织战略和人力资源规划的要求,通过各种渠道____、____、____有价值的员工的过程。

2. 工作分析(Job Analysis)又称____、____和____。工作分析是通过系统全面的情报收集手段,提供相关工作的全面信息,以便组织进行改善管理效率。

3. HRD 的核心内容包括____、____、____三个部分。

四、判断题

1. 通过内部培训可以对员工起到激励的效果,在一定程度上可以节省外部招聘昂贵的招聘成本。 (　　)

2. 美国学者 Nadler 认为“人力资本是促进现代经济增长的第一位因素”。 (　　)

3. 直接成本指员工参加培训而放弃正常工作给企业带来的损失。（　　）

4. 从激励作用于对象的角度，可以把激励分为内激励和外激励两种类型。（　　）

5. 物质激励是当一个人的行为符合组织的需要时，通过奖励的方式来鼓励这种行为，以达到保持这种行为的目的。（　　）

五、简答题

1. 简述人力资源获取的涵义与作用。

2. 简述人力资源开发的概念与目标。

3. 简述员工归属感的基本内涵及影响因素。

六、案例题

A公司现有员工一千人左右，从前几年开始着手从管理上进行改革。绩效考核工作是公司重点投入的一项工作。人事部在原有的考核制度基础上制定出了《中层干部考核办法》。在每年年底正式进行考核之前，人事部又出台当年的具体考核方案，以使考核达到可操作化程度。A公司的做法通常是由公司的高层领导与相关的职能部门人员组成考核小组。考核的方式和程序通常包括被考核者填写述职报告、在自己单位内召开全体职工大会进行述职、民意测验（范围涵盖全体职工）、向科级干部甚至全体职工征求意见（访谈）、考核小组进行汇总写出评价意见并征求主管副总的意见后报公司总经理。

考核主要包含三个方面：被考核单位的经营管理情况，包括该单位的财务情况、经营情况、管理目标的实现等方面；被考核者的德、能、勤、绩及管理工作情况；下一步工作打算，重点努力的方向。具体的考核细目侧重于经营指标的完成、政治思想品德，对于能力的定义则比较抽象。各业务部门（子公司）都在年初与总公司对于自己部门的任务指标都进行了讨价还价。

对中层干部的考核完成后，公司领导在年终总结会上进行说明，并将具体情况反馈给个人。尽管考核的方案中明确说考核与人事的升迁、工资的升降等方面挂钩，但最后的结果总是不了了之，没有任何下文。

对于一般员工的考核则由各部门的领导掌握。子公司的领导对于下属业务人员的考核通常是从经营指标的完成情况（该公司中的所有子公司的业务员均有经营指标的任务）来进行的；对于非业务人员的考核，无论是总公司还是子公司均由各部门的领导自由进行。通常的做法都是到了年度要分奖金了，部门领导才会对自己的下属做一个笼统的排序。

公司在第一年进行操作时，获得了比较大的成功。由于被征求了意见，一般员工觉得受到了重视，感到非常满意。领导则觉得该方案得到了大多数人的支持，也觉得满意。但是,被考核者觉得自己的部门与其他部门相比,由于历史条件和现实条件不同、年初所定的指标不同,觉得相互之间无法平衡,心里还是不服。考核者尽管需访谈三百人次左右,忙得团团转,但由于大权在握,体会到考核者的权威,还是乐此不疲。

进行到第二年时,大家已经丧失了第一次的热情。第三年、第四年进行考核时,员工考虑前两年考核的结果出来后,业绩差或好的领导并没有区别,自己还是在他手下干活,领导来找他谈话,他也只能敷衍了事。被考核者认为年年都是那套考核方式,没有新意,失去积极性,只不过是领导布置的事情,不得不应付。

问题:

1. 绩效评估系统有哪些作用?
2. 请你为A公司设计一些绩效评估系统的改进办法。

七、实训题

S公司是某省一家大型的外贸集团公司,历经20余年的创业,由原先的几张办公桌发展到今天的拥有400名固定员工、上亿元的固定资产,成绩斐然,深为同行人士的广泛认可。

但是,现在越来越多的业内人都将S公司戏称为"人才培训学校"。

五年前,S公司的进出口总额已达到骄人的业绩,但是,似乎至此S公司再也未能在业绩上有较大的突破。而且,一批又一批随同S公司共同成长的骨干员工不约而同地纷纷离开S公司。这些昔日的创业者、S公司的功臣们,在离开S公司后,都多多少少带走了有多年交道的客户。

同时,五年来,S公司在省内各大报纸上陆续刊登了几十篇的招聘广告,广泛招聘各类人才,从专业翻译到资深业务人员;从文秘人员到独资工厂管理人员;从工程技术人员到证券从业人员……

S公司的"门槛高"在行内是出了名的。每一位应聘候选人都必须具备:名牌大学本科以上的学历、良好的人际沟通能力、出色的外语应用能力、完备的知识结构……事实上每一位被聘的S公司员工都具备了相当好的个人素质,这也是S公司在行业内"颇具盛名"的原因之一。

一批又一批的新手充实到各个业务岗位,新手们随即满怀热情、冲劲十足地投入工作,并且在工作中逐渐成长起来,逐渐弥补了由于老客户流失而造成的损失。与此同时,新手们也逐渐成熟为"老手",而这些成长起来的"老手"们似乎失去了当初的那股劲头,开始有了烦恼……

不可否认,五年来S公司经营范围不断扩大,不再局限于原先单纯的进口与出口业务。在原先没有涉足的领域,如成套工程项目、国内贸易等,也形成了可观的规模与影响。同时,在资本运作方面也有较大的进展。

事实上，S公司在其主业(进出口业务)上的状况是：一直原地踏步，总体业务规模没有增长，存在"业务流失"与"业务增长"大体相当的情况。一般情况下，这些"增长的业务"来源是新开拓的市场和客户。这些开拓，无一例外都是由S公司现存的业务骨干人员带领"新手"们，耗费相当大的时间和精力，"辛辛苦苦"争取来的。开发的成本相当高。

经历了若干次"辛苦"的开拓，"新手"们在其中获得了最初的经验。S公司给每一位新聘人员——"新手"都提供了充足的发展机会。"新手"们被派遣到国内各个相关的专业展览会、展销会，"新手"们在其中对具体的商品得到了感性的认识，对相关行业也有了较为全面的初步认识；然后"新手"们被派遣到各个相关的供应商进行长时间的学习，他们还有机会拜访国外的客户，了解客户的需求，了解目标市场。他们一般在历经了4至5年后，都已转变为有经验、了解市场、了解供应商、了解相关行业的比较成熟的业务骨干。

这些年轻的骨干们的共同特点是：(1)刚从学校毕业即进入公司工作；(2)正式工作前，S公司给予了为期30天的培训；(3)对自己的职业生涯规划认识模糊；(4)对S公司的公司目标没有概念；(5)对工作十分认真投入；(6)年轻人之间经常沟通。

现在S公司面临的是这样一个难题：S公司的"吸引力"对于这些逐渐成熟的业务骨干似乎显得越来越弱，相当部分的骨干们不满足于现状，并越来越趋向"跳槽"的倾向。S公司越来越像一所"高级人才培训学校"。人才在公司培养以后，还没等到做出大的贡献，人才就"毕业"离开S公司这所"学校"了。

问题：

针对这样的状况，你认为S公司应该维持现状，还是必须采取必要的措施？究竟采取什么样的措施？

第5章　中小企业创新管理

一、单项选择题

1. 中小企业在引入技术创新和产品方面领先于其他竞争对手，从而获得市场领导者的地位，这种技术创新的战略类型属于____。（　　）

   A. 进攻型战略　　B. 防御型战略　　C. 游击型战略　　D. 紧跟型战略

2. 产品的基本原理不变，部分采用新技术、新材料或新的元器件，使产品性能有重大突破，这种产品创新属于____。（　　）

   A. 全新型产品　　B. 改进型新产品　C. 换代型新产品　　D. 仿制型新产品

3. 大学开设新课程、饭店推出新菜单的服务创新属于____。（　　）

   A. 全新型服务创新　　　　B. 延伸型服务创新

C. 拓展型服务创新　　D. 改进型服务创新

4. 零售商店开设餐饮部、银行推出理财咨询服务等创新属于____。（　　）

A. 全新型服务创新　　B. 延伸型服务创新

C. 替代型服务创新　　D. 拓展型服务创新

5. 技术创新最基本的特征是____。（　　）

A. 创造性　　B. 效益性　　C. 扩散性　　D. 风险性

6. 企业积极学习领先者的创新成果或创新行为，并在此基础上加以不同程度的改进或创造面向市场的更新产品，以获取市场回报，这种技术创新战略属于____。（　　）

A. 领先创新战略　　B. 紧跟创新战略　　C. 跟随战略　　D. 仿制战略

7. 无绳电话的创新属于____。（　　）

A. 局部性创新　　B. 模式性创新　　C. 结构性创新　　D. 全面性创新

8. 在商业贸易活动中，电子商务的出现属于____。（　　）

A. 延伸型服务创新　　B. 拓展型服务创新

C. 改进型服务创新　　D. 全新型服务创新

9. 银行自动存取款机替代银行传统的出纳服务属于____。（　　）

A. 全新型服务创新　　B. 延伸型服务创新

C. 替代型服务创新　　D. 拓展型服务创新

10. 饭店推出新的菜单、银行推出新的储蓄品种属于____。（　　）

A. 延伸型服务创新　　B. 拓展型服务创新

C. 改进型服务创新　　D. 全新型服务创新

二、多选题

1. 技术创新的特征有____。（　　）

A. 创造性　　B. 累积性　　C. 效益性　　D. 灵活性　　E. 扩散性　　F. 风险性

2. 按技术变动的方式，技术创新可以分为____。（　　）

A. 局部性创新　　B. 模式性创新　　C. 结构性创新　　D. 全面性创新

3. 已有产品改进式创新的途径一般有____。（　　）

A. 技术融合式创新　　B. 功能变换式创新

C. 品种拓展式创新　　D. 产品剔弊式创新　　E. 设计改型式创新

4. 产品创新的方向一般包括____。（　　）

A. 高能化和多能化　　B. 多样化　　C. 复合化

D. 微型化　　E. 智能化　　F. 艺术化

5. 按照创新的程度，技术创新分为____。（　　）

A. 产品创新　　B. 过程创新　　C. 渐进性创新　　D. 根本性创新

6. 服务创新的特点有____。（　　）

A. 无形性　B. 顾客参与性　C. 累积性

D. 多学科交叉性　E. 风险性　F. 灵活性

7. 通过外部获取的产品创新的形式有____。（　　）

A. 创新引进　B. 企业购并　C. 委托创新　D. 授权许可

8. 产品创新包括____。（　　）

A. 全新型产品　B. 改进型新产品　C. 换代型新产品　D. 仿制型新产品

9. 针对原有市场进行的服务创新一般以____为主。（　　）

A. 全新型服务创新　B. 延伸型服务创新

C. 拓展型服务创新　D. 改进型服务创新　E. 包装型服务创新

10. 技术创新的战略目标包括____。（　　）

A. 产品技术创新　B. 工艺技术创新

C. 服务技术创新　D. 管理技术创新

三、判断题

1. 中小企业在选择技术创新目标时，要尽可能将生产可行性、技术先进性和经济合理性三者统一起来。（　　）
2. 增加电风扇的定时功能属于改进型创新。（　　）
3. 将电话机由拨号式改进为按键式的创新属于服务创新。（　　）
4. 企业的服务要做到满足顾客的一切需要，而不应该约束顾客的期望。（　　）
5. 对于缺乏信息、人才、技术等的中小企业来说，其技术创新更适合采用合作研发类型。（　　）
6. 技术的创新可能带来但未必带来产品的创新，产品的创新可能需要但未必需要技术的创新。（　　）
7. 技术进步和技术开发就是技术创新。（　　）
8. 各金融机构推出的网络服务属于服务创新。（　　）
9. 一般认为，中小企业技术创新的主要动力是技术推动和市场拉动。（　　）
10. 技术创新包括技术开发和技术应用两个环节。（　　）

四、简答题

1. 什么叫技术创新？技术创新常用的分类方法有哪些？
2. 中小企业技术创新目标的选择应遵循哪些原则？
3. 产品创新的方向有哪些？
4. 产品创新的途径有哪些？

5. 简述技术创新与产品创新的关系。

五、案例题

[案例一]

海尔的非洲故事:5年内雄踞当地品牌第一

海尔这家中国最大的白电制造商的国际化能力在尼日利亚得到了检验:海尔如何在5年内雄踞当地品牌第一。

在非洲,尼日利亚是第一人口大国。大约有1.4亿人口、2300多万个家庭生活在这个紧邻赤道的国家。高温蒸发着大西洋的海水让这个非洲国家的空气里也饱含盐分。事实上,这里给人最不理解的印象是城市糟糕的交通状况与从未亮过的红绿灯。据当地人介绍:"红绿灯亮了也没用,所以干脆不亮。"的确如此,在尼日利亚的街头,双向四车道的马路上每天都会发生数个小时的堵车,红绿灯已经发挥不了丝毫作用。在如此的交通状况下,红绿灯不亮或许还能节省一点电能。

恰恰是因为44摄氏度的高温、潮湿与糟糕的交通,让尼日利亚街头出现这样的一幕:在每一条马路上,都会有很多人的肩膀上扛着一大袋子冰镇矿泉水、冰块在叫卖。在尼日利亚,街头卖水、卖冰块就能维持生计,因此很多家庭就以此作为主要经济来源。

独有的"国情"让这个购买力不算强大的国家里的消费者对冰箱、冷柜情有独衷。因此,这里的消费者在购买冰箱、冷柜时也格外挑剔。他们最喜欢的就是海尔永不生锈的冰箱与100小时不化冻的冷柜。

1. 最受欢迎的外资品牌

尼日利亚消费者对海尔冰箱的喜爱可以从市场结果上看到:2003年,海尔在当地市场以25%的市场份额超过欧、亚、美的各冰箱企业,成为新的冠军。海尔冰箱连续5年稳居尼日利亚市场第一名,市场占有率也递增到29%。更重要的是,尼日利亚消费者宁肯多花15%的钱也要购买海尔冰箱。

事实上,无论是连续5年第一,还是多花钱也要买海尔冰箱,这只是一个结果。归根溯源,其背后还是产品竞争力的第一,更是满足当地需求的速度第一。海尔冰箱的竞争力就是满足消费者需求的结果。尼日利亚由于靠近赤道,紫外线很强,日平均温度都在33摄氏度以上,最高达到44摄氏度。与此同时,长达9个月的雨季夹杂着带着腥咸味的空气直接影响到了当地人的生活。家用电器生锈就是困扰当地人的烦恼之一。尼日利亚人为此更需要耐腐蚀的日常用品以及家电用品。在电器中,海尔全防锈冰箱就为当地人提供了一种更省心的生活。

海尔在尼日利亚庞大的销售网络也为当地人提供了便利的服务。在当地5个大区、36个省里90%的网点都在销售海尔冰箱。在尼日利亚市场上没有类似于在中国以及其他地区的大连锁渠道，但分布在各地10至200平方米的"家电小卖部"能够为当地人提供了更便利的购买与送货服务。而在一些十几平方米的小店里，为利用空间，老板甚至把冰箱摆成两层来卖。在这些卖场里，50%的冰箱样机出样很直观地告诉进来的顾客：海尔冰箱是这个市场的主流。

如今，海尔冰箱在尼日利亚市场销售的产品除了本土研发、制造、销售的外，还有从中国、泰国、印度等制造基地进口到当地销售。以全球资源应对全球需求已经成为海尔冰箱全球化运营的一个标志。

2. 海尔在全球获认可

事实上，海尔冰箱从第一次走出去就立志成为一个被全球消费者认可的品牌。毕竟，选择从最艰难的市场进入对任何企业都是极具挑战性的课题，但海尔依然决定向德国市场的家电企业挑战。结果，海尔在德国市场胜过当地冰箱品牌。

尽管当时海尔已经通过了德国的安全认证，但客户依然不接受海尔冰箱。因为那时别说是中国货，就是日本冰箱也很少能销售到德国。而海尔冰箱对自己的产品充满信心，他们提出做一个试验：把海尔冰箱与德国冰箱摆在一起，都揭掉商标，让德国客户自己选。结果客户最终选中了海尔冰箱，德国人很诚实，一下子就给了海尔2万台冰箱订单。3年后，这样的结果再次上演：在德国的《TEST》杂志一年一度的对德国市场上销售的进口家电进行抽检中，海尔冰箱获得8个"+"号，是所有受检的冰箱中名列质量第一名！比德国本土冰箱品牌还要好。

此后，海尔在海外不断为自己赢得声誉。在北美，美国GE开始模仿海尔法式对开门冰箱，推出了自己的"追随型"产品；在南亚，海尔法式对开门冰箱在印度市场售价高达14.5万卢比（折合人民币2.75万元），成为当地市场的最高端的产品；在欧洲，海尔法式对开门冰箱被当地著名连锁渠道主推……

所有一切均表明，海尔选择与高手过招的市场策略已经进入收获期，它以独有的"中国式挑战"成为全球高端冰箱市场的领导者。

正如美国《商业周刊》发布的权威调查所说的那样：海尔作为家电领域唯一入选者，在全球范围内"已经获得了相当的认可"。事实的确如此，海尔冰箱已经在海外行走了18年，产品遍布全球160多个国家和地区，有超过5200万个家庭，大约2.6亿消费者已经成为海尔冰箱的用户。正因为有这样一个群体对海尔冰箱的消费，最终使海尔及旗下冰箱等产品在全球"获得了相当的认可"。

问题：根据给的资料，你如何理解案例中海尔创新的成功？

[案例二]

驻马店市中化肥业有限公司在2003年对全国化学肥料市场进行了认真的分析和研究。公司认为，我国是世界上化肥使用量最大的国家，虽然在近二十年化肥工业得到了长足发展,但在产量上、质量上仍不能满足我国农业日益增长的化肥需要,尤其是氮、磷、钾比例失调的问题越来越严重,而现在高浓度复合肥占化肥产量的比率还很低,为了适应平衡施肥的需要,年年要进口大量的高浓度复合肥,因此公司对该市场的销售前景看好。经过考察和充分的市场分析,公司决定扩大高浓度复合肥的产量,提高技术含量,节约能耗,降低成本,抢先占领市场。公司对当时采用的复合肥生产进行了技术创新。公司及时组织有关科技人员,在上海化工院工程技术人员的配合下,大胆提出从尿素车间引尿液生产高浓度尿基复合肥设想,经精心设计、反复实验论证,确定最终方案,成功筹建了年产10万吨尿基复合肥项目。该项目共投资4500万元,于2004年初投产,在公司组织的为期三天的考核中共生产复合肥1086.6吨,平均日产362.2吨,超过了设计能力。此工艺技术系公司自行开发研制,属国内首创,达到国际先进水平,获得国家实用新型专利证书。2004年12月份,公司质量管理保证体系被PREMIER ASSESSMENTS LIMITED审核确认,获得了BSEN ISO9001:2000认证。

该项目的具体作用体现在以下方面:

减少环境污染。该工艺直接利用尿素装置制得的"半成品"——熔融尿液(浓度99.7%,温度132℃),通过电磁流量计计量,同时向系统用柱塞泵注入一定量的蒸汽冷凝液,配成浓度为93%左右的稀尿液;再通过500米的逆向夹套保温管道送至转鼓造粒机,经喷头将其雾化成细小的雾滴,向转鼓造料机内喷洒,同主要成分为25%氯化钾、34%磷铵的混合粉状物料混合,在常压温度为65℃的条件下粘结成初成粒子,经反复喷涂聚结成颗粒;同时该颗粒在转鼓造料机流化床的挤压、碰撞和滚动摩擦力的作用下,形成合格球形颗粒;随后将其烘干、冷却使其温度降到30℃以下的常温,进入筛分、扑粉、包装计量入库的最后阶段。这样就制成了N-P2O5-K2O(15:15:15)的尿基复合肥。同时生产过程中的尾气先经旋风除尘器除尘后,再用闭路循环水洗涤后放空,闭路循环水回收利用,经市环境保护监测站监测,排放符合国家环保规定标准。

节能降耗效果明显。由于回收了熔融尿液中的热量,使造粒物料水份由原来的6%降到4%,吨复合肥节省蒸汽20公斤、节省烘干用煤10公斤,按设计生产能力10万吨计算,年节约蒸汽量约200万吨、白煤100万吨。

降低成本。采用从尿素车间引尿液喷浆造粒生产高浓度尿基复合肥技术,从而使生产成本大幅度降低,每吨尿液节省包装费用30元、转运费用10元、人工投料费用5元、粉碎费用5元,按设计生产能力10万吨计算,全年可节约费用500万元。

技术含量高,推广应用价值大。该技术所生产的尿基复合肥,产品质量优于复合肥料国家GB15063-2001,颗粒强度达25牛顿以上直径在3mm左右,产品表面光滑、圆润不易结块,内在养分均匀,浓度高,质量稳定,与土壤接触后溶解性好,作物易吸收,增产效果明显;利用尿液本身的粘结性,可以生产出产品配方不易团聚的复合肥,而且填充料可以提高，从而解决了塔式造粒不能生产的产品，提高了复合肥生产技术。对于中、小氮肥企业调整产品结构，对于现有磷复（混）肥企业调整原料，提供了技术依据。总之，该技术有很强的可行性，具有非常高的推广应用价值。

社会效益和经济效益明显。该项目年产复合肥10万吨，年产值15500万元，年工业增加值4900万元，年销售收入14000万元，年创汇150万美元，年交税总额1122万元，年净利润2278万元。同时所生产的尿基复合肥，可改变我国施用氮、磷、钾比例失调局面，推动了农业经济发展，提高了农民收入，深受广大农民朋友欢迎，产品畅销本省和广东、广西、湖南、湖北、浙江、江苏及东北三省在内的18个省区，获得了可观的经济效益和社会效益。

技术创新的价值就在于企业实现增长和盈利最大化的同时，也为社会的发展和进步做出了贡献。年产10万吨尿基复合肥项目不仅给该公司带来了巨大的社会效益和经济效益，同时也使公司深刻认识到技术创新是企业发展的必由之路。

问题：上述案例对你有什么启示？请从技术创新的作用、技术创新的内容及技术创新的原则等方面进行分析。

第6章　中小企业文化

一、单项选择题

1. 联想收购了IBM的PC业务之后，应该____。（　　）

   A. 它的文化内涵不能有任何变动　B. 它的文化内涵要有所提升

   C. 要和IBM的文化内涵要一致　D. 以上都不正确

2. 企业管理薄弱环节往往就是____。（　　）

   A. 表层物质文化　B. 浅层行为文化

   C. 中层制度文化　D. 核心层精神文化

3. 对文化的理解有误的是____。（　　）

   A. 人类生存和繁衍的模式叫文化

   B. 任何一个领域的文化，都会逐步升华

   C. 文化是不是先进的、优秀的，能不能够与时俱进是非常关键的

   D. 一个人书读得多就说明这个人有文化

4. 文化是一种广泛的社会____。（　　）

   A. 行动　B. 手段　C. 思想　D. 意识

5. 企业文化是一种推动生产力的强大要素。它是一种来自文化的力量，也可以叫____。（　　）

   A. 同心力　B. 作用力　C. 文化力　D. 生产力

二、多项选择题

1. 企业文化建设的载体包括____。（　　）

A. 企业员工行为规范手册　　B. 内部报刊或信息简报

C. 企业局域网　　D. 企业橱窗宣传栏、广告牌

2. 企业文化建设的形式包括____。（　　）

A. 文化专题活动　　B. 临时不确定的活动安排

C. 书面调查或访谈　　D. 新员工入职，轮岗、晋升培训

3. 企业文化建设的关键步骤包括____。（　　）

A. 调查分析阶段　　B. 总体规划阶段

C. 实验实施与传播阶段　　D. 评估调整阶段

4. 下面____是包括在精神文化范畴内。（　　）

A. 电子计算机　B. 装饰　C. 法律意识　D. 审美情趣　E. 价值观念

5. 物质文化的范围非常广泛，主要有____。（　　）

A. 社会产品和生产经营产品的物质条件　　B. 物质环境

C. 行为取向　D. 心理习惯　E. 文化设施及场所

三、填空题

1. 现代企业文化可以扩大企业影响、____、____、____、____。
2. 现代企业文化建设的原则有 ____、____、____、____、____。
3. ____是企业文化的核心内容，它为企业的生存和发展提供了基本的认识方向和行动指南。
4. 企业形象由 ____、____、____ 三大部分组成。
5. VI 的表达必须借助某种物质载体，如 ____、____、____、____ 等等。

三、判断题

1. 产品形象是企业的灵魂，是企业的精神支柱，是企业个性的集中体现，是企业在哲学境界的表现形式。（　　）
2. 企业精神是企业领导的意志和愿望。（　　）
3. CI 是企业文化的内显形式。（　　）
4. 企业领导人的行为表率在文化建设初期可以发挥巨大的促进作用。（　　）
5. 企业价值观的确立必须以保障并拉动合理的员工精神需求为基础。（　　）

五、简答题

1. 简述企业文化的内涵与特点。

2. 简述企业文化建设的内容。

3. 简述企业形象设计的内容与方法。

五、案例题

古井酒厂建于1957年。建厂初期，共有32名职工、12间简陋厂房、1口酿酒锅甑、7条发酵池。1963年“古井贡酒”被评为8大名酒第二名，30多年来荣获各种奖项近100种。古井酒厂已发展成为以名优白酒生产为龙头，致力多元化经营和国际化发展、集科工贸为一体的大型集团公司，拥有50多家子公司。古井集团现有员工6000余人，总资产约25亿元，净资产15亿元。

古井集团在从一个传统的手工酿酒作坊向多元化经营的企业集团发展过程中，以“效忠古井、业绩报国”的使命，树立了“敢为人先”的古井精神，通过“两场效应”管理法，走出了一条“名牌、名企、名人”的发展道路，培育了独具特色的“以人为本、天人合一”的古井文化。

1.“四子”立业学说

所谓“四子”立业学说，就是“抓班子、立柱子、上路子、创牌子”。这是古井文化的凝炼。董事长王效金认为，企业家是企业凝聚力的核心，企业家并非企业中的某一个人，而是由具有帅才、将才、管家、参谋和监督等才能且博与专相结合的一群人所组成的领导班子集体。王效金强调“立柱子”思想，高度重视企业的支柱性产品的发展，并形成支柱产品群，以支撑企业发展。古井人的“上路子”思想是指管理规范化、高效化、现代化，向管理要质量，要效益。强调企业管理练内功，只有日积月累，执着追求，坚持不懈，才能不断优化。古井人力创民牌与名牌的统一，铸就属于广大消费者心目中的金牌，属于人民大众的名牌。

2.“三层文化”的系统运作

在精神文明层面上，古井人以“提高广大人民的生活质量，建设‘富有、文明、民主’的新古井”的经营哲学思想为指导，讲求“业绩报国，双向效忠”的企业道德，践行“爱国、爱厂、爱岗位”的爱国思想和敬业精神。在制度文化层面上，古井人极力强化制度建设，先后制定了《生产工艺法规》、《产品质量法规》、《现场管理法规》等15种企业内部规章制度。在物质文化层面上，古井人在厂容、厂貌、产品构成和包装、装备特色、建筑风格、厂旗、厂服、厂标、纪念物、纪念性建筑物等方面大作“文化”文章，创建了“花园式工厂”。“古井亭”、“古井”、“古槐”、“古井酒文化博物馆”向人们展示了千年古井酒文化的历史渊源。

3.“两场效应”的管理文化

古井的“两场效应”管理法，简单来说就是“抓市场、促现场，抓现场、保市场”，利用现场与市场之间的“促保”互动关系，下真功夫做实做细。古井人抓市场就是抓经营，把眼睛向外，开辟市场、培育市场、建设市场，不断提高产品市场占有率、覆盖率和品牌美誉度；抓现场，就是抓管理，古井人实行综合管理，质量、成本、设备、技术、人事、信息、纪律、工艺安全等系统运作，达到整体优化，形成了“一严、二细、三洁、四无、五不准、六统一”的14字现场管理标准。

问题思考：古井酒厂企业文化建设的核心与意义。

第7章　中小企业产业集聚和国际化

一、单项选择题

1. 产业集群的第一特征是____。 （　）

A. 产业关联　B. 空间集聚

C. 网格状结构　D. 具有系统、动态性

2. 知识技术型产业集群的根本前提是____。 （　）

A. 产品生命周期相对短　B. 技术保护和垄断相对强

C. 知识研发为基础　D. 技术产业化为特色

3. 企业进入国际市场时的选择应考虑以下因素____。 （　）

A. 目标产品　B. 目标市场　C. 前面两项　D. 比较优势

4. 首次提出产业集群概念的是____。 （　）

A. 韦伯　B. 罗煦　C. 佛罗伦斯　D. 迈克·波特

5. 当降低成本的压力很高而当地市场压力较低时，企业应当采用____。 （　）

A. 产业关联　B. 空间集聚

C. 网格状结构　D. 具有系统、动态性

二、多项选择题

1. 中国产业集群的特征有____。 （　）

A. 全球战略　B. 国际战略　C. 多国本土化战略　D. 跨国战略

2. 在产业集群的培育中，政府的职能是____。 （　）

A. 定项目　B. 定规矩　C. 定规划　D. 定门槛

3. 中小企业品牌战略包括____。 （　）

A. OEM品牌战略　B. 混合品牌战略　C. 品牌共享战略　D. 集群战略

4. 企业国际化的集群战略包括____。 （　）

A. 产业链集群　B. 优势互补集群　C. 地域集群　D. 其他集群

5. 影响企业进入国际市场的外部因素主要包括目标国家的____。（　　）

A. 市场因素　　B. 环境因素　　C. 生产因素　　D. 国内因素

三、填空题

1. 按照集群的产业性质，可以将产业集群分为 ____ 、____ 、____三种类型。
2. 按产业组织结构，大体可以把产业集群分为 ____ 、____ 两种类型。
3. 内向型国际化战略包括 ____ 、____ 、____ 、____ 等。
4. 影响企业国际化的内部因素主要包括 ____ 、____ 两部分。
5. 中小企业品牌战略包括 ____ 、____ 、____ 等。

四、判断题

1. 从产业集群的功能角度，产业集群可分为三种基本模式：传统的纯集聚模式、产业综合体模式、社会网络（俱乐部）模式。（　　）
2. 产业集群是在经济、技术、组织、社会等一系列结构变化的国际背景下应运而生的。（　　）
3. 企业国际化是企业参与国际产品及要素市场竞争的一种行为表现。（　　）
4. 一个企业的国际化经营总是从一个阶段依次发展到另一个阶段。（　　）
5. 在实施国际战略时，企业在东道国建立产品开发、制造和营销职能。（　　）

五、简答题

1. 简述产业集群的概念与特征。
2. 简述产业集群的竞争优势。
3. 中小企业国际化的含义与特点。
4. 中小企业国际化的一般战略。

六、案例题

班加罗尔是印度南部卡纳塔克邦的首府。20世纪90年代初印度政府制订了重点开发计算机软件的长远战略，1991年将全国第一个计算机软件技术园区建立在班加罗尔地区。在印度政府和卡纳塔克邦地方政府的大力支持下，经过10年左右的发展，如今班加罗尔地区已发展成为印度软件之都，截至2001年，在这里的高科技企业有4500家，其中1000多家有外资参与，还有大约250多家外国公司在这里开展业务，这其中有CISCO、IBM、Motorola、德州仪器等著名的跨国公司。100多家跨国公司进驻班加罗尔，在班加罗尔地区可以找到几乎所有的软件技术，使得班加罗尔成了全球第五大信息科技中心和世界十大硅谷之一。

班加罗尔地区迅速崛起的原因:其一是政府持续的政策扶持。1991年,印度开始在班加罗尔兴建第一个计算机软件园区时,当地连电源供应都很困难,但卡纳塔克邦政府艰苦创业,不遗余力地为发展IT业搞基础设施建设,筹资兴建发电厂、供水系统,扩建电信设施,在软件园区内为软件研制人员提供可与任何发达国家相比的一流工作环境和生活环境。其二是完善的信息产业技术教育和培训体系。班加罗尔的软件人才远远超过亚洲任何一个其他城市,这里汇集了印度一些优秀的技术和管理研究机构,有77所工程学院,每年可为社会输送3万名工程技术人才,其中1/3是信息技术人员。其三是积极吸引大量外国投资。政府的扶持、政策的倾斜、人才的优势等等吸引了大量国外企业前来投资。世界主要信息公司和软件巨头均在印度投资办厂。其四是以美、欧市场为中心的营销策略。美国长期以来是印度软件的最大市场。据印度全国软件服务协会2000年统计,印度软件出口市场中,美国和加拿大占62%,欧洲占23%,日本占3.5%,东南亚占4%,其他地区占7.5%。其五是质量管理的国际化、标准化与系统化。据SEI统计,大多数印度软件公司都通过了ISO9000国际质量认证,在全球达到CMM最高质量等级的42家公司中,就有25家在印度。其六是加强知识产权保护。20世纪90年代以前,印度的软件产业和其他发展中国家一样,备受盗版猖獗及知识产权保护不力两大问题困扰。经过一系列立法与执法的不懈努力,印度软件的盗版比率降低了30%,促进了软件产品出口,提高了跨国软件企业的投资意愿。

问题思考:如何借鉴班加罗尔地区产业集群发展的经验促进中国产业集群的发展?

附2： 习题参考答案

第1章 中小企业组织

一、单项选择题

1. A　2. D　3. B　4. C　5. A

二、多项选择题

1. ABCD　2. AB　3. CD　4. ABCD　5. ABCD

三、填空题

1. 资金密集型企业
2. 直线型、职能型
3. 共同出资、共享收益
4. 股份有限公司、有限责任公司
5. 二人以上二百人以下、半数以上

四、判断题

1. 错　2. 错　3. 对　4. 对　5. 错

五、简答题

1. 法人与企业的关系是交叉关系；凡公司均属企业，但企业则不一定是公司；工厂与企业的关系是交叉关系，即大部分工厂是企业（生产制造企业），有一些工厂（分工厂）不属于企业。

2. 技术设备复杂，科技人员比重大，操作人员的素质比较高，使用劳动力和消耗原材料较少，如航天、电脑芯片、生物工程、激光技术等企业。

3. 营业收入；从业人员；资产总额。

4. 中小企业是我国国民经济中的重要经济角色；中小企业在缓解我国劳动力就业压力方面的作用；中小企业在我国产品创新和技术创新中的作用。

5. 优势之处：经营决策机制简单灵活；可以灵活地改变经营方向，应变力强；创新动力强;可以在战略上避开强势竞争对手的打压。不足之处:企业决策风险偏大;经营风险和财务风险大;难以聚拢社会的优秀人才。

六、案例题

[案例一]

1. 企业名称、经营场所、经营范围、资金、从业人员等。

2. 从早期的合伙制,进而设立自己的公司,再到引入更多投资者,引入风险投资,最后公开招股上市。

[案例二]

1. 长江经济发展中心的辩解理由不成立。

2. 王某、李某共同偿付中天纺织服装公司欠款及利息31.58万元;长江经济发展中心对第一项判决不足清偿部分承担赔偿责任。亿龙贸易有限公司的投资者王某与李某及长江经济发展中心之所以应对亿龙公司与中天纺织服装公司之间的债务纠纷承担相应的赔偿责任,都是与亿龙公司在设立登记过程中的虚假出资行为有着密切关系。因此创建一个合法、有相应经营实力的企业是经济主体融入现代市场经济大潮的第一步,而如何把第一步走好则是每一个经济主体所迫切关心的问题。

第2章　中小企业生产运作管理

一、单项选择题

1. A　2. D　3. B　4. D　5. B

二、多项选择题

1. ABCD　2. ABC　3. ABCD　4. ABC　5. CD

三、填空题

1. 设备能力、流动资金总量

2. 国家标准、企业标准

3. 计划、检查

4. 运行质量成本

5. 供应商、制造商

四、判断题

1. 对　2. 对　3. 错　4. 对　5. 错

五、简答题

1. 成本最小，利润最大；最大限度地满足顾客的要求；最小库存投资；生产速率的稳定性；人员水平变动最小；设施、设备的充分利用等。简单来说，就是用最小的代价，最大限度地满足需求。

2. 年、季度生产计划和各项订货合同；前期生产作业计划的预计完成情况；前期在制品周转结存预计；产品劳动定额及其完成情况；现有生产能力及其利用情况；原材料、外购件、工具的库存及供应情况；设计及工艺文件、其他的有关技术资料等。

3. 客户关系管理；客户服务管理；需求管理；完成订单；生产流管理；采购管理；产品开发和商品化。

4. ISO9000 ~ 1《质量管理和质量保证标准第一部分：选择和使用指南》；ISO9001《质量体系——设计、生产、安装和服务的质量保证模式》；ISO9002《质量体系——生产、安装和服务的质量保证模式》；ISO9003《质量体系——最终检验和试验的质量保证模式》；ISO9004 ~ 1《质量管理和质量体系要素第一部分：指南》。

5. 受战略管理约束；以客户为中心；强调伙伴间的合作与共享；强调一体化的精细管理；注重信息技术的集成应用；注重供应链的动态优化管理。

六、案例分析

[案例一]

1. 经济批量；储存器管理和 ABC 管理等。

2. 零库存的前提是按需定制的“工厂——订户”模式，订一台产一台，产一台卖一台，否则有固定型号的量产就一定有库存。观察戴尔在中国的广告，仍然是在主打几款产品，而不是在强调按需定制，只不过销售热线比其他厂商多了几个而已。当然，真正的按需定制还是有的，但主要是面对政府企业等大客户而言。

戴尔在中国为什么不采用它横扫全球的销售方法了呢？一是与中国的物流链有关。中国物流的效率难以支持戴尔在美国提出的将产品三天内从工厂送到用户手中——尤其是到非中心城市的用户手中的承诺。而且，一般的中国用户恐怕也不想为了享受一次上门服务，多承受几百块的成本。二是分销还与中国人的购买习惯有关。中国的消费者购买商品喜欢去卖场货比三家，因为卖场里可以多一些选择机会，购买前还能看到真品。对于电脑这类的大件商品，非要试用几下，才能买得踏实。国情决定购买习惯，购买习惯决定销售方法——戴尔深谙此道，在中国干脆采用分销和直销结合的形式，能卖出产品就行。毕竟产品的质量、品牌、服务还是一流的，这足以使其成为有力的市场竞争者。分销是戴尔适应市场的行为。

[案例二]

1. 6西格玛管理是一种顾客驱动的追求卓越绩效和持续改进的管理哲学。它通过运用突破性的手法，以产品、流程持续改进和设计为基本策略，强调运用统计分析来认识产品、服务过程中的变异，减少不良品，降低成本，给顾客创造经济价值和达到顾客完全满意，从而提高企业的综合竞争能力和盈利水平。主要有以下特点：比以往更广泛的业绩改进视角；提供业绩改进方法；强调对业绩和过程的度量，通过度量，提出挑战性的目标和水平对比的平台等。

2. 6西格玛意为"6倍标准差"，在质量上表示每百万坏品率（parts per million，简称PPM）少于3.4，但是，6西格玛模式的含义并不简单地是指上述这些内容，而是一整套系统的理论和实践方法。应用于生产流程，它着眼于揭示每百万个机会当中有多少缺陷或失误，这些缺陷和失误包括产品本身、产品生产的流程、包装、转运、交货延期、系统故障、不可抗力等等。这说明6西格玛管理应用范围比全面质量管理更广泛。

第三章　中小企业营销管理

一、单项选择题

1. B　2. B　3. C　4. B　5. D

二、多项选择题

1. ABCD　2. ABCD　3. ABCE　4. ABCD　5. ABCD

三、填空题

1. 无差异、差异性、集中性
2. 产品差别化战略、服务差别化战略、人员差别化战略、形象差别化战略
3. 撇脂定价策略、渗透定价策略、满意定价策略
4. 推动策略、拉引策略
5. 纵向对比、横向对比、关联对比

四、判断题

1. 对　2. 错　3. 对　4. 错　5. 错

五、简答题

1. 可衡量性、可进入性、有效性、对营销策略反应的差异性。

2. (1)存在尚未满足的需求；(2)有足够的销售量；(3)未被竞争者完全控制；(4)企业具备进入目标市场的能力。

3. 广告、人员推销、营业推广、公共关系。

4. (1)全线全面型策略;(2)市场专业型策略;(3)产品系列专业型策略;(4)有限产品系列专业型策略;(5)特殊产品专业型策略。

六、案例分析

[案例一]

1. 抓住了事件营销与社会营销的关键时刻,迎合了非典时期,消费者消毒杀菌的健康意识在逐步增强的心理。

2. 市场营销的机会是无处不在的,市场营销的策略是不断发展和积累的。我们在研究企业的市场营销战略时,不能一味地用传统方法生搬硬套,也要适合实际情况和机遇,采取新的方法和策略。

[案例二]

1. 米勒啤酒公司在对啤酒市场进行细分时采用的细分标准分别是:使用量、购买者追求的利益以及消费者的收入、社会阶层。

(1)海雷夫啤酒占领了啤酒重度饮用者市场和部分轻度饮用者市场。为了占领重度饮用者市场,公司首先认真做了市场调查,在此基础上进行市场细分,并决定对海雷夫啤酒重新进行市场定位,并且根据目标顾客群的特征成功地进行定位沟通。

(2)莱特啤酒占据了爱喝啤酒又担心发胖的顾客构成的市场。公司在推出新产品时,非常谨慎,在试销的基础上,再把产品大批量投放市场,配合强大的广告攻势,使得产品大获全胜,在这个细分市场上抢占先机。

(3)老温伯抢占了高档啤酒市场。公司采用购买现有高档啤酒品牌特许使用权的方式进入高档啤酒市场。

2. 从案例中我们可以看出,米勒公司的成功经验在于其认真进行市场调查,并在此基础上进行市场细分,发现市场机会,抓住市场机会。要把握市场机会,占领某一细分市场,必须采用整合营销策略,进行市场定位。

启示:观念指导行动,行动带来结果,运用市场细分、市场定位,整合营销等观念给企业的营销活动注入了新的理念,在这种理念的指导下开展营销活动,能够提升企业市场竞争力,开拓市场竞争新局面。

第4章　中小企业人力资源管理

一、单项选择题

1. B　2. C　3. C　4. D　5. A

二、多项选择题

1. ABCD　2. ABCD　3. ABCD　4. AB　5. ABC

三、填空题

1. 识别、选取、发掘
2. 职位分析、岗位分析或职务分析
3. 培训开发、组织发展和职业生涯规划

四、判断题

1. 对　2. 错　3. 错　4. 对　5. 错

五、简答题

1. 人力资源获取(Access to human resources) 是指组织为了发展的需要,根据人力资源规划和工作分析的要求,寻找、吸引那些有能力又有兴趣的人才到本组织任职,并从中挑选出适宜人员予以录用的过程。人力资源获取可以保证所吸纳的员工素质优良;有利于实现人力资源的优化配置;有利于形成员工队伍的合理结构,从而实现组织成员的密切配合,达到互补和整体的优化;有利于降低员工的流失率,从而节约招募甄选及岗前培训等费用;有利于后续各项人力资源开发与管理的有效实施,诸如考核、激励、培训、升降、工资等,从而使组织取得效益。

2. 人力资源开发是指一个企业或组织团体在组织团体现有的人力资源基础上,依据企业战略目标、组织结构变化,对人力资源进行调查、分析、规划、调整,提高组织或团体现有的人力资源管理水平,使人力资源管理效率更好,为团体(组织)创造更大的价值。

人力资源开发的目标:一是通过开发活动提高人的才能;二是通过开发活动增强人的活力或积极性。

4. 所谓"员工归属感",指的是组织中的员工对所在工作组织的认同、义务、奉献和忠诚态度,它是员工对于组织的有所"归属"的心理状态,这能够导致员工对于组织的长期、全面、自觉工作的积极性。

影响员工归属感的因素有:组织性因素、文化性因素、心理性因素、个人性因素等。

六、案例分析

1. 绩效评估包括以下作用:

引导和激励作用。通过绩效评估可引导和激励员工的行为趋于组织的战略目标,通过绩效评估系统可以使员工了解组织对他们的期望,并了解他们的绩效达到何种程度可以得到组织的认可和奖励。

约束和监督作用。约束和监督员工的行为以确保组织的目标得以实现,良好的绩效评估系统能够给我们提供一个监督员工业绩的方法。

为人力资源管理决策提供信息和数据基础,在人力资源管理当中以准确的评估结果为基础的加薪、晋升、调职、降级才具有公平性,才会对员工的士气有激励性。

2. 绩效评估系统的改进办法:

(1)获得支持。获取全公司各个层面对绩效评估的支持,人力资源部应进行系统培训和积极的沟通,达到被评估员工及高层管理者的认可。

(2)选择适当的评估标准和评估方法。只有合适的评估方法才会使评估结果有说服力,从而有效地发挥评估系统的作用。

(3)绩效评估与人力资源的其他职能部门紧密联系。

(4)建立绩效评估的反馈和改建机制,来增强绩效评估的有效性、连续性、一致性。

七、实训题

S公司当然不能维持现状,如果维持现状那就是等于死亡。在企业竞争中,没有进步就是退步,没有发展就是倒退,因为市场在发展,同行在进步。我个人认为首先应对这些年轻骨干们的共同特点进行分析:

(1)刚从学校毕业即进入公司工作

这里说明:每一个进入S公司前的职员都是没有社会实践工作经验的。

(2)正式工作前,S公司给予了为期30天的培训

这里说明:S公司重视员工的岗前培训,让员工在正式工作前对公司有一个比较完整的了解。

(3)对自己的职业生涯规划认识模糊

这里说明:企业在招收职员时,尤其是岗前培训,没有为每一位员工做好职业生涯规划,公司招收你们过来到底需要你做什么,你在公司工作今后的发展方向是什么?在培训的时候没有做好此规划,导致员工对自己职业生涯规划模糊不清,最终导致职员不清楚:我在公司工作到底出路是什么?今后怎么发展?从而导致员工最终流失,其实这是个激励过程。

(4)对S公司的公司目标没有概念

这里说明:企业在招收职员时,尤其是岗前培训,没有让每一位员工清楚公司的发展目标是什么,对公司目标都不清楚,他们又何来对自己职业生涯规划清楚呢?

(5)对工作十分认真投入

这里说明:光对工作十分认真投入,只是暂时的。为什么呢?因为对于一个刚出

学校走入社会而言的学生来说,他们最初的目标是希望找到一份满意的工作,既然工作找到了,当然会十分认真地投入工作,这对其今后的发展包括对企业的忠诚度是没有任何帮助的,因为时间长了,只要他掌握了工作技能,而公司没有明确他的发展方向,他还会继续对工作十分投入吗?不仅肯定不能,而且还会跳槽。

(6)年轻人之间经常沟通

这里说明:起初年轻人的沟通是探讨工作上的问题,是如何掌握工作技能,但是只要他掌握了工作技能后,他们探讨的就是,公司怎么不给我明确的定位,我在公司到底发展前途是什么?之后慢慢探讨到什么地方有好的发展,渐渐地就会有了跳槽的意向。

既然公司在最初选择人才是要求员工的综合素质很高,而现在的人才很认真工作,且确实取得了很多工作成效,这说明公司在选人方面是完全正确的,而且后续又付出了极高的培训代价。正常情况下,新员工基本掌握工作技能的工作时间一般在4~5年,那么我认为应该采取的措施有:

(1)做一次企业系统的人才流失的现状调查和分析,找出导致员工流失的根本原因并制定改善措施。

(2)岗前培训自然是必不可少的,但是在岗前培训里必须重点讲解在本公司今后的发展方向以及为员工制定的职业生涯发展规划和公司的发展目标,让员工清楚地了解自己今后的发展方向和公司的发展方向。

(3)定时不定时激励员工,对员工的成绩要肯定,激励的措施有很多,可以是薪资的、福利的、生活的以及更高的待遇如分红或股权等等。激励的目的只有一个就是把员工留下,因为最初企业在选人的时候是正确的,那么如果员工还要离职,原因就应该是发展与激励方面出了问题,所以必须强化激励。

第5章 中小企业创新管理

一、单项选择题

1. A 2. C 3. C 4. B 5. A 6. B 7. C 8. D 9. C 10. B

二、多项选择题

1. ABCEF 2. ABCD 3. ABCD 4. ABCDEF 5. CD
6. ABDF 7. ABD 8. ABCD 9. BCDE 10. ABCD

三、判断题

1. 对 2. 对 3. 错 4. 错 5. 对 6. 对 7. 错 8. 对 9. 对 10. 对

四、简答题

1. 技术创新是从技术的新设想，经过研究开发、试制或技术组合、生产制造，到获得实际应用，并产生经济或社会效益的商业化全过程的活动。技术创新的分类：

（1）按创新程度分类：渐进性创新、根本性创新。

（2）按创新的对象分类：产品创新、过程创新。

（3）按技术变动的方式分类：局部性创新、模式性创新、结构性创新、全面性创新。

2.

（1）复式目标的原则。

（2）合法经营与经济效益最大化相结合的原则。

（3）技术创新与常规生产经营相结合的原则。

（4）企业对内创新和对外创新相结合的原则。

（5）生产可行性、技术先进性、经济合理性三者相结合的原则。

（6）依靠企业内部能力和借助外力结合起来的原则。

3. 产品创新一般沿着以下几个方向：

（1）高能化和多能化。

（2）多样化。

（3）复合化。

（4）微型化。

（5）智能化。

（6）艺术化。

4. 产品创新的途径有内部研发和外部获取两种形式。其中内部研发的形式有自主创新 、逆向研制、委托创新和联合创新；外部获取的形式有创新引进、企业购并和授权许可。

5. 技术创新和产品创新有密切关系，又有所区别。技术的创新可能带来但未必带来产品的创新，产品的创新可能需要但未必需要技术的创新。一般来说，运用同样的技术可以生产不同的产品，生产同样的产品可以采用不同的技术。产品创新侧重于商业和设计行为，具有成果的特征，因而具有更外在的表现；技术创新具有过程的特征，往往表现得更加内在。产品创新可能包含技术创新的成分，还可能包含商业创新和设计创新的成分。技术创新可能并不带来产品的改变，而仅仅带来成本的降低、效率的提高，例如改善生产工艺、优化作业过程从而减少资源消费、能源消耗、人工耗费或者提高作业速度。另一方面，新技术的诞生，往往可以带来全新的产品，技术研发往往对应于产品或者着眼于产品创新；而新的产品构想，往往需要新的技术才能实现。

五、案例分析

1. 海尔的成功主要是根据市场需求，不断进行产品创新的结果。国产家电企业在世界上享有最高知名度、销量第一的非海尔莫属，海尔能取得这样大的成就和其多年来重质量、重品质、重消费者需求是分不开的。本案例中海尔取得的成就也是因为在产品创新过程中重视消费者的根本需求而产生的，因此，产品创新是企业管理中重要的一环。

2. (1)技术创新是企业发展的前提。企业的自主研发和创新能力，直接影响到自身发展的规模和质量。在市场竞争十分激烈的情况下，谁在技术创新方面占据优势，谁就能在发展中抢占先机，在竞争中赢得主动。

(2)产学研结合是企业发展的支撑。我国大部分企业都存在着经济实力弱、企业规模小、生产水平低的现象，只有通过与科研院所、大专院校联姻，实现“借梯上楼”，再不断加大技改投入，才能走出自己的创业之路。

(3)准确把握市场机遇，满足市场需求，获得商业利润，是检验技术创新成功与否的最终标准。技术创新要始于市场，终于市场，紧紧围绕市场。企业首先要对市场进行深入的了解、分析，进而发现市场的现实和潜在需求，抓住市场机遇。通常讲市场机遇主要来源于市场的拉力和技术的推力。这二者是技术创新的催化剂；而以市场为导向的市场拉力式的技术创新，对技术创新的成功往往起着更为重要的作用。

同时，企业在技术创新过程中，也要作好商业化的准备，抓住创新项目可能给企业带来的商机，而不是等到项目完成，新产品或新工艺开发成功后，再去考虑市场，否则创新战略就很难成功。

第6章　中小企业文化

一、单项选择题

1. B　2. C　3. D　4. D　5. C

二、多项选择题

1. ABCD　2. ABCD　3. ABCD　4. CDE　5. ABE

三、填空题

1. 增强企业的向心力和凝聚力、实现管理模式的转变、提高企业竞争力、是企业发展的动力引擎

2. 强化以人为本、内外一致、不能忽视经济性、注重个性差异、继承传统文化精神

3. 企业价值观

4. 企业理念、企业行为、视觉识别系统

5. 厂房、店铺、广告牌、产品外观及其包装

四、判断题

1. 错　2. 错　3. 错　4. 对　5. 对

五、简答题

1. 企业文化的内涵：企业文化是和社会道德一样，都是一种内在价值理念，都是一种内在约束，即人们在思想理念上的自我约束，因而都是对外在约束的一种补充，只不过社会道德是对社会有作用，而企业文化是对企业有作用；企业文化是与企业的活动有关的价值理念，而不是别的方面的价值理念，它反映了企业现实运行过程的全部活动的价值理念，是企业制度安排和战略选择在人的价值理念上的反映；企业文化既属于企业信奉和倡导的价值理念，又属于必须付诸实践的价值理念，企业文化真正的约束员工的行为，是真正的在企业运行过程中起作用的价值理念；企业文化是属于企业的价值理念，是企业的灵魂；企业文化作为企业的价值理念，是对企业真正发挥作用的价值理念，企业文化对企业的行为以及员工的行为起到非常好的规范作用。

企业文化的特征：企业文化是企业员工广泛认同的价值观；有价值观指导并能成功的实践与验证；能让企业员工有使命感，使企业有积极的工作氛围；其核心主张简洁明了；能使企业产生不可复制的竞争力；能使员工对企业产生深厚的感情。

2. 第一，企业文化建设的第一步就是确立企业的核心价值观。企业核心价值观的确立必须以保障并带动合理的员工精神需求为基础，设计与企业目的相一致的价值观。企业价值观必须符合社会伦理道德的基本法则；企业价值观必须是企业领导者真正信奉并能够用行为表现出来的价值观。第二，要规范企业的管理制度体系，塑造企业的行为文化和物质文化。第三，要对企业文化进行诊断、提炼、设计、培训。

3. 企业形象设计是将企业经营理念与精神文化，运用整体传达系统（特别是视觉传达系统），传达给企业内部与大众，并使其对企业产生一致的认同感或价值观，从而实现形成良好的企业形象和促销产品的设计系统。其内容包括理念识别、行为识别、视觉识别。企业形象设计的方法包括：以美为企业形象的境界；以厚为企业形象的内涵；以信为企业形象的精髓。

六、案例分析

古井酒厂企业文化建设的核心：强化领导班子，狠抓主导产品，树立现代企业管理理念，创立名牌。树立“爱国、爱厂、爱岗位”的爱国思想和敬业精神；强化生产制度建设；在厂容、厂貌、产品构成和包装、装备特色、建筑风格、厂旗、厂服、厂标、纪念物、纪念性建筑物等方面大作“文化”文章，创建了“花园式工厂”。努力开拓市场，狠抓经营

管理。

古井酒厂企业文化建设的意义：确立了“效忠古井、业绩报国”的企业使命，树立了“敢为人先”的古井精神，通过“两场效应”管理法，走出了一条“名牌、名企、名人”的发展道路，培育了独具特色的“以人为本、天人合一”的古井文化。古井酒厂发展成为以名优白酒生产为龙头，致力多元化经营和国际化发展、集科工贸为一体的大型集团公司，拥有50多家子公司，总资产约25亿元，净资产15亿元，其成就与成功的企业文化建设有密切联系。

第7章　中小企业产业集聚和国际化

一、单项选择题

1. A　2. C　3. C　4. D　5. A

二、多项选择题

1. ABCD　2. BCD　3. ABC　4. ABC　5. ABCD

三、填空题

1. 传统产业集群、高新技术产业集群、资本与技术结合型产业集群

2. 大中小企业共生型、小型企业群生型

3. 进口高质量的原料和机器设备、引进国外先进技术、与外商举办合资、举办合作企业

4. 产品因素、企业资源和投入因素

5. OEM品牌战略、混合品牌战略、品牌共享战

四、判断题

1. 对　2. 对　3. 对　4. 错　5. 错

五、简答题

1. 产业聚集的概念：迈克·波特(Michael Port)教授认为，产业聚集或产业集群是在某一特定领域内互相联系的、在地理位置上集中的公司和机构的集合。产业集群包括一批对竞争起重要作用的、相互联系的产业和其他实体。产业集群经常向下延伸至销售渠道和客户，并从侧面扩展到辅助性产品的制造商，以及与技能技术的投入相关的产业公司。产业集群包括提供专业化培训、教育、信息研究和技术支持的政府和其他机构。

产业聚集的特征：一是地域化集聚。产业相对集中的地方，自然会形成地域优势，根据地域优势进行科学分工是工业化发展的规律。二是专业化分工。产业集群的生产经营具有很强的专业化特征，这正是其能够不断成长的重要原因。三是社会化协作。随着产业集群的发展，生产服务社会化程度不断提高，推动服务性工种逐步从企业内部转移到企业外部，一批专门从事服务的企业就会出现，专业提供产前、产中、产后服务。

2. 第一，产业集群对经济增长具有重要的促进作用，有助于形成和扩展专业化的区域市场。第二，产业集群有助于形成和维持集群整体的竞争优势。众多企业在适当大的区域范围内，在特定的领域中，通过地理集中和专业分工的不断细化，各自围绕核心产业，发挥各自优势和群体协同效应，不断推进产业组织方式改进，并浓缩和提炼众多企业的品牌形成“区域品牌”，这就比单个企业的品牌具有更广泛、更持久的效应。第三，产业集群有助于实现集群式创新。在集群区域内，企业与企业、企业与相关支撑机构的集聚，由供应商、客户群、垂直和水平联系的众多企业以及支撑机构的共同作用，形成了一个技术创新和有效扩散的区域创新系统。信息的集中、传递与扩散，企业与企业之间的相互竞争、学习和借鉴，企业与研究机构之间信息的充分交流等，不断地促进新成果、新工艺、新技术的产生与应用，促进区域创新能力的不断提高。

3. 中小企业国际化的含义：企业国际化是企业在全球化范围内进行资源再配置，其资源分配的方式发生改变，企业充分利用、合理配置全球资源，生产出成本更低、质量更高的产品和服务。这种资源分配的全球化由众多因素组成，不仅仅只是经营的国际化，还有生产制造全球化、市场全球化、技术全球化、人才全球化、资金来源全球化、品牌全球化等。

中小企业国际化的特点：多元化的产权主体；专业化程度提高；激励机制不断升华；积极完善研发创新机制；不断加强信息化建设；全面推进产品标准及质量体系；规模经营和品牌经营同步突破；良好的市场机制和产品营销体系。

4. 一是全球战略。全球战略是指当降低成本的压力很高而当地市场压力较低时，企业提供标准化产品和服务，并在少数地区从事集中化经营，通过全球规模的集权管理和规模经济来建立成本优势。二是国际战略。国际战略是指当降低成本的压力和当地市场压力都比较低时，企业将其具有价值的产品与技能转移到国外市场，以创造价值。三是多国本土化战略。多国本土化战略又称多国战略，是根据不同国家的不同市场，提供更能满足当地市场需要的产品和服务。实施多国本土化战略的公司首先在自己的国内市场开发产品，其次把产品提供给国外的子公司进行销售或改造。四是跨国战略。跨国战略是指当降低成本压力和当地市场压力都很大时，企业对各地市场划分大类，为不同大类市场提供不同的产品和服务，采取不同的策略，以满足不同的市场需求。

六、案例分析

一是呼吁政府进行持续的政策扶持。如推进基础设施建设,筹资兴建发电厂、供水系统,扩建电信设施,在软件园区内为软件研制人员提供可与任何发达国家相比的一流工作环境和生活环境。

二是加强产业技术教育和培训。

三是积极吸引大量外国投资。政府的扶持、政策的倾斜、人才的优势等等可吸引大量国外企业前来投资。

四是实施以美、欧市场为中心的营销策略。

五是推进质量管理的国际化、标准化与系统化。

六是加强知识产权保护。